:: 中華文化促進會主持編纂

:: 國家"十一五"~"十四五"重點圖書出版規劃項目

:: 中國社會科學院哲學社會科學創新工程學術出版資助項目

出品人 王石 段先念

今注本二十四史

宋 薛居正等 撰

陳智超 紀雪娟 主持校注

中國社會科學出版社

舊五代史

二一 志〔二〕

舊五代史　卷一四五

五行志

　　昔武王克商，[1]以箕子歸，[2]作《洪範》。[3]其九疇之序，[4]一曰五行，[5]所以紀休咎之徵，[6]窮天人之際。故後之修史者，咸有其説焉。[7]蓋欲使後代帝王見災變而自省，責躬修德，崇仁補過，則禍消而福至，此大略也。[8]今故按五代之簡編，記五行之災沴，追爲此志，以示將來。其於京房之舊説，[9]劉向之緒言，[10]則前史敘之詳矣，此不復引以爲證焉。

　　[1]武王：即周武王姬發。西周第二任君主。公元前 1046 年，周武王通告諸侯，公開討伐商紂。商朝大軍主力此時正遠征東夷，無法及時回調，紂王只得臨時徵集奴隸和商都剩餘兵士一起，在牧野與周人及其盟軍對陣，結果商軍大敗，紂王在鹿臺自焚而死。

　　[2]箕子：人名。名胥餘，商王帝乙的弟弟，商紂的叔父，封於箕，故稱箕子，與微子、比干业稱“殷末三傑”。紂王無道，箕子苦心勸諫不聽，遂割髮裝瘋，被紂王囚禁。商朝覆滅後，箕子趁亂逃往箕山隱居，後又率領弟子及一批遺老故舊渡海至朝鮮，建立了“箕子侯國”，中國史籍一般將箕氏朝鮮視作古朝鮮的起始王朝。

　　[3]《洪範》：《尚書》篇名。洪，大也；範，法也，《洪範》首敘成書過程，謂上帝傳給大禹，後由箕子傳給周武王，係“天地

之大法"。近代以來學者對這種説法普遍表示懷疑，一般認爲《洪範》最初是商代的，中心思想也是商代的，在流傳的過程中吸收了西周至東周初年的不少思想，故其成書於戰國之世，不會早到春秋以前。參見劉起釪《〈洪範〉這篇統治大法的形成過程》，載氏著《古史續辨》，中國社會科學出版社 1991 年版。

[4]九疇：《洪範》提出的九項天賜神聖法則："初一曰五行，次二曰敬用五事，次三曰農用八政，次四曰協用五紀，次五曰建用皇極，次六曰乂用三德，次七曰明用稽疑，次八曰念用庶徵，次九曰嚮用五福，威用六極。"其中"五行"是水、火、木、金、土；"五事"指貌、言、視、聽、思心五種行爲舉止和心理活動；"八政"是食、貨、祀、司空、司徒、司寇、賓、師；"五紀"是歲、月、日、星辰、曆數；"建用皇極"指君王須以中道建立天子之位；"三德"指正直、剛剋、柔剋三種品德；"稽疑"指由術者卜筮，預測吉凶；"庶徵"是雨、暘、燠、寒、風五種自然氣象；"五福"指壽、富、康寧、攸好德、考終命五種幸福之事；"六極"指凶短折、疾、憂、貧、惡、弱六種不幸。

[5]五行：《洪範》九疇中的第一項。指水、火、木、金、土，"水曰潤下，火曰炎上，木曰曲直，金曰從革，土爰稼穡。潤下作鹹，炎上作苦，曲直作酸，從革作辛，稼穡作甘"。潤下、炎上等是五行的屬性，鹹、苦、酸、辛、甘是由屬性派生出來的五味。《洪範》的五行是一種原始的、樸素的五行觀，不同於後世構成萬物基本元素的五行，也不是戰國秦漢神學化的五行。

[6]休咎之徵：《洪範》九疇中第八項是"念用庶徵"，"庶徵"又可分爲休徵和咎徵兩種。休徵即好的氣象，"曰肅，時雨若。曰乂，時暘若。曰晢，時燠若。曰謀，時寒若。曰聖，時風若"，"時"意味着順時而來，風調雨順。咎徵是壞的氣象，"曰狂，恒雨若。曰僭，恒暘若。曰豫，恒燠若。曰急，恒寒若。曰蒙，恒風若"，"恒"是經常的意思，意味着壞天氣時常光臨。

[7]按，《五行志》始自班固《漢書》，以《尚書·洪範》九疇

中的五行（木、火、土、金、水）、五事（貌、言、視、聽、思心）和皇極三大類來統攝各種災異現象，任何事物、現象，只要違背了五行、五事、皇極的原則，必爲災異。在此觀念基礎上，漢儒發展出了《洪範五行傳》，專門解説《洪範》，進而又衍生出不少對《洪範五行傳》的解説之書，如許商的《五行傳記》、劉向的《洪範五行傳論》、劉歆的《五行傳説》，等等。《漢書·五行志》是糅合了《洪範》原始感應説、古老的月令傳統、京房易學、漢代《春秋》學等諸多思想而成之先秦至於西漢末年的災異大全。後世史書遂沿用這一志書體例，但在具體的結構上又有變化。《漢書·五行志》五行、五事、皇極分述，不相統屬，《晋書·五行志》《隋書·五行志》的結構與之相同。《續漢書·五行志》將五行與五事併在一起，以五行統攝五事，固定以木—貌、金—言、火—視、水—聽、土—思的方式搭配，《宋書·五行志》《南齊書·五行志》《新唐書·五行志》均屬此種結構。就層級而言，《漢書·五行志》先引"經"（《洪範》），次引"傳"（《洪範五行傳》），再引"説"（漢儒對於《洪範五行傳》的各種解説），最後是具體實例，有四個層級。《續漢書·五行志》不引"經"而直接引《五行傳》，"傳曰"下的"説曰"時有時無，代之以具體的事例解釋，"説曰"不像《漢書》那樣專門作爲一項層級出現，而是成爲解説實例的依據。因此基本是兩層結構：傳（《洪範五行傳》）—事例，比起班固大大簡化。比較兩種體例結構，可以明顯感覺到，魏晋以後《五行傳》成了《五行志》最基本的理論來源。

[8]按，《晋書·五行志》概括其主旨："綜而爲言，凡有三術。其一曰，君治以道，臣輔克忠，萬物咸遂其性，則和氣應，休徵效，國以安。二曰，君違其道，小人在位，衆庶失常，則乖氣應，咎徵效，國以亡。三曰，人君大臣見災異，退而自省，責躬修德，共禦補過，則消禍而福至。"

[9]京房：人名。東郡頓丘（今河南清豐縣西南）人。本姓李，字君明，推音律自定爲京氏。西漢元帝時爲郎、魏郡太守。治

易學，師從焦延壽，善言災異，撰有《京氏易傳》《周易章句》《易傳》《易占》《易妖占》《易飛候》《別對災異》《易説》《五星占》《風角要占》等，多亡佚。存世者唯有《京氏易傳》三卷，清人王保訓輯《京氏易》八卷。傳見《漢書》卷七五。

[10]劉向：人名。字子政，本名更生，西漢宗室，官至中壘校尉。成帝時主持校勘皇室藏書，撰《別録》。又撰有《洪範五行傳論》，闡述天人感應、陰陽五行理論。傳見《漢書》卷三六。

水淹風雨[1]

梁開平四年十月，[2]梁、宋、輝、亳水，[3]詔令本州開倉賑貸。十一月，大風，下詔曰：“自朔至今，異風未息，宜命祈禱。”[4]

[1]按，本志的災異類目設置與其他《五行志》不同，既非《漢書·五行志》五行、五事、皇極分立的結構，也不是《續漢書·五行志》五行與五事搭配，與皇極並立的結構。此處“水淹”在《五行傳》中屬五行之“水不潤下”，“風”屬五事之“思心傳”，“雨”屬五事之“貌傳”，原本都是各自獨立、有特定指向的災異，本志却將它們置於一個類目下，顯然是倉促成書時對資料簡單同類歸併的結果，並不遵循特定的體例。

[2]開平：五代後梁太祖朱温年號（907—911）。《宋本册府》卷一九五《閏位部·惠民門》載此詔的頒布時間爲“開平四年十二月己巳”。

[3]梁、宋、輝、亳水：梁，州名。治所在今陝西漢中市。宋，州名。治所在今河南商丘市。輝，州名。治所在今山東單縣。亳，州名。治所在今安徽亳州市。中華書局本有校勘記：“‘梁宋輝亳’，《五代會要》卷一一作‘青宋冀亳’，《文獻通考》卷二九六作‘滑

宋許毫’。"見《會要》卷一一水溢條及《通考》卷二九六《物異考·水災》。《宋本册府》卷一九五《閏位部·惠民門》作"滑、宋、輝、毫等州水澇",當時梁州屬前蜀,梁州必誤。

[4]"十一月"至"宜命祈禱":按,《漢書·五行志》引"說"曰:"思心者,心思慮也,容,寬也。孔子曰:'居上不寬,吾何以觀之哉!'言上不寬大包容臣下,則不能居聖位。貌言視聽,以心爲主,四者皆失,則區霧無識,故其咎霧也。雨旱寒奥,亦以風爲本,四氣皆亂,故其罰常風也。""思心傳"對應咎徵"恒風",所以風自然成爲雨、旱、寒、燠四種咎徵之本,四氣亂則有恒風之罰。"大風""大風拔樹"均是"恒風之罰"的一種。《輯本舊史》卷六《梁太祖紀六》引《大典》卷二六三二"災"字韻"弭災"事目及《宋本册府》卷一九三《閏位部·弭災門》均載下詔日爲戊戌(十二),"異風"均作"暴風",均云"差官分往祠所止風"。

　　唐同光二年七月,[1]汴州雍丘縣大雨風,[2]拔樹傷稼。曹州大水,[3]平地三尺。八月,河南大雨溢漫,[4]流入鄆州界。[5]十一月,[6]中書門下奏:"今年秋,天下州府多有水災,百姓所納秋税,請特放加耗。"[7]從之。

[1]同光:五代後唐莊宗李存勗年號(923—926)。

[2]汴州:州名。治所在今河南鄭州市。　雍丘縣:縣名。治所在今河南杞縣。

[3]曹州:州名。治所在今山東曹縣。

[4]河南大雨溢漫:中華書局本有校勘記:"殿本作'大雨河水溢漫'。按本書卷三二《唐莊宗紀六》:'(同光二年八月)宋州大水,鄆、曹等州大風雨。'"河南,《輯本舊史》原作"江南",江南大雨溢漫,何至越淮水而至鄆州或陳州?據《輯本舊史》卷三二

《唐莊宗紀八》，自同光二年（924）七月至十月，無陳州大水記載，但多次有曹州大雨，汴州大水，宋州大水，鄆、曹等州大風雨，汴、鄆二州奏大水等記載，鄆州不誤，但"江南"應爲"河南"之誤，故改，中華書局本未改。

　　[5]鄆州：州名。治所在今山東東平縣西北。　流入鄆州界：《輯本舊史》之影庫本粘籤："鄆州，原本作'陳州'，今從《五代會要》改正。"《會要》卷一一水溢條無此記載。

　　[6]十一月：中華書局本有校勘記："《五代會要》卷一一作'十二月'。"

　　[7]加耗：租稅正額之外加收的損耗費。

　　三年六月至九月，大雨，江河崩決，壞民田。七月，洛水泛漲，壞天津橋，[1]漂近河廬舍，艤舟爲渡，[2]覆没者日有之。鄴都奏：[3]御河漲，於石灰窯口開故河道，以分水勢。鞏縣河堤破，[4]壞倉廒。八月，敕："如聞天津橋未通往來，百官以舟檝濟渡，因兹傾覆，兼踏泥塗。自今文武百官，三日一趨朝，宰臣即每日中書視事。"

　　[1]天津橋：橋名。隋煬帝繼位，命宇文愷營建東都洛陽城，宇文愷以洛水象徵天上的銀河，宮城對應於天帝所居紫微宮，於大業三年（607），在洛水上用鐵鎖鉤連大船成一浮橋，與宮城南門相連，謂之天津橋，天津即天河渡口之義。隋末，天津橋被李密所焚，唐時重修，改建爲石橋。因洛水經常泛濫，天津橋也時壞時修，其具體位置頗有爭議。2000年，考古工作者在今洛陽橋西側200米處河床下發掘出了唐宋時期的石堰和橋墩，認定這就是天津橋的遺址。

[2]艤（yǐ）：使船靠岸。左思《蜀都賦》：“艤輕舟。”劉逵注：“應劭曰：‘艤，正也。’一曰，南方俗謂正船迴濟處爲艤。”

[3]鄴都：地名。即鄴城，在今河北大名縣東南。五代後唐同光元年（923），改魏州爲興唐府，建號東京，三年改東京爲鄴都。天成四年（929）廢。

[4]鞏縣：縣名。治所在今河南鞏義市。

四年正月，敕：“自京以東，[1]幅圜千里，水潦爲沴，[2]流亡漸多。宜自今月三日後，[3]避正殿，減常膳，徹樂省費，以答天譴。應去年經水災處鄉村，有不逮及逃移人户，[4]夏秋兩税及諸折科，[5]委逐處長史切加點檢，[6]並與放免，仍一年内不得雜差遣。應在京及諸縣，有停貯斛斗，並令減價出糶，以濟公私，如不遵守，仰具聞奏。”

[1]自京以東：中華書局本有校勘記：“‘東’，原作‘來’，據《五代會要》卷一一、《册府》卷九二改。”見《會要》卷一一水溢條、明本《册府》卷九二《帝王部·赦宥門》。

[2]沴（lì）：天地四時之氣不合而生的災害。《漢書·五行志》：“氣相傷，謂之沴。沴猶臨莅，不和意也。”“自京以東”至“水潦爲沴”：《輯本舊史》有案語“此句疑有脱誤”。此句語意完整無誤，案語誤。

[3]宜自今月三日後：中華書局本有校勘記：“‘今月’，原作‘今年’，據《五代會要》卷一一、《册府》卷九二改。”又可據《輯本舊史》卷三四《唐莊宗紀八》同光四年（926）正月壬戌（初五）詔：“自今三日後避正殿，減膳、撤樂，以答天譴。”

[4]有不逮及逃移人户：中華書局本有校勘記：“‘不逮’，原作

'不給'，據孔本，《册府》卷九二、卷四九一改。《五代會要》卷一一作'不逮。'見《宋本册府》卷四九一《邦計部·蠲復門》。

[5]折科：即折納，徵收賦稅時，許以物折物、以物折錢或以錢折物，是一種權變的措施，但因爲折率時有變化，經常會導致變相增加稅額。

[6]委逐處長吏切加點檢：中華書局本有校勘記："'逐處'，原作'諸處'，據孔本、《五代會要》卷一一、《册府》卷九二改。"明本《册府》卷九二祇言"委長吏切加點檢"。

長興元年夏，[1]鄜州上言，[2]大水入城，居人溺死。

[1]長興：五代後唐明宗李嗣源年號（930—933）。
[2]鄜州：州名。治所在今陝西富縣。

二年六月壬戌，汴州上言，大雨，雷震文宣王廟講堂。[1]十一月壬子，鄆州上言，黃河暴漲，漂溺四千餘户。[2]

[1]文宣王廟：即孔廟。漢代開始尊崇孔子，但是否立廟祭祀，史無明載。東晉孝武帝太元十年（333），首次在官學内建置孔廟，爲廟學制之始，此後逐漸鋪開。至唐太宗貞觀初，詔令在全國各府州普設孔廟，全面推行廟學制。開元二十七年（739），唐玄宗加封孔子諡號文宣王，文宣王廟遂成爲孔廟的代稱。按，關於"雷震"，《漢書·五行志》云："劉向以爲……於《易》，雷以二月出，其卦曰'豫'，言萬物隨雷出地，皆逸豫也。以八月入，其卦曰'歸妹'，言雷復歸。入地則孕毓根核，保藏蟄蟲，避盛陰之害；出地則養長華實，發揚隱伏，宣盛陽之德。入能除害，出能興利，人君之象也。是時，隱以弟桓幼，代而攝立。公子翬見隱居位已久，勸

之遂立。隱既不許，矍懼而易其辭，遂與桓共殺隱。天見其將然，故正月大雨水而雷電。是陽不閉陰，出涉危難而害萬物。"《漢志》此處是置於《貌傳》之"恒雨"下，用以解説"震電"。之後《續漢書》《宋書》《晋書》《南齊書》《隋書》《新唐書》之《五行志》多是"雷震"合稱並附屬於《聽傳》之"鼓妖"下，其中《南齊書·五行志》的解説大異，其引《傳》曰："雷於天地爲長子，以其首長萬物，與之出入，故雷出萬物出，雷入萬物入。夫雷者人君之象，入則除害，出則興利。雷之微氣以正月出，其有聲者以二月出，以八月入，其餘微者以九月入。冬三月雷無出者，若是陽不閉陰，則出涉危難而害萬物也。"與《漢志》比較，二者雖然都是關於"雷"産生原理及災異表現的敘述，一些詞句並見，但《漢志》是以卦氣説解釋雷以二月出、八月入，《南齊書》的《傳》文則全不見，二者在時間節點以及發生原理上有很大差異。

　　[2]"二年六月壬戌"至"漂溺四千餘户"：中華書局本有校勘記："按此則殿本、劉本繫於下文'是月甲子'下，無'二年'二字。"

　　三年四月，棣州上言，[1]水壞其城。是月己巳，[2]鄆州上言，黄河水溢岸，闊三十里，東流。五月丁亥，申州奏大水，[3]平地深七尺。是月戊申，襄州上言漢水溢入城，[4]壞民廬舍，又壞均州郛郭，[5]水深三丈，居民登山避水，仍畫圖以進。[6]六月甲子，[7]洛水溢，壞民廬舍。七月，諸州大水，宋、亳、潁尤甚。[8]宰臣奏曰："今秋宋州管界，水災最盛，人户流亡，粟價暴貴。臣等商量，請於本州倉出斛斗，依時估出糶，[9]以救貧民。"從之。是月，秦州大水，[10]溺死窯谷内居民三十六人。夔州赤甲山崩，[11]大水漂溺居人。

[1]棣州：州名。治所在今山東惠民縣。

[2]是月己巳：中華書局本有校勘記：“‘是月’，原作‘是日’，據殿本、劉本、孔本改。”

[3]申州：州名。治所在今河南信陽市溮河區。　申州奏大水：《輯本舊史》原無“奏”字，中華書局本有校勘記：“‘申州’下殿本、劉本有‘奏’字。”但未補，今據補。

[4]襄州：州名，治所在今湖北襄陽市襄城區。　漢水溢入城：《輯本舊史》“溢”字原闕，據殿本、劉本補，中華書局本未補。

[5]均州：州名。治所在今湖北丹江口市。　郛郭：外城。《公羊傳》文公十五年：“齊侯侵我西鄙，遂伐曹，入其郛。郛者何？恢郭也。”何休注：“恢，大也。郭，城外大郭。”

[6]畫圖以進：兩漢以降，官方建立起祥瑞災異的奏報制度，各地長官、刺史、風俗巡使有職責將轄區內發生的祥瑞、災異及其他非常之事向上報告，吏民也可以通過上書言事的方式報告祥瑞災異，這些信息匯集到中央時要附圖，以便驗問真假。參見金霞《論兩漢魏晉南北朝時期祥瑞災異事務的管理》，《山東師範大學學報》2009年第2期。

[7]六月甲子：《輯本舊史》“六月”原作“是月”，若據上文即爲五月。中華書局本有校勘記：“本書卷四三《唐明宗紀九》敘其事云：‘（長興三年六月）甲子……洛水漲泛二丈，廬舍居民有溺死者。’按五月壬午朔，無甲子；六月壬子朔，甲子爲十三日。”但未改，今據改。

[8]潁：州名。治所在今安徽阜陽市。

[9]依時估出糶：中華書局本有校勘記：“‘估’字原闕，據《五代會要》卷一一、《册府》卷一〇六補。”見《會要》卷一一水溢條、明本《册府》卷一〇六《帝王部·惠民門》。《會要》“水災最盛”作“水災最甚”。

[10]秦州：州名。治所在今甘肅天水市。

[11]夔州：州名。治所在今重慶市奉節縣。　赤甲山：山名。

奉節縣境内有夔門，是瞿塘峽的西端入口，夔門兩側的高山，南曰白鹽山，北爲赤甲山，此山表面因富含氧化鐵而呈紅色，如人祖背，故得名。《舊五代史考異》：“原本訛‘求甲’，今據《五代會要》改正。”見《會要》卷一一山摧條。亦可據《輯本舊史》卷四三《唐明宗紀九》長興三年（932）七月己丑條。

清泰元年九月，[1]連雨害稼。詔曰：“久雨不止，禮有祈禳，[2]縈都城門：三日不止，乃祈山川，告宗廟社稷。宣令太子賓客李延等縈諸城門，[3]太常卿李悍等告宗廟社稷。”[4]

[1]清泰：五代後唐末帝李從珂年號（934—936）。《輯本舊史》卷四六《唐末帝紀上》及《宋本冊府》卷一四五《帝王部·弭災門》繫此詔於九月己亥。

[2]禮有祈禳：中華書局本有校勘記：“‘祈禳’，原作‘所禳’，據殿本、劉本、《五代會要》卷一一、《冊府》卷一四五改。”見《會要》卷一一水溢條、《宋本冊府》卷一四五《帝王部·弭災門》。

[3]太子賓客：官名。唐始置。東宮太子屬官，掌侍從規諫、贊相禮儀。正三品。

[4]太常卿：官名。兩漢魏晋及南朝宋齊梁陳爲太常的尊稱，爲九卿之一，掌禮樂社稷、宗廟、陵寝等。北齊設太常寺長官，稱太常寺卿，掌陵廟、群祀、禮樂、儀制、天文、術數、衣冠之屬，三品。隋唐因之，唯職權分化，專掌祭祀、禮儀，皆正三品。此條，據《宋本冊府》卷一四五可知尚有工部尚書崔居儉。

三年五月庚午，詔曰：“時雨稍愆，頗傷農稼，分

命朝臣祈禱。”居數日，以庶官禱請不虔，乃命宰臣盧
文紀禱太微宮，姚顗崇道宮，馬裔孫請宮嵩嶽，又無
雨。帝問宰臣愆伏之故。文紀等奏曰：“愆失之本，洪
範有其説。若考校往代，理又相違。臣等思之，此蓋時
數，若求於政失，則兵戰之氣生陰霖，擾攘之氣生蝗
旱，稍近理也。自頃皇祚甫寧，徵求過當，雖宸念疚
心，事不獲已，無足論其變沴也。”帝俛首而已。[1]

[1]“三年五月庚午”至“帝俛首而已”：《輯本舊史》原無，
據《宋本册府》卷一四五《帝王部·弭災門三》唐末帝條清泰三
年（936）五月庚午條補。

晋天福初，[1]高祖將建義於太原，[2]城中數處井泉
暴溢。[3]

[1]天福：五代後晋高祖石敬瑭年號（936—942）。出帝石重
貴沿用至九年（944）。後漢高祖劉知遠繼位後沿用一年，稱天福十
二年（947）。

[2]高祖：即石敬瑭。五代後晋開國皇帝。936 年至 942 年在
位。紀見本書卷七五至卷八〇、《新五代史》卷八。　太原：府名。
五代後唐河東節度使治所。後唐末帝李從珂繼位後，拜石敬瑭爲河
東節度使，封趙國公。936 年，石敬瑭起兵造反，受困於太原，以
割讓燕雲十六州、做“兒皇帝”的條件得到契丹援助，滅亡後唐，
建立後晋。

[3]城中數處井泉暴溢：此條前後所載均爲大水，從文義上説，
是大水引起的地下水位上漲導致了“井泉暴溢”現象。類似情況亦
見於《續漢書·五行志三》劉昭注引《東觀書》所記東漢建武八

年（32），“郡國比大水，涌泉盈溢”，時人以爲災異；東漢安帝永初元年（107）冬十月辛酉，“河南新城山水瀵出，突壞民田，壞處泉水出，深三丈。是時司空周章等以鄧太后不立皇太子勝而立清河王子，故謀欲廢置。十一月，事覺，章等被誅”。當時人認爲水屬陰類，陰氣滿溢，預示小人專制擅權，故“涌水爲災”。據此邏輯，此條若爲災害，是對後唐而言，然其敘述主體却是石敬瑭，遂使文義出現反向。《南齊書·祥瑞志》載蕭道成建元元年（479），有司奏：“延陵令戴景度稱所領季子廟，舊有涌井二所，廟祝列云舊井北忽聞金石聲，即掘，深三尺，得沸泉。其東忽有聲錚錚，又掘得泉，沸涌若浪。”又載齊武帝蕭賾未繼位前駐扎在盆城時，“城內無水，欲鑿引江流，試掘井，得伏泉九處，皆涌出”。據此，此條“井泉暴溢”應看作是石敬瑭得天下的祥瑞。

　　四年七月，西京大水，[1]伊、洛、瀍、澗皆溢，[2]壞天津橋。八月，河決博平，[3]甘陵大水。[4]

　　[1]西京：即洛陽。唐高宗以洛陽爲東都，與長安（西京）並立。唐末長安遭受戰亂被毀，政治中心東移，五代後梁以開封府爲東都、洛陽爲西都；後唐恢復唐代的兩京建置；後晉、後漢、後周、北宋都以開封府爲東京，洛陽爲西京。

　　[2]伊：水名。即伊河，發源於熊耳山南麓的河南欒川縣，穿伊闕而入洛陽，流至偃師與洛水匯合。　洛：水名。洛水，發源於陝西洛南縣洛源鄉木岔溝，主河段位於洛陽，注入黃河。　瀍：水名。瀍河，在河南洛陽市境內，發源於河南孟津縣會瀍溝，故名，東流注入洛河。　澗：水名。澗水，發源於河南三門峽市陝州區觀音堂鎮，流入洛水。

　　[3]博平：縣名。治所在今山東高唐縣。

　　[4]甘陵：縣名。治所在今山東臨清縣。　“四年七月”至

"甘陵大水"：本條亦見《會要》卷一一水溢條。

　　六年九月，河決於滑州，[1]一概東流。居民登丘塚，爲水所隔。詔所在發舟檝以救之。兗州、濮州界皆爲水所漂溺，[2]命鴻臚少卿魏玭、將作少監郭廷讓、右領軍衛將軍安濬、右驍衛將軍田峻於滑、濮、澶、鄆四州，[3]檢河水所害稼，并撫問遭水百姓。[4]兗州又奏，河水東流，闊七十里。至七年三月，命宋州節度使安彦威率丁夫塞之。[5]河平，建碑立廟於河決之所。

　　[1]滑州：州名。治所在今河南滑縣。

　　[2]兗州：州名。治所在今山東兗州市。　濮州：州名。治所在今山東鄄城縣。

　　[3]鴻臚少卿：官名。鴻臚寺副長官。佐掌賓客及凶儀之事。從四品。　魏玭：人名。籍貫、生平不詳。事見本書卷八〇。　將作少監：官名。將作監副長官。佐掌邦國修建、土木工匠之政。從四品。　郭廷讓：人名。籍貫不詳。本書僅此一見。中華書局本有校勘記："《五代會要》卷一一同，《册府》卷一六二、《五代會要》（四庫本）卷一一作'霍廷讓'。"見《會要》卷一一水溢條，《宋本册府》卷一六二《帝王部·命使門》繫此事於天福六年十月丁亥朔。　右領軍衛將軍：官名。唐置，掌宮禁宿衛。唐代置十六衛，即左右衛、左右驍衛、左右武衛、左右威衛、左右領軍衛、左右金吾衛、左右監門衛、左右千牛衛，各置上將軍，從二品；大將軍，正三品；將軍，從三品。中華書局本有校勘記："原作'右金吾衛將軍'，據殿本、孔本改。《五代會要》卷二作'右領衛將軍'，《册府》卷一六二作'左領軍衛將軍'。"《會要》卷二無此記載，應爲《會要》卷一一水溢條。　安濬：人名。籍貫不詳。本書

僅此一見。　右驍衛將軍：官名。唐置十六衛之一。掌宮禁宿衛。從三品。　田峻：人名。籍貫、事跡不詳。本書僅此一見。　澶：州名。治所在今河南濮陽縣。

[4]并撫問遭水百姓：據《宋本册府》卷一六二可知，遣諸臣"檢河水所害稼，并撫問遭水百姓"時間爲六年十月丁亥朔。

[5]安彦威：人名。代州崞縣（今山西原平市）人。五代後唐、後晉節度使。傳見本書卷九一、《新五代史》卷四七。　命宋州節度使安彦威率丁夫塞之：明本《册府》卷四九七《邦計部·河渠門》載安彦威修河堤"給私財以犒民，民無散者，竟止其害"；《新五代史》卷四七《安彦威傳》則載彦威"出私錢募民治隄"。

開運元年六月，[1]黃河、洛河泛溢，壞堤堰，[2]鄭州原武、滎澤縣界河決。[3]

[1]開運：五代後晉出帝石重貴年號（944—946）。
[2]壞堤堰：中華書局本有校勘記："'壞'字原闕，據《五代會要》卷一一、《文獻通考》卷二九六補。"見《會要》卷一一水溢條、《通考》卷二九六《物異考二·水災》。
[3]鄭州：州名。治所在今河南鄭州市。　原武：縣名。治所在今河南原陽縣。　滎澤：縣名。治所在今河南鄭州市惠濟區。

周廣順二年七月，[1]暴風雨，京師水深二尺，壞牆屋不可勝計。諸州皆奏大雨，所在河渠泛溢害稼。[2]

[1]廣順：五代後周太祖郭威年號（951—953）。
[2]"周廣順二年七月"至"所在河渠泛溢害稼"：本條亦見《會要》卷一一水溢條。

　　三年六月，諸州大水，[1]襄州漢江漲溢入城，[2]城内水深一丈五尺，[3]倉庫漂盡，居人溺者甚聚。

　　[1]諸州大水：《輯本舊史》卷一一三《周太祖紀四》廣順三年六月條作“河南、河北諸州大水”。

　　[2]漢江：水名。古稱沔水，是長江的最大支流。發源於今陝西漢中市漢王山，流經陝西漢中市、安康市以及湖北十堰市，在今湖北武漢市注入長江。

　　[3]城内水深一丈五尺：中華書局本有校勘記：“‘一丈’二字原闕，據本書卷一一三《周太祖紀四》、《五代會要》卷一一補。”見《會要》卷一一水溢條、《輯本舊史》卷一一三《周太祖紀四》廣順三年六月條、《通考》卷二九六《物異考二·水災》。《會要》及《通考》云：“襄州漢江泛溢，壞羊馬城，大城城内水深一丈五尺。”

　　地震[1]

　　梁開平二年四月甲寅，地震。[2]

　　[1]地震：西漢以降，儒者多從天人感應的角度來解釋地震的成因，納入陰陽氣論或《洪範》五行災異説的體系中。《漢書·五行志》將地震歸入《洪範五行傳·思心傳》“金水木火沴土”一目下，與“土”搭配，引“説”曰：“凡思心傷者病土氣，土氣病則金木水火沴之，故曰‘時則有金木水火沴土’。不言‘惟’而獨曰‘時則有’者，非一衝氣所沴，明其異大也。”五行相沴是《洪範五行傳》的發明，打破了先秦以來五行並列相生、相勝的關係，將五行依方位對沖重新搭配。木金東西對沖相沴，火水南北對沖相沴，土居中爲五行之主，故土氣傷則四方金木水火之氣乘而沴之，

所引發的災異爲地變之極，如地震、山崩、地陷、川竭之類。

[2]梁開平二年四月甲寅，地震：《輯本舊史》原無，據《新五代史》卷五九《司天考二》補。

唐同光二年十一月，鎮州地震。[1]

[1]鎮州：州名。治所在今河北正定縣。《輯本舊史》之影庫本粘籤："鎮州，原本作'真州'，今從《五代會要》改正。"見《會要》卷一〇地震條。又，同光二年（924）十一月乙未朔，《輯本舊史》卷三二《唐莊宗紀六》同光二年十月戊午條載"是日（二四）鎮州地震"，《新五代史》卷五九《司天考二》則載"十一月丁巳（二三）地震"，兩者相差一日。

三年十月二十五日夜，[1]魏、博、徐、宿地大震。[2]

[1]十月：《輯本舊史》原作"十一月"，中華書局本有校勘記："本書卷三三《唐莊宗紀七》敘其事云：'（同光三年十一月戊戌）徐州、鄆都上言：十月二十五日夜，地大震。'"如中華書局本有校勘記所言，"十一月"應爲"十月"，亦見本書卷三四《唐莊宗紀八》同光四年正月癸亥（初六）條載："諸州上言，準宣，爲去年十月地震，集僧道起消災道場。"又同卷同年二月丙申（初九）載："上歲十月鄆地大震。"但中華書局本未改，今據上述諸條改。《新五代史》卷五九《司天考二》則載"三年十一月甲寅，地震"。同光三年（925）十月庚申朔，無甲寅；十一月庚寅朔，甲寅爲二十五日。

[2]魏：州名。治所在今河北大名縣。　博：州名。治所在今山東聊城市。　徐：州名。治所在今江蘇徐州市。　宿：州名。治所在今安徽宿州市。

天成三年七月，[1]鄭州地震。[2]

[1]天成：五代後唐明宗李嗣源年號（926—930）。　三年：中華書局本有校勘記："'三年'，《五代會要》卷一〇作'二年'。"

[2]鄭州地震：中華書局本有校勘記："'州'字原闕，據劉本、《五代會要》卷一〇補。"《新五代史》卷五九《司天考二》則載，天成二年十月癸未，地震；十一月辛未，地震；壬申，地震；十二月癸未，地震。十月癸未爲初五；十一月辛未爲二十四日，壬申爲二十五日；十二月癸未爲初六。

長興二年六月，太原地震，自二十五日子時至二十七日申時，[1]二十餘度。左補闕李詳上疏曰：[2]"臣聞天地之道，以簡易示人：鬼神之情，以禍福爲務。王者祥瑞至而不喜，災異見而輒驚，罔不寅畏上玄，思答天譴。臣聞北京地震，[3]日數稍多。臣曾覽國書，伏見高宗時，[4]晋州地震，[5]上謂群臣曰：'豈朕政教之不明，使晋州地震耶？'待中張行成奏曰：[6]'天陽也，地陰也，天陽君象，地陰臣象，君宜轉動，臣宜安静。今晋州地震，彌旬不休，將恐女謁任事，[7]臣下陰謀。且晋州是陛下本封，[8]今地震焉，尤彰其應。伏願深思遠慮，以杜未萌。'又，開元中，[9]秦州地震，尋差官宣慰，兼降使致祭山川，所損之家，委量事安置奏聞。伏惟陛下中興唐祚，起自晋陽，[10]地數震於帝鄉，理合思於天誡。況聖明御宇，于今六年，歲稔時康，人安俗阜。臣慮天意恐陛下忘創業艱難之時，有功成矜滿之意。伏望特委親信，兼選勳賢，且往北京慰安，密令巡察，[11]問黎民之疾苦，嚴山川之祭祀，然後鑒前朝得喪之本，採歷代聖哲之規，崇不諱之風，罷不急之務。”明宗深嘉之，[12]錫以三品章服。[13]

[1]自二十五日子時至二十七日申時：中華書局本有校勘記："'子時'，《五代會要》卷一〇作'未時'。"見《會要》卷一〇地震條。《新五代史》卷五九《司天考二》載："六月壬午，地震。"長興二年六月丁巳朔，壬午爲二十六日。

[2]左補闕：官名。唐始置。掌供奉諷諫，大事廷議，小則上封事。從七品。　李詳：人名。籍貫不詳。五代後唐明宗時任左補闕，後晋時歷任中書舍人、禮部侍郎、工部侍郎、刑部侍郎等。《會要》卷一〇，《輯本舊史》卷四八《唐末帝紀下》清泰三年（936）二月庚午條、卷八三《晋少帝紀三》開運元年（944）七月壬午條，明本《册府》卷一〇一《帝王部·納諫門》長興二年（931）十月條、卷四七六《臺省部·奏議門》作"李祥"；而《輯本舊史》卷四二《唐明宗紀八》長興二年十月辛酉條、卷七八《晋高祖紀四》天福四年九月丙申條，明本《册府》卷四八一《臺省部·輕燥門》等則作"李詳"，爲同一人。

[3]北京：地名。即太原。唐代以太原爲北都，玄宗天寶元年（742）升格爲北京。此後時有反復。

[4]高宗：即李治。唐朝第三位皇帝，650年至683年在位。紀見《舊唐書》卷四至卷五、《新唐書》卷三。

[5]晋州：州名。治所在今山西臨汾市。

[6]侍中：官名。門下省長官，唐前期爲宰相。掌出納帝命、緝熙皇極，總典吏職，贊相禮儀，以和萬邦，以弼庶務。正三品。唐後期成爲榮銜，正二品。　張行成：人名。定州義豐縣（今河北安國市）人。唐高宗時宰相。傳見《舊唐書》卷七八、《新唐書》卷一〇四。

〔7〕女謁：女寵，引申爲通過有權勢的女子干求請託。此處指武則天。

〔8〕晋州是陛下本封：唐高宗李治繼位前受封晋王。

〔9〕開元：唐玄宗李隆基年號（713—741）。

〔10〕起自晋陽：五代後唐明宗李嗣源係太祖李克用養子，時李克用爲河東節度使，鎮晋陽（太原），與朱梁對峙，李嗣源隨侍左右，屢立戰功。後又輔佐晋王李存勗建立後唐、滅亡後梁。究其功業之始，故云“起自晋陽”。

〔11〕密令巡察：中華書局本有校勘記：“‘察’字原闕，據《五代會要》卷一〇、《册府》卷五四七補。”見《會要》卷一〇地震條、《宋本册府》卷五四七《諫諍部·直諫門》李詳條。

〔12〕明宗：即李嗣源。五代後唐第二位皇帝，926年至934年在位。紀見本書卷三五至卷四四、《新五代史》卷六。

〔13〕錫以三品章服：中華書局本有校勘記：“‘三品’，《五代會要》卷一〇、《册府》卷一〇一作‘四品’，《册府》卷五四九作‘五品’。”見《會要》卷一〇地震條、明本《册府》卷一〇一《帝王部·納諫門》長興二年十月條、《宋本册府》卷五四九《諫諍部·褒賞門》李詳條。

十一月，雄武軍上言，[1]洛陽地震。[2]

〔1〕雄武軍：方鎮名。治所在秦州（今甘肅天水市）。

〔2〕洛陽地震：雄武軍遠在秦州，如何能上奏洛陽地震？此條疑有脱訛。

三年八月，秦州地大震。[1]

〔1〕秦州地大震：中華書局本有校勘記：“‘大’字原闕，據殿

本、孔本補。"《輯本舊史》卷四三《唐明宗紀九》載："長興三年九月乙巳，秦州地震。"

漢乾祐二年四月丁丑，[1]幽、定、滄、營、深、貝等州地震，[2]幽、定尤甚。

[1]乾祐：後漢高祖劉知遠、隱帝劉承祐年號（948—950）。北漢亦用此年號。

[2]幽：州名。治所在今北京市。 定：州名。治所在今河北定州市。 滄：州名。治所在今河北滄縣。 營：州名。治所在今遼寧朝陽市。 深：州名。治所在今河北衡水市。 貝：州名。治所在今河北清河縣。 幽、定、滄、營、深、貝等州地震：《輯本舊史》之影庫本粘籤："深、貝，原本作'清具'，今從《文獻通考》改正。"《通考》卷三〇一《物異考七·地震門》無五代地震記載。《輯本舊史》卷一〇二《漢隱帝紀中》乾祐二年四月條載："是月，幽、定、滄、貝、深、冀等州地震。"幽、營兩州在遼境內。

周廣順三年十月，魏、邢、洺等州地震數日，[1]凡十餘度，魏州尤甚。

[1]邢：州名。治所在今河北邢臺市。 洺：州名。治所在今河北邯鄲市永年區。 魏、邢、洺等州地震數日：《輯本舊史》之影庫本粘籤："邢、洺，原本作'邢洺'，今從《文獻通考》改正。"其誤同上條校勘記，《會要》卷一〇地震條載該月"魏、邢、洺地震累日，凡十餘度。鄴都宮署內尤甚，屋瓦皆墮"，《輯本舊史》卷一一三《周太祖紀四》該月壬申（二十五日）條亦載"鄴都、邢、洺等州皆上言地震，鄴都尤甚"。

蟲魚禽獸[1]

梁龍德末,[2]許州進綠毛龜,[3]宮中造室以畜之，命之曰"龜堂"。識者以爲不祥之言。[4]

[1]蟲魚禽獸："蟲魚禽獸"在《五行傳》中分屬於五事、皇極下的"孽"類，魏晉以後固定搭配是：《貌傳》"龜孽"，《言傳》"毛蟲之孽"，《視傳》"羽蟲之孽"，《聽傳》"魚孽""介蟲之孽"，《思心傳》"贏蟲之孽"，《皇極傳》"龍蛇之孽"。此處亦屬簡單歸類合併，並未遵循特定的《五行志》體例。

[2]龍德：五代後梁末帝朱友貞年號（921—923）。

[3]許州：州名。治所在今河南許昌市。

[4]"梁龍德末"至"識者以爲不祥之言"：本條亦見《輯本舊史》卷一〇《梁末帝紀下》龍德三年（923）十月戊寅條後所追溯前事。按，此條兼容《貌傳》"龜孽"與《言傳》"詩妖"兩目功能。龜者水居，陰謀之象，有甲，故亦具兵象；"龜堂"係"歸唐"之諧音，故云"不祥之言"。

唐天祐十八年二月,[1]張文禮叛於鎮州,[2]時野河水變,[3]其色如血，游魚多死,[4]浮於水上，識者知其必敗。

[1]天祐：唐昭宗李曄開始使用的年號（904）。唐哀帝李柷即位後沿用（904—907）。唐亡後，河東李克用、李存勗仍稱天祐，沿用至天祐二十年（923）。五代其他政權亦有行此年號者，如南吳、吳越等，使用時間長短不等。

[2]張文禮：人名。燕（今河北北部）人，五代後梁成德節度

留後。傳見本書卷六二。

    [3]時野河水變：《輯本舊史》之影庫本原闕"河"字，中華書局本亦未補，今據劉本補。

    [4]其色如血，游魚多死：此條前言水變色如血，屬《視傳》"赤眚赤祥"，後又言"游魚多死"，屬《聽傳》"魚孽"。《隋書·五行志》引《洪範五行傳》曰："魚陰類也，下人象。又有鱗甲，兵之應也。"

    十九年，定州王處直卒。[1]先是，處直自爲德政碑，[2]建樓於衙城內，言有龍見。人或覰之，[3]其狀乃黃么蜥蜴也，而不畏人。[4]處直以爲神異，造龍床以安之。又，城東麥田中，有群鵲數百，平地爲巢，[5]處直以爲己德所感，令人守之。[6]識者竊論曰："蟲蛇陰物，比藏山澤，今據屋室，人不得而有也。[7]鵲巢於樹，固其所也；今止平地，失其所也。[8]南方爲火，火主禮，禮之壞則羽蟲失性，以文推之，上失其道，不安於位之兆也。"果爲其子都所廢。[9]

    [1]王處直：人名。京兆萬年（今陝西西安市長安區）人。唐末五代義武軍節度使。傳見本書卷五四、《新五代史》卷三九。

    [2]德政碑：古代碑刻的一種形制，撰文書丹以頌揚執政者的功績。早期有較爲嚴格的立碑流程，一般由吏民上請，經朝廷審核、批準後方可立碑。唐後期逐漸泛濫，藩鎮自行立碑者不乏其人。

    [3]人或覰之：《輯本舊史》原闕"人"字，據《宋本冊府》卷九五一《總録部·咎徵門》王處直條補。

    [4]而不畏人：《輯本舊史》原闕，據《宋本冊府》卷九五一

《總録部·咎徵門》補。

　　[5]有群鵲數百，平地爲巢：中華書局本有校勘記："'數百''爲巢'，《册府》卷九五一作'數十''共巢'。"

　　[6]令人守之：《輯本舊史》原闕，據《宋本册府》卷九五一《總録部·咎徵門》補。

　　[7]按，王處直德政碑樓中有蜥蜴，曲解成龍，以爲祥瑞。"識者"所論並不糾纏於龍的真僞，而是將焦點放在了"龍"的屬性上。《洪範五行傳》有"蛇龍，陰類"之説，陰者處下，寓意下人反叛。龍蛇既爲陰類，當潛伏淵底、山中，出入有時，今據人屋，"非其所處"，故爲異。

　　[8]"鵲巢於樹"至"失其所也"：中華書局本有校勘記："以上十六字原闕，據《册府》卷九五一補。"按，群鵲平地爲巢，王處直以爲是自己德政所化，是祥瑞。"識者"同樣是以"非其所處"來判定其爲災異。群鵲屬《視傳》"羽蟲之孽"，《視傳》與五行之"火不炎上"搭配，故"識者"從"群鵲"逆推至"火"性，進而推導出王處直失禮、失道，將招致"不安於位"之禍。

　　[9]其子都：即王都。中山陘邑（今河北定州市）人。本名劉雲郎，後爲王處直養子，殺王處直，代爲義武節度使。傳見本書卷五四。

　　應順元年閏正月丙寅辰時，[1]唐閔帝幸至德宮，[2]初出興教門，[3]有飛鳶自空而落，死於御前，是日，大風晦冥。

　　[1]應順：五代後唐愍帝（閔帝）李從厚年號（934）。

　　[2]唐閔帝：即五代後唐閔帝李從厚。934年在位。紀見本書卷四五、《新五代史》卷七。　至德宮：宮名。五代後唐天成元年（926）築。位於今河南洛陽市。

[3] 興教門：城門名。唐五代洛陽城皇宮南面三門之一。

清泰元年十月辛未巳時，有雉金色，自南飛入中書，止於政事堂屋脊上，[1] 吏驅之不去，良久又北飛。是日，民家得之。[2]

[1] 止於政事堂屋脊上："屋脊上"，《輯本舊史》原作"之上"，據《會要》卷一一雜災變條改。《會要》此條下尚有小注："其月，僕射、平章事李愚罷相，守本官吏部尚書，劉昫罷相，守右僕射。"
[2] 按，中書政事堂乃議政之所，雉本不當入其地，今雉飛南入中書，預示執政者不當居此位，故其月李愚、劉昫罷相。雉又北飛，民家得之，京房《易飛候》曰："野鳥入君室，其邑虛，君亡之他方。"似預示後唐之滅亡。

二年，鄴西李固鎮，[1] 有大鼠與蛇鬥於橋下，鬥及日之申，[2] 蛇不勝而死。[3]

[1] 李固鎮：地名。即固鎮。位於今在河北武安市區西南部。
[2] 鬥及日之申：中華書局本有校勘記："申"，原作"中"，據本書《晉高祖紀一》改。按本書卷七五《晉高祖紀一》下文云："後唐末帝果滅於申。"見《輯本舊史》卷七五《晉高祖紀一》追述晉高祖即位前之"徵兆"，其下尚有"行人觀者數百，識者志之，後唐末帝果滅於申"。後唐滅於清泰三年（936），爲丙申年。
[3] 蛇不勝而死：《御覽》卷九三三《鱗介部五・蛇上》引《晉史》，"蛇不勝而死"後尚有"行人觀者志之，後唐果滅於申"。

三年三月戊午，有蛇鼠鬥於洛陽師子門外，[1] 而鼠

殺蛇。夏四月戊子，熊入市，[2] 形如人，搏人。又一熊
自老君廟南走向城，[3] 會車駕幸近郊，從官射之而斃。[4]

[1] 洛陽：地名。治所在今河南洛陽市。

[2] 熊入市：《輯本舊史》卷四八《唐末帝紀下》清泰三年
（936）四月條作“有熊入京城”。

[3] 老君廟：廟名。位於今河南洛陽市西北。

[4] 按，熊入市、熊入城均爲“野獸入邑”的敘述模式，屬
《言傳》“毛蟲之孽”。在古人的觀念裏，城邑是人類聚居的地方，
野獸應該活動於深山叢林，人與獸的活動範圍有着嚴格的界限。人
類進山打獵或因爲其他原因闖入野獸的勢力範圍，是正常的；反過
來，野獸要是闖入了人類的勢力範圍就是非常嚴重的事情了，預示
了災禍即將降臨。故京房《易飛候》曰：“野獸入邑，及至朝廷若
道，上官府門，有大害，君亡。”

　　漢乾祐三年正月，有狐出明德樓，[1] 獲之，比常狐
毛長，腹別有二足。[2]

[1] 有狐出明德樓：京房《易飛候》曰：“狐入君室，室不
居。”與上條“熊入市”屬同一類型。

[2] 腹別有二足：此狐有六足，京房《易傳》曰：“足多者，所
任邪也；足少者，不勝任也。”

　　周廣順三年六月，河南、河北諸州旬日内無烏，[1]
既而聚澤、潞之間山谷中，[2] 集於林木，壓樹枝皆折。
是年，人疾疫死者甚衆。至顯德元年，[3] 河東劉崇爲周
師所敗，[4] 伏尸流血，故先萌其兆。[5]

[1]河南、河北諸州旬日内無烏:《輯本舊史》原無"河北"二字,中華書局本有校勘記:"'河北',《五代會要》卷一一、《文獻通考》卷三一二作'河南河北'。"見《會要》卷一一雜災變條、《通考》卷三一二《物異考一八·羽蟲之異門》。又見《輯本舊史》卷一一三《周太祖紀四》廣順三年(953)六月條及《大典》卷二三四五"鳥"字韻"烏集林木"事目,故在"河北"前補"河南"二字,中華書局本未補。

[2]澤:州名。治所在今山西澤州縣。 潞:州名。治所在今山西長治市。

[3]顯德:五代後周太祖郭威年號,世宗柴榮、恭帝柴宗訓沿用(954—960)。

[4]河東:方鎮名。治所在太原府(今山西太原市)。 劉崇:人名。即劉旻。太原(今山西太原市)人。五代後漢高祖劉知遠從弟。後漢時任太原尹,專制一方。後周代漢,劉崇稱帝於太原,國號漢,史稱北漢。傳見本書卷一三五、《新五代史》卷七〇。

[5]按,"烏集"屬《視傳》"羽蟲之孽",又爲《聽傳》"黑祥",乃視之不明、聽之不聰之罰。

顯德元年三月,潞州高平縣有鵲巢於縣郭之南平地,[1]巢中七八雛。

[1]高平縣:縣名。治所在今山西高平市。

蝗[1]

梁開平元年六月,許、陳、汝、蔡、潁五州蝝生,[2]有野禽群飛蔽空,食之皆盡。[3]

　　[1]蝗：蝗屬《聽傳》"介蟲之孽"，《漢書·五行志》引"說"曰："介蟲孽者，謂小蟲有甲飛揚之類，陽氣所生也，於《春秋》爲螽，今謂之蝗，皆其類也。"

　　[2]陳：州名。治所在今河南淮陽縣。　汝：州名。治所在今河南汝州市。　蔡：州名。治所在今河南汝南縣。　蝝：蝗蟲的幼蟲。

　　[3]按，"飛鳥食蝗"是一種德政敘述模式，可以看作是"飛蝗出境"書寫模式的變體（參見孫正軍《中古良吏書寫的兩種模式》，《歷史研究》2014年第3期），此條的主旨已經不是災異，而是祥瑞了。

　　唐同光三年九月，鎮州奏，飛蝗害稼。

　　晋天福七年四月，山東、河南、關西諸郡蝗害稼，至八年四月，天下諸道州飛蝗害田，[1]食草木葉皆盡。詔州縣長吏捕蝗。華州節度使楊彥詢、雍州節度使趙瑩命百姓捕蝗一斗，[2]以禄粟一斗償之。[3]時蝗旱相繼，人民流移，饑者盈路，關西餓殍尤甚，死者十七八。朝廷以軍食不充，分命使臣諸道括粟麥，晋祚自兹衰矣。

　　[1]天下諸道州飛蝗害田：《輯本舊史》原闕"道"字，據《會要》卷一一蝗條補。

　　[2]華州：州名。治所在今陝西渭南市華州區。　楊彥詢：人名。河中寶鼎（今山西萬榮縣）人，五代後唐、後晋大臣，傳見本書卷九〇、《新五代史》卷四七。《舊五代史考異》："案：原本作'彥珣'，今從列傳改正。"《會要》卷一一亦作"彥詢"。　雍州：州名。治所在今陝西西安市。　趙瑩：人名。華州華陰（今陝西渭南市）人，五代後唐、後晋大臣，曾任宰相。傳見本書卷八九、

《新五代史》卷五六。

[3]以禄粟一斗償之：《輯本舊史》卷八九《趙瑩傳》作“給粟一斗”，同書卷九〇《楊彦詢傳》亦載以粟假貸事，但“禄粟”作“官粟”。

漢乾祐元年七月，青、鄆、兖、齊、濮、沂、密、邢、曹皆言蝝生。[1]開封府奏，[2]陽武、雍丘、襄邑等縣蝗，[3]開封尹侯益遣人以酒肴致祭，[4]尋爲鸜鵒食之皆盡。[5]敕禁羅弋鸜鵒，以其有吞蝗之異也。[6]

[1]青：州名。治所在今山東濰坊市。　齊：州名。治所在今山東濟南市。　濮：中華書局本有校勘記：“原作‘漢’，據殿本、劉本、《五代會要》卷一一、《文獻通考》卷三一四改。”見《會要》卷一一蝗條、《通考》卷三一四《物異考二〇·蝗蟲》。　沂：州名。治所在今山東臨沂市。　密：州名。治所在今山東諸城市。

[2]開封府：府名。五代後漢都城。治所在今河南開封市。

[3]陽武：縣名。治所在今河南原陽縣。　雍丘：縣名。治所在今河南杞縣。　襄邑：縣名。治所在今河南睢縣。

[4]開封尹：官名。即開封府尹。五代除後唐外均都汴州，升汴州爲開封府，置開封尹或知開封府事。執掌京師政務。從三品。　侯益：人名。汾州平遥（今山西平遥縣）人，五代後唐至後周大臣。傳見《宋史》卷二五四。

[5]鸜（qú）鵒（yù）：亦作鴝鵒。鳥名，即八哥。《春秋左傳正義》昭公二十五年：“有鸜鵒來巢。”楊伯峻注：“鸜同鴝，音劬。鸜鵒即今之八哥。”

[6]“開封府奏”至“以其有吞蝗之異也”：《御覽》卷九五〇《蟲豸部七·蝗》引《漢實録》略同。此條亦爲“飛鳥食蝗”的德政敘述模式。

二年五月，博州奏，有蠔生，化爲蝶飛去。[1]宋州奏，蝗一夕抱草而死，差官祭之。[2]

[1]博州奏，有蠔生，化爲蝶飛去：《御覽》卷九四五《蟲豸部二·蝴蝶》引《漢實錄》："右監門衛大將軍許遷言：'臣奉命博州，至博平縣戴村，有蠔彌亘數里，一夕言並化蝶飛去。'"《輯本舊史》卷一〇二《漢隱帝紀中》乾祐二年（949）五月己未條與此略同。

[2]按，這兩條所記均係蝗災自然消除，在以往《五行志》對蝗的敘述模式中未見。

火

唐天成四年十一月，汝州火，燒羽林軍營五百餘間。先是，司天奏，[1]熒惑入羽林，[2]飭京師爲火備，至是果應。

[1]司天：官（署）名。即司天監。唐、五代司天監的長官即稱司天監，曾隨其官署改稱過太史令、秘書閣郎中、渾天監等。掌天文、曆法以及占候等事。參見趙貞《唐宋天文星占與帝王政治》，北京師範大學出版社2016年版。

[2]熒惑：星名。指火星。熒惑在古代是不祥的象徵，此處將"熒惑入羽林"直解爲"火入羽林"。

長興二年四月辛丑，汴州封禪寺門扉上欻然火起，[1]延燒近寺廬舍。[2]是月，衛州奏，[3]黎陽大火。[4]先是，下詔於諸道，令爲火備，至是驗之。[5]

[1]封禪寺：寺名。初建於北齊天保十年（559），名獨居寺。唐玄宗開元十七年（729）詔改爲封禪寺，宋太祖開寶三年（970）改爲開寶寺。遺址在爲河南開封市鐵塔公園。　歘（xū）然：亦作欻然，忽然、疾速貌。

[2]延燒近寺廬舍：《輯本舊史》原闕“寺廬”二字，據《通考》卷二九四《物異四·火滅門》補。

[3]衛州：州名。治所在今河南衛輝市。

[4]黎陽：縣名。治所在今河南浚縣。

[5]按，漢唐《五行志》編纂的基本原則是災異書寫，《春秋繁露》卷八《必仁且智》曰：“凡災異之本，盡生於國家之失。國家之失乃始萌芽，而天出災害以譴告之；譴告之而不知變，乃見怪異以驚駭之，驚駭之尚不知畏恐，其殃咎乃至。”故其書寫的邏輯是將災異視作預兆和警示。此條中既然已經先下詔各地令爲火備，再以汴州、衛州大火作爲驗證，其實與漢唐《五行志》的書寫邏輯不合。

　　三年十二月壬戌，懷州軍營内三處火光自起，[1]人至即滅，並不焚燒舍宇。明宗謂侍臣曰：“火妖乎？”[2]侍臣曰：“恐妖人造作，宜審詰之。”

[1]懷州：州名。治所在今河南沁陽市。

[2]火妖：“妖”是漢唐《五行志》的一個基本概念。《五行志》據《洪範五行傳》在“五事”“皇極”下設置了妖、孽、禍、痾、眚、祥、沴七類細目，《漢書·五行志》引“説”曰：“凡草物之類謂之妖。妖猶夭胎，言尚微。蟲豸之類謂之孽。孽則牙孽矣。及六畜，謂之禍，言其著也。及人，謂之痾。痾，病貌，言寖深也。甚則異物生，謂之眚。自外來，謂之祥。祥，猶禎也。氣相傷，謂之沴。沴猶臨莅，不和意也。”這七類雖有各自的名稱和使

用範圍，但並不是不可逾越的。漢唐時期經疏家認爲這七類"以積漸爲義"，"大旨皆是妖也"（參見《左傳》宣公十五年五月條）。所以，《五行志》裏的"妖"具有雙重性。一方面"妖"是通名，這七類均可稱作"妖"，如"惰略嘉禮不肅之妖""言不從之妖""金失其性而爲妖""常燠赤祥之妖""霧之妖"等等，顯示出"妖"概念的泛化。另一方面，"妖"又指代具體的災異，災異被以各種各樣的特定名稱分門別類納入一個龐大的闡釋體系中。此條就是將怪異的火災直接視爲"火妖"。

晋天福三年十一月，襄州奏，火燒居民千餘家。

九年春，左龍武統軍皇甫遇從少帝禦契丹於鄆州北，[1]將戰之夕，有火光熒熒然，生於牙竿之上。[2]

[1]左龍武統軍：官名。唐置，掌宮禁宿衛。唐初護衛宮禁者爲飛騎，唐太宗從飛騎中選拔驍勇之士組建成"百騎"，作爲騎從護衛。經武則天、唐中宗擴編爲"萬騎"，分爲左右營，置使以統之。開元二十七年（739），"萬騎"左右營改爲左右龍武軍。各置大將軍一人，正三品；將軍二人，從三品。　皇甫遇：人名。常山（今河北正定縣）人，五代後唐、後晋大臣。傳見本書卷九五、《新五代史》卷四七。　少帝：即五代後晋少帝石重貴。943 年至946 年在位。紀見本書卷八一至卷八五、《新五代史》卷九。　契丹：古部族、政權名。公元 4 世紀中葉宇文部爲前燕攻破，始分離而成單獨的部落，自號契丹。唐貞觀中，置松漠都督府，以其首領爲都督。唐末强盛，916 年迭刺部耶律阿保機建立契丹國（遼）。先後與五代、北宋並立，保大五年（1125）爲金所滅。參見張正明《契丹史略》，中華書局 1979 年版。

[2]按，牙竿是軍隊中牙旗的旗竿，具發布信息、號令之功能。漢唐《五行志》所載與牙竿有關者，無不預示着戰敗，如《晋

書·五行志》：“安帝元興元年正月丙子，會稽王世子元顯將討桓玄，建牙竿于揚州南門，其東者難立，良久乃正。近沴妖也。而元顯尋爲玄所擒。”《新唐書·五行志》：“天寶十四載十二月，哥舒翰帥師守潼關，前軍啓行，牙門旗至坊門，觸落槍刃，衆以爲不祥。”戰前牙竿上有火光，其不祥之意明顯。但天福九年（944）皇甫遇在鄆州北津與契丹一役，其結果是契丹大敗，溺死者數千人，皇甫遇因功拜滑州節度使。事應與預兆不能相合，再次説明本志之編纂並未遵循漢唐《五行志》慣常的書寫模式。

　　周顯德五年四月，吳越王錢俶奏，[1]十九日夜，[2]杭州火，[3]焚燒府署殆盡。世宗命中使齎詔撫問。[4]

　　[1]吳越：政權名。五代十國時期十國之一。907年朱温册封錢鏐爲吳越王，923年，錢鏐正式建立吳越政權。978年，錢俶納土歸宋，吳越亡。　錢俶：人名。吳越第五位王，947年至978年在位。傳見本書卷一三三、《新五代史》卷六七。《輯本舊史》卷一〇一至卷一〇三《漢隱帝紀》作“錢弘俶”，卷一一一至卷一二〇《周太祖紀》《世宗紀》《恭帝紀》作“錢俶”，《通考》卷二九八《物異考四·火災門》亦作“錢弘俶”，《宋史》卷四八〇《世家三·吳越錢氏》云，錢俶“本名弘俶，以犯宣祖偏諱去之”。宋太祖父弘殷，宋建國後追尊爲帝，廟號宣祖。

　　[2]十九日夜：“十九日”，中華書局本從《輯本舊史》作“十日”，《輯本舊史》卷一一八《周世宗紀五》顯德五年（958）四月丁丑（二六）條載：“兩浙奏，四月十九日杭州火，廬舍府署延燒殆盡。”有火災日及上奏曰，故據改。

　　[3]杭州：州名。治所在今浙江杭州市。

　　[4]世宗：即五代後周世宗柴榮。955年至959年在位。紀見本書卷一一四至卷一一九、《新五代史》卷一二。

草木石冰[1]

梁開平元年春正月,[2]潞州軍前李思安奏,[3]壺關縣庶穰鄉村人因伐樹倒,[4]自分爲兩片,内有六字,皆如左書,[5]曰"天十四載石進",乃圖其狀以進。梁祖異之,[6]命示百官,莫有詳其義者。及晉高祖即位,人以爲雖有國姓,[7]計其甲子則二十有九年矣。識者曰:"'天'字取'四'字中兩畫加之於傍,則'丙'字也;'四'字去中間兩畫加'十'字,則'申'字也。晉祖即位之年,乃丙申也。"[8]

[1]按,"草"屬《視傳》"草妖","木""冰"屬五行之"木不曲直","石"屬五行之"金不從革",此處亦屬簡單歸類合併,並未遵循特定的《五行志》體例。

[2]梁開平元年春正月:"元年",《輯本舊史》原作"三年",明本《册府》卷二一《帝王部·徵應門》晉高祖條繫於天祐四年(907),《通鑑》記於卷二六六梁太祖開平元年(907)八月丁巳條,爲同一年。中華書局本有校勘記:"本書卷七五《晉高祖紀一》繫其事於唐天祐四年。按天祐四年即開平元年,至晉高祖即位正二十九年。"亦爲同一年,但中華書局本未改,今據上述諸書改。但《輯本舊史》卷一九《李思安傳》載,開平元年春,伐幽州。軍迴,率諸軍伐潞,累月不克。同書卷二六《唐武皇紀下》繫此事於該年五月,《通鑑》卷二六六繫此事於該年八月丁巳(十一),諸說不一,但春正月必誤。

[3]李思安:人名。河南陳留(今河南開封市陳留鎮)人,五代後梁大臣。傳見本書卷一九。

[4]壺關縣:縣名。治所在今山西壺關縣。　庶穰:《輯本舊

史》之影庫本粘籤："庶穰，原本作'康穰'，考《五代會要》作'庶穰'，《薛史·晋高祖紀》亦作'庶'，今改正。"《會要》無此記載。明本《册府》卷二一《帝王部·徵應門》亦作"庶穰"。

[5]左書：即隸書。

[6]梁祖：即五代後梁太祖朱温。907年至912年在位。紀見本書卷一至卷七、《新五代史》卷一至卷二。

[7]國姓：後晋爲石敬瑭所建，故以"石"爲國姓。中華書局本有校勘記："'國姓'，原作'圖姓'，據《册府》卷二一改。"見明本《册府》卷二一《帝王部·徵應門》。

[8]按：此處使用拆字法來解釋"天十四載石進"，其基點在於"石"爲後晋國姓，故將"天十四"三字拆解並重新組合成"丙申"二字，以與後晋建立的時間相合。此異象對後梁而言屬災異，對後晋則屬祥瑞。

　　唐天祐五年，潞州長柳巷田家有殭桃樹，[1]伐已經年，[2]舊坎猶在，其仆木一朝屹然而起，行數十步，復於舊坎，其家駭異，倉皇散走。議者以漢昭帝時，上林仆木起生枝，時蟲蠹成文而宣帝興。[3]今木理成文，仆而重起，乃莊宗中興之兆也。[4]

[1]潞州：《輯本舊史》原闕，中華書局本因之，今據《御覽》卷九六七《果部四·桃》引《後唐史》補。

[2]伐已經年：中華書局本有校勘記："'伐已'二字原闕，據《御覽》卷九六七引《後唐史》、《册府》卷二一補。"見明本《册府》卷二一《帝王部·徵應門》後唐莊宗條。

[3]"議者以漢昭帝時"至"時蟲蠹成文而宣帝興"：此事見載於《漢書·五行志》："昭帝時，上林苑中大柳樹斷仆地，一朝起立，生枝葉，有蟲食其葉，成文字，曰'公孫病已立'。又昌邑王

國社有枯樹復生枝葉。眭孟以爲木陰類，下民象，當有故廢之家公孫氏從民間受命爲天子者。昭帝富於春秋，霍光秉政，以孟妖言，誅之。後昭帝崩，無子，徵昌邑王賀嗣位，狂亂失道，光廢之，更立昭帝兄衞太子之孫，是爲宣帝。帝本名病已。”

[4]莊宗：即五代後唐莊宗李存勖。923 年至 926 年在位，紀見本書卷二七至卷三四、《新五代史》卷五。　乃莊宗中興之兆也：明本《册府》卷二一作“亦李氏中興之符也”。按，此條所記爲“枯木復生”現象。漢唐時期對這一現象的解讀有截然相反的兩種説法。一種視之爲災異，京房《易傳》曰：“枯楊生稊，枯木復生，人君亡子。”這種解讀被《五行志》所接受，進而擴大，象徵不可久長、人君無子、國有大喪、後宮專恣、權臣執政等。另一種視之爲祥瑞，“復生”有更新、重獲生機之義，常被看作是善政、孝行乃至天命所歸、帝國中興的象徵。尤其是在唐代，幾乎與“中興”劃上了等號。參見羅亮《草妖或祥瑞：“枯樹再生”與前蜀建國》，《中國史研究》2021 年第 1 期。故此條所載，實爲祥瑞。

同光元年冬十二月辛卯，亳州太清宫道士上言，[1]玄元皇帝殿前枯檜再生一枝，[2]畫圖以進。[3]

[1]亳州：《輯本舊史》之影庫本粘籤：“亳州，原本作‘濠州’，今從《五代會要》改正。”見《會要》卷一二觀條後之雜録條。《輯本舊史》卷三〇《唐莊宗紀四》、明本《册府》卷二五《帝王部・符瑞門》載此事更詳，亦作“亳州”。

[2]玄元皇帝：即老子李耳。唐朝奉老子爲始祖，666 年唐高宗李治追封老子爲“太上玄元皇帝”。

[3]按，此條所載亦是枯木復生，係五代後唐莊宗中興唐祚之祥瑞。

清泰末年，末帝先人墳側古佛刹中石像忽然搖動不已，[1]觀者咸訝焉。[2]

[1]末帝：即五代後唐末帝李從珂。934 年至 936 年在位，紀見本書卷四六至卷四八、《新五代史》卷七。　先人墳：祖先的墳墓。李從珂本姓王，其母魏氏被後唐明宗李嗣源納爲妾時，李從珂已經十歲，被李嗣源收爲養子。稱"先人墳"而不稱陵，故並非後唐諸帝陵墓，而是李從珂本姓祖先墳墓。　墳側古佛刹：即墳寺。建造在墳墓旁邊的佛寺，一般是子孫爲供養、祭祀祖先所建，屬家廟性質，五代以後逐漸興盛，也稱"功德墳寺"。

[2]"清泰末年"全"觀者咸訝焉"：本條亦見《大典》卷一三〇八二"動"字韻"物自動"事目。按，劉歆有"金石同類"一說，與"石"相關的災異在漢唐《五行志》中都歸入"金不從革"，《洪範五行傳》曰："好戰攻，輕百姓，飾城郭，侵邊境，則金不從革。"災異論認爲，"金"偏指兵械，與戰事相關；五行方位中金對應西方，代表肅殺之氣。故墳寺中石像搖動不已，預示着國本動搖，將有戰事，是後唐覆滅的先兆。

晉開運元年七月一日，少帝御明德門，[1]宣赦改元。是日，遇大雷雨，門內有井亭，亭有石盆，有走水槽，槽有龍首，其夕悉飄行數十步，而龍首斷焉。識者曰："石，國姓也，此兆非祥，石氏其遷乎？其絶乎？"[2]

[1]明德門：城門名。東京（今河南開封市）城內宮城南面中門。

[2]"晉開運元年七月一日"至"其絶乎"：本條亦見《輯本舊史》卷八三《晉少帝紀三》開運元年七月辛未朔條："是日宣赦

未畢，會大雷雨，匆遽而罷。時都下震死者數百人，明德門內震落石龍之首，識者以爲‘石’乃國姓，蓋不祥之甚也。”

二年正月，汴州封丘門外，[1]壕水東北隅水上有文，[2]若大樹花葉芬敷之狀，[3]相連數十株，宛若圖畫，傾都觀之。識者云：“唐景福中，[4]盧彦威鎮浮陽，[5]壕水有樹文亦如此，時有高尼辭郡人曰：‘此地當有兵難。’至光化元年，[6]其都果爲燕帥劉仁恭所陷。”[7]

[1]封丘門：城門名。五代後梁都城開封城北墻西門。位於今河南開封市。

[2]汴州封丘門外，壕水東北隅水上有文：《會要》卷一一雜災變條作“東京封邱門外石壕內有文”，《輯本舊史》卷八三《晋少帝紀三》開運二年正月條作“京城北壕春冰之上有文”。

[3]芬敷：芬，通“紛”；敷，鋪開、擴展。

[4]景福：唐昭宗李曄年號（892—894）。

[5]盧彦威：人名。籍貫不詳。五代軍閥。事見《通鑑》卷二六七。　鎮：中華書局本有校勘記：“‘鎮’字原闕，據《五代會要》卷一一補。”　浮陽：縣名，治所在今河北滄縣。《會要》卷一一作“滄州”。

[6]光化：唐昭宗李曄年號（898—901）。　至光化元年：《輯本舊史》原作“至光化中”，《通鑑》卷二六一繫此事於光化元年三月，光化前後有四年，元年不當言“中”，據改。中華書局本沿《輯本舊史》未改。

[7]劉仁恭：人名。深州（今河北深州市）人，唐末幽州節度使。光化元年正月，劉仁恭欲吞噬河朔，遣其子劉守文攻打滄州，盧彦威棄城而走，劉守文乃據之，自稱留後。傳見本書卷一三五、《新五代史》卷三九。

三年九月，大水，太原葭蘆茂盛，[1]最上一葉如旗狀，皆南指。十二月己丑，雨，木冰。[2]是月戊戌，霜霧大降，草木皆如冰。

[1]葭（jiā）蘆：即蘆葦。葭，初生的蘆葦，《詩·召南·騶虞》："彼茁者葭，壹發五豝。"毛傳："葭，蘆也。"

[2]雨，木冰：《洪範五行傳》曰："陰之盛而凝滯也。木者少陽，貴臣象也。將有害，則陰氣脅木，木先寒，故得雨而冰襲之。木冰一名介，介者兵之象也。""雨，木冰"一般預示貴臣作亂，人主身死。

漢乾祐元年八月，李守貞叛于河中，[1]境內蘆葉皆若旗旐之狀。[2]

[1]李守貞：人名。孟州河陽（今河南孟州市）人。五代後晋、後漢大臣。其爲河中節度使，後漢隱帝劉承祐繼位後，李守貞聯合鳳翔節度使王景崇、永興軍節度使趙思綰一起發動叛亂，自封爲秦王，乾祐二年（949）被樞密使郭威所敗，舉家自焚而死。傳見本書卷一○九、《新五代史》卷五二。　河中：方鎮名。治所在河中府（今山西永濟市）。

[2]"漢乾祐元年八月"至"境內蘆葉皆若旗旐之狀"：中華書局本有校勘記："以上二十四字原闕，據殿本、劉本、孔本補。影庫本批校：'原本尚有"漢乾祐元年"一條，今脱去。'"

周廣順三年春，樞密使王峻遥鎮青州，[1]有司制旄節以備迎授。[2]前夕，其節有聲。主者曰："昔後唐長興中，安重誨授河中，[3]其節亦有聲，斯亦木之妖也。"[4]

《永樂大典》卷八千六百十九。[5]

　　[1]樞密使：官名。唐置，原爲宦官機構樞密院的主官，掌接受表奏及向中書門下傳達皇帝旨意。五代後梁時改由士人充任，備顧問、參謀議，其後漸被武臣所掌控，權侔宰相。　王峻：人名。相州（今河南安陽市）人。五代將領，後周樞密使、宰相。傳見本書卷一三〇、《新五代史》卷五〇。

　　[2]旄節：亦作“髦節”“毛節”。使臣所持之信物。以竹爲柄，以犛牛尾爲垂飾。

　　[3]安重誨：人名。應州（今山西應縣）人。五代後唐大臣。傳見本書卷一三〇、《新五代史》卷二四。

　　[4]“周廣順三年春”至“斯亦木之妖也”：本條亦見《輯本舊史》卷一三〇《王峻傳》及《宋本冊府》卷九五一《總録部·咎徵門》。

　　[5]《永樂大典目録》卷八六一九“行”字韻“唐書五行志（二）”事目，卷八六二〇爲“行”字韻“宋史五行志”事目，應爲《大典目録》卷八六一九漏注“五代史五行志”事目。

舊五代史　卷一四六

食貨志[1]

[1]《輯本舊史》之案語：“《薛史・食貨志序》，《永樂大典》原闕，卷中唯鹽法載之較詳，其田賦、雜稅諸門，僅存大略，疑明初《薛史》已有殘闕也。今無可採補，姑存其舊。”

梁祖之開國也，屬黃巢大亂之餘，以夷門一鎮，外嚴烽候，内辟汙萊，勵以耕桑，薄其租賦，士雖苦戰，民則樂輸，二紀之間，俄成霸業。[1]及末帝與莊宗對壘於河上，河南之民，雖困於輦運，亦未至流亡，其義無他，蓋賦斂輕而丘園可戀故也。[2]及莊宗平定梁室，任吏人孔謙爲租庸使，峻法以剥下，厚斂以奉上，民產雖竭，軍食尚虧。[3]加之以兵革，因之以饑饉，不三四年，以致顛隕，其義無他，蓋賦役重而寰區失望故也。[4]

[1]黃巢：人名。曹州冤句（今山東菏澤市）人。唐末農民起義領袖。傳見《舊唐書》卷二〇〇下、《新唐書》卷二二五下。大亂之餘：“餘”原作“後”，中華書局本有校勘記：“‘後’，《容齋三筆》卷一〇引《舊史》作‘餘’。”但未改，今據《容齋三筆》卷一〇朱梁輕賦條改。　夷門：地名。原指戰國魏都大梁城東門，故址在今河南開封城內東北隅。夷門位於夷山，夷山因山勢平夷而得名，故門亦以山爲名。此處代指以開封爲治所的宣武軍。　薄其

租賦：中華書局本有校勘記："'其'，原作'以'，據《容齋三筆》卷一〇引《舊史》改。"今從。

[2]末帝：即朱友貞。朱溫第三子。鳳曆元年（913）殺其兄友珪自立。即位後連年與河東李存勗爭戰，龍德三年（923），後唐軍陷洛陽，友貞自殺，後梁亡。紀見本書卷八至卷一〇、《新五代史》卷三。　莊宗：即李存勗。代北沙陀部人，後唐開國皇帝。紀見本書卷二七至卷三四、《新五代史》卷四至卷五。　河南：府名。治所在今河南洛陽市。

[3]孔謙：人名。魏州（今河北大名縣）人。後唐大臣，善聚斂錢財，爲李存勗籌畫軍需。傳見本書卷七三、《新五代史》卷二六。　租庸使：官名。唐代爲主持催徵租庸地稅的財政官員。後梁、後唐時，租庸使取代鹽鐵、度支、户部，爲中央財政長官。

[4]"梁祖之開國也"至"失望故也"：《輯本舊史》之原輯者案語："以上見《容齋三筆》所引《薛史》，繹其文義，當係《食貨志序》，今録於卷首。"檢《文獻通考》卷三《田賦考三·歷代田賦之制》，亦從《容齋三筆》卷一〇朱梁輕賦條中全録上段文字。

租税[1]

[1]此目名《輯本舊史》原無，據内容補。下同。

梁開平元年，既受唐禪，兩稅之法，咸因唐制。[1]

[1]開平：後梁太祖朱溫年號（907—911）。　兩稅：唐德宗朝以後，實行兩稅法，分夏、秋兩次徵收土地稅，是國家的基本稅賦。　"梁開平"至"唐制"：此條《輯本舊史》原無，據明本《册府》卷四八八《邦計部·賦稅門二》補。"梁開平元年"，明本

《册府》卷四八八原作"梁太祖開平元年"，爲符合本書之體例，省去"太祖"二字。下引《册府》及他書亦同。

　　唐同光二年二月己巳敕:[1] "歷代以來，除桑田正稅外，只有茶、鹽、銅、鐵出山澤之利，有商稅之名，其餘諸司，并無稅額。[2]僞朝已來，通言雜稅，有形之類，無稅不加，爲弊頗深，興怨無已。[3]今則軍需尚重，國力未充，猶且權宜，未能全去。見檢天下桑田正稅，除三司上供，既能無漏，則四方雜稅，必可盡除。[4]仰所司速檢勘天下州府户口正額、墾田實數，待憑條理，以息煩苛。"[5]

　　[1]同光:後唐莊宗李存勗年號（923—926）。

　　[2]桑田正稅:即夏秋兩稅。"桑田"代指土地。"兩稅"爲土地稅，是國家基本賦稅，故稱"正稅"。　茶:指茶稅、茶課。茶稅始於唐德宗建中元年（780），歷代承之。　鹽:指鹽稅、鹽課。唐初不收鹽稅。唐先天元年（712）起徵。　山澤之利:對山林川澤産出的徵稅。《墨子·尚賢中》:"收斂關市山林澤梁之利，以實官府"。此處指种茶煮鹽、銅鐵冶煉的官府專賣收入。

　　[3]雜稅:泛指正稅之外各種苛細的稅收。

　　[4]三司:爲鹽鐵司、度支司、户部司的合稱。　上供:地方上交中央的稅賦。唐憲宗時設上供之法，規定地方財賦分爲三份，一份上供中央，一份送節度使，一份留於各州，簡稱上供、送使、留州。　除:意爲免除、蠲免、放免。

　　[5]"唐同光"至"以息煩苛":此條《輯本舊史》原無，據明本《册府》卷九二《帝王部·赦宥門十一》、卷四八八《邦計部·賦稅門二》補。《輯本舊史》卷三一《唐莊宗紀五》同光二年

(924) 二月己巳條載莊宗"親祀昊天上帝於圜丘，禮畢……還御五鳳樓宣制"。並錄此制最後一句："仰所司速檢勘天下州府戶口正額、墾田實數，待憑條理，以息煩苛。"

三年二月甲子，[1]敕："魏府小菉豆稅，每畝減放三升。[2]城內店宅園圃，比來無稅，頃因僞命，遂有配徵。[3]後來以所徵物色，添助軍人衣賜，將令通濟，宜示矜蠲。[4]今據緊慢去處，於見輸稅絲上，每兩作三等，酌量納錢，貴與充本迴圖，收市軍人衣賜，其絲永與除放。"[5]

[1]三年二月甲子："三年二月"前原有"唐同光"三字，據體例刪。《輯本舊史》本志原無"甲子"二字，據《輯本舊史》卷三二《唐莊宗紀六》補。

[2]魏府：即魏州。唐五代方鎮魏博軍的治所。位於今河北大名縣。　小菉豆稅：雜稅的一種。以小綠豆的產出爲徵收對象。

[3]店宅園圃：指針對商店、家宅、果園、花圃等土地徵收的雜稅。　配徵：以攤派、抑配的方式徵收財物。

[4]添助軍人衣賜：《輯本舊史》卷一四六《食貨志》原作"添助軍裝衣賜"，據明本《冊府》卷四八八《邦計部·賦稅門二》及《宋本冊府》卷四九一《邦計部·蠲復門三》改。　矜蠲：意爲憐憫、免除。

[5]於見輸稅絲上：中華書局本有校勘記："'輸'，原作'輪'，據劉本、《冊府》卷四八八、卷四九一、《五代會要》卷二五改。"見《會要》卷二五租稅條。　貴與充本迴圖，收市軍人衣賜：《輯本舊史》卷一四六《食貨志》原作"收市軍裝衣賜"，據《宋本冊府》卷四九一及明本《冊府》卷四八八改"軍裝"爲"軍人"。中華書局本另有校勘記："句上《五代會要》卷二五、《冊

府》卷四八八、卷四九一有‘貴與充本迴圖’六字。”但未補，見《會要》卷二五租稅條、明本《冊府》卷四八八、《宋本冊府》卷四九一，亦見《通考》卷三《田賦考三·歷代田賦之制》，今據補。　其絲永與除放：《輯本舊史》卷一四六《食貨志》“永”原作“仍”，中華書局本有校勘記：“‘仍’，《五代會要》卷二五同。本書卷三二《唐莊宗紀六》、《冊府》卷四八八、卷四九一作‘永’”。但未改。《通考》卷三亦作“永”，今據改。

　　閏十二月，吏部尚書李琪上言：[1]“請賦稅不以折納爲事，一切以本色輸官，又不以紐配爲名，止以正稅加納。”[2]敕曰：“本朝徵科，唯配有兩稅，至於折納，當不施爲。[3]宜依李琪所論，應逐稅合納錢物、斛斗、鹽錢等，宜令租庸司指揮，並準元徵本色輸納，不得改更，若合有移改，即須具事由奏聞。”[4]

　　[1]吏部尚書：官名。尚書省吏部最高長官，與二侍郎分掌六品以下文官選授、勳封、考課之政令。正三品。　李琪：人名。河西敦煌（今甘肅敦煌市）人。後梁、後唐官員。傳見本書卷五八、《新五代史》卷五四。
　　[2]折納：折合交納。又稱“折徵”“折變”。唐初賦稅多征實物，行兩稅法後以錢穀定稅。但在具體徵收時，因國家需要絹布等物，常以稅錢折收絹布。官府掌握折變的定價權，常常藉機苛斂，加重民衆的負擔。　本色：相對於“折色”而言。民衆本應繳納的賦稅形態爲“本色”，折變後應繳納的形態爲“折色”。　紐配：紐數而科配之。又稱“科配”“科索”。官府徵購民衆的物品或勞務，按照所需數額攤派，附加於正稅之上徵收。實際上是一種苛捐雜稅，蓋因官府常不足額支付，乃至完全不支付實際價格。　加納：指取消雜稅的各種名目，明確說明在正稅之上加若干數額、比

例徵收。

　　[3]徵科：徵收賦税。　至於折納："折納"，中華書局本改爲"折紐"，并有校勘記："'折紐'，原作'折納'，據《册府》卷四八八改。影庫本粘籤：折納，原作'折紐'，今據文改正。"《會要》卷二五租税條、《通考》卷三《田賦考三·歷代田賦之制》均作"折納"，今仍舊，但"折紐"亦可理解爲"折納、紐配"之簡稱。

　　[4]斛斗：斛斗皆爲量器，十斗爲一斛。此處代指以糧食交納的正税。　鹽錢：附加於正税交納的鹽税。　租庸司：官署名。爲五代後梁、後唐時的中央財政官署，長官爲租庸使。中華書局本有校勘記："'司'，原作'同'，據殿本、劉本、孔本、《册府》卷四八八改。《五代會要》卷二五作'使'。影庫本批校：'租庸司指揮'，'司'訛'同'。"《通考》卷三亦作"租庸使"。

　　　天成元年四月甲寅，[1]敕："應納夏秋税，先有省耗，每斗一升，今後止納正税數，不量省耗。"[2]

　　[1]天成：後唐明宗李嗣源年號（926—930）。　元年四月甲寅：原無"甲寅"二字，據《輯本舊史》卷三六《唐明宗紀二》及明本《册府》卷九二《帝王部·赦宥門十一》補。

　　[2]夏秋税：《輯本舊史》卷三六《唐明宗紀二》載："秋夏税子，每斗先有省耗一升，今後祇納正數，其省耗宜停。"亦見《會要》卷二五租税條、明本《册府》卷九二及卷四八八《邦計部·賦税門二》、《通考》卷三《田賦考三·歷代田賦之制》。　省耗：正税的附加税。又稱"加耗""耗"。五代後梁與後唐時，夏秋兩税每石多收一斗，謂之省耗。徵收依據是，糧食在運送、存儲過程中的損耗，如被雀鼠偷食等，應由交税民衆負擔。

四年五月，户部奏：[1]“三京、鄴都、諸道州府，逐年所徵夏秋稅租兼鹽、麹、折徵，諸般錢穀起徵，各視其地節候早晚，分立期限。”[2] 其月敕：[3]“百姓今年夏苗，委人戶自通供手狀，具頃畝多少，五家爲保，委無隱漏，攢連手狀，送於本州，本州具狀送省，州縣不得迭差人檢括。[4] 如人戶隱欺，許令保内陳告，其田並令倍徵。”[5]

[1]四年五月：《會要》卷二五租稅條繫於四年五月五日（庚辰），並詳載各地起徵及納足之期限。明本《册府》卷四八八《邦計部·賦稅門二》則繫於長興元年（930）二月制之後，小載各地起徵及納足之期限。《通考》卷三《田賦考三·歷代田賦之制》亦繫於四年五月五日并詳載各地起徵及納足之期限，但置于長興二年條之後，蒙上條，易使人誤以爲該條爲長興四年五月事。　　户部：官署名。唐末五代稱鹽鐵、度支、户部爲三司，掌管統籌國家財政之事。户部掌户口、財賦等事務。

[2]三京：唐代以長安、洛陽、太原並稱“三都”“三京”。鄴都：地名。治所在今河北大名縣。五代後唐同光元年（923），改魏州爲興唐府，建號東京。三年，改東京爲鄴都。　　麹（qū）：同“麯”，釀酒所用的酒麹。此指附加於正稅交納的麹稅。　　起徵：夏秋兩稅的徵收，設定了起徵及納足的期限。又因各地存在節候早晚的差異，允許微調。

[3]其月敕：《宋本册府》卷四九五《邦計部·田制門》作“四年夏詔”。

[4]手狀：又稱“手實”。民衆向官府呈報户口資產的文書，是政府編造户籍的根據。以户主名義呈報，由里正徵集，内容爲各户之家口、年紀、田地等項。　　五家爲保：《宋本册府》卷四九五《邦計部·田制門》作“仍以五家爲保”。　　攢連手狀，送於本州：

中華書局本有校勘記："'手'、'送於本州'五字原闕，據《册府》卷四九五補。"《會要》卷二五租稅條亦無此五字。　　本州具狀送省：《宋本册府》卷四九五作"本州具帳送省"。　　檢括：清查隱漏的户口、田地。

　　[5]許令保内陳告：《輯本舊史》卷一四六《食貨志》原無"保内"二字，《會要》卷二五亦無，據《宋本册府》卷四九五補。

　　其田並令倍徵：中華書局本有校勘記："'並令倍'，原作'倍令并'，據《册府》卷四九五、《文獻通考》卷三乙正。按本書卷三五《唐明宗紀一》、《册府》卷四八八載此詔作'其田倍徵'。"《會要》卷二五亦作"倍令并徵"。　　"其月敕"至"並令倍徵"：《會要》卷二五租稅條多同。本書卷三五《唐明宗紀一》確有與此詔大致相同之教（非敕），其時在明宗即位前之同光四年（天成元年，926）四月丙申，故稱"教"，明本《册府》卷四八八《邦計部·賦稅門二》所載者同本書卷三五《唐明宗紀一》。

　　長興元年三月敕：[1]"天下州府受納稈草，每束納錢一文足，一百束納拘子四莖，充積年供使，棗鍼一莖，充稕場院。[2]其草并柴蒿，一束納錢一文；其納絹、絁布、綾羅，每匹納錢一十二文足；[3]絲、綿、紬子、麻、皮等，每一十兩納耗半兩；[4]鞋每量納錢一文足；見錢每貫納七文足。[5]省庫收納上件前物，元條流見錢每貫納二文足，絲、綿、紬子每一百兩納耗一兩，其諸色匹段並無加耗。"[6]

　　[1]長興：後唐明宗李嗣源年號（930—933）。

　　[2]稈（gǎn）草：穀物之秸稈。　　文足：足額交納。唐宋時期通行"省陌"，每一百文足額給付爲"足陌"，給付八十文或七

十七文爲 "省陌"。"文足" 表明按足陌標準徵收，"文省" 則按省陌標準徵收。　稕（zhǔn）場院：官辦酒館。稕，酒招。

　　[3]絁（shī）布：粗厚似布的絲織品。

　　[4]綿：絲綿。用蠶絲加工而成的絮狀物。　紬（chóu）子："紬" 通 "綢"。由較粗的蠶絲織成的絲織品。

　　[5]見錢：即現錢。指以現錢交納的正稅。

　　[6]省庫：官府倉庫。"省" 指尚書省戶部。　條流：即條例。"長興元年" 至 "並無加耗"：本條《輯本舊史》原無，據《會要》卷二五租稅條後之雜錄條、明本《册府》卷四八八《邦計部·賦稅門二》、《通考》卷三《田賦考三·歷代田賦之制》補。明本《册府》條末有 "此後並須依上件則例受納" 一句。

　　二年閏五月敕："今後諸州府所納秆草，每二十束別加耗一束，充場司耗折。其每束上舊納盤纏錢一文，仰官典同共繋署，一一分明上曆，至納遣了絶已來，公使不得輒將出外分張破使。"[1]

　　[1]盤纏錢：雜稅的一種。盤纏是路費。徵收理由是，秆草由官府運輸，民衆免於自運，消耗盤纏，故需向官府交納盤纏錢。官典：官名。爲各政府部門中的低級官吏。隨官勾檢文案。　繋署：繋銜、署名。　上曆：記錄。　"二年閏五月" 至 "分張破使"：本條《輯本舊史》原無，據《會要》卷二五租稅條後之雜錄條及明本《册府》卷四八八《邦計部·賦稅門二》補。

　　六月丙子，[1]敕："委諸道觀察使，屬縣于每村定有力人户充村長。[2]與村人議，有力人户出剩田苗，補貧下逋，肯者即具狀徵收，有辭者即排段檢括。[3]自今年起爲定額。有經災沴及逐年逋處，不在此限。"[4]

[1]六月丙子："丙子"《輯本舊史》本志原無，據《輯本舊史》卷四二《唐明宗紀八》長興二年（931）六月丙子條補。

[2]觀察使：官名。唐代後期出現的地方軍政長官。唐玄宗開元二十一年（733）置十五道採訪使，唐肅宗乾元元年（758）改爲觀察使。無旌節，故地位低於節度使。掌一道州縣官的考績及民政。

[3]出剩：雜稅的一種。名義上是爲防備損耗，或補貧下不迨，要求民衆向官府納糧時多交一定數量，稱爲出剩。　補貧下不迨：《會要》卷二五租稅條、《通考》卷三《田賦考三‧歷代田賦之制》作"補貧下不迨頃苗者"，《輯本舊史》卷四二《唐明宗紀八》、明本《册府》卷四八八《邦計部‧賦稅門二》作"補貧下不迨頃畝"。　有辭者即排段檢括：《輯本舊史》卷四二《唐明宗紀八》原作"有嗣者排改檢括"；"辭"，《會要》卷二五、明本《册府》卷四八八、《通考》卷三均作"詞"。

[4]災沴（lì）：自然災害。　逋（bū）：原意爲逃亡，引申爲拖欠。

三年十二月，三司奏請："諸道上供稅物，充兵士衣賜不足。其天下所納斛斗及錢，除支贍外，請依時估折納綾羅、絹帛。"[1]從之。[2]

[1]時估：官府向民户科配官需物品時，往往會按時下市價，確定科配、徵收的價格標準，稱爲"時估"。此處是以時估作爲折納的標準。中華書局本有校勘記："'估'字原闕，據明本《册府》卷四八八、《五代會要》（四庫本）卷二五補。"

[2]"三年"至"從之"：亦見《會要》卷二五租稅條、明本

《册府》卷四八八《邦計部・賦税門二》。明本《册府》卷四八八繫此奏於三年三月，"其天下所納斛斗及錢"，"天下"後有"兩税"二字。

晋天福元年閏十一月，[1]敕："應諸道州府所徵百姓正税斛、斗、錢、帛等，除關係省司文帳外，所在州府并不得衷私增添，紐配租物。"[2]

[1]天福：五代後晋高祖石敬瑭年號（936—942）。出帝石重貴沿用至九年（944）。後漢高祖劉知遠繼位後沿用一年，稱天福十二年（947）。

[2]關：關係、關聯。　係省司文帳：繫屬於尚書省户部或三司文書、籍帳中的賦税名目。　"晋天福"至"租物"：本條《輯本舊史》原無，據明本《册府》卷四八八《邦計部・賦税門二》補。"衷私"原作"裏私"，不成文，應爲形近之訛，今改。

四年正月，敕："應諸道節度、刺史，不得擅加賦役，及於縣邑别立監徵。[1]所納田租，委人户自量自槩。"[2]

[1]節度：官名。即節度使。唐時在重要地區所設掌握一州或數州軍政、民政、財政的長官。　刺史：官名。漢武帝時始置。州一級行政長官，總掌考覈官吏、勸課農桑、地方教化等事。唐中期以後，節度使、觀察使轄州而設，刺史爲其屬官，職任漸輕。從三品至正四品下。　監徵：官名。監督縣鄉賦税徵收。

[2]自量自槩：交税時由民衆自行量取，避免官吏加徵。槩，量米粟時刮平斗斛的木板。《輯本舊史》之影庫本粘籤："自量，原

本作‘自涼’，今從《五代會要》改正。”殿本：“槩，原本訛‘桀’，今據《五代會要》改正。”見《會要》卷二五租税條。

　　周廣順元年三月，[1]敕：“諸道州府牛皮，今後犯一張，本犯人徒三年，刺配重處色役；[2]本管節級、所由，杖九十。[3]兩張以上，本人處死；本管節級、所由，徒二年半，刺配重處色役，告事人賞錢五十千。[4]其人户有牛死者，其本户報告本地方所由、節級、鄰保人，仰當日内同檢驗過，令本主畫時剥皮，及申報本處官吏，限十日内須送納畢。[5]其筋骨不得隱落。”[6]

　　[1]廣順：五代後周太祖郭威年號（951—953）。
　　[2]刺配：在額上刺罪人姓名、所犯事由及發遣地名，發配往特定地區服役。　色役：諸色名目、各種各類的徭役。
　　[3]節級：唐宋時爲軍中的小校，後地方監獄亦置。不入品。
　　所由：唐時因胥吏與差役經辦具体事務，每事必經其手，因稱胥吏與差役爲所由。其後在地方多有設置，屬低級職役。
　　[4]告事人：告發檢舉之人。
　　[5]畫時：劃定時限。
　　[6]“周廣順”至“隱落”：本條《輯本舊史》原無，據《會要》卷二五租税條後之雜録條補，《會要》並載爲三月二十八日敕。該月癸丑朔，二十八日爲庚辰。

　　二年十一月，敕：“應天下人所納牛皮，令將逐年所納數，三分内減收二分，其一分于人户苗畝上配定，每秋夏苗共十頃，納連角牛皮一張，其黄牛納乾筋四兩，水牛半斤。犢牸皮不在納限。[1]其皮人户自詣本州送納，所司不得邀難。所有牛馬驢騾皮筋骨，今後官中更不禁斷，並許私家共使、買賣，祇不得將出化外敵疆，仍仰關津界首，子細覺察捕捉，所犯人必加深罪。[2]其州縣先置巡檢牛皮節級，及朝廷先降條法，一切停廢。"[3]

[1]犢牸（bó）：小牛和母牛。

[2]禁斷：禁止、斷絕。 關津界首：關隘、渡口等邊緣、交界之處。

[3]"二年"至"一切停廢"：本條《輯本舊史》原無，據《會要》卷二五租稅條後之雜録條補，亦見於《輯本舊史》卷一一二《周太祖紀三》該月甲戌條、明本《冊府》卷四八八《邦計部·賦稅門二》、《通鑑》卷二九一廣順二年該月癸酉條、《通考》卷四《田賦考四·歷代田賦之制》。除《會要》外，各書并詳略不等交代此敕之背景，即累朝以來，用兵不息，繕治甲冑，尤需皮革，稍犯嚴條，皆抵極典，鄉縣以之生事，姦滑得以侵漁。明本《冊府》條末尚有"其合分擘納黃牛、水牛皮筋處，其間有未盡事件，委所司取便處分，庶免編民犯禁，且使人户資家，既便公私，用除苛弊"。

　　顯德三年十月，宣三司指揮諸道州府，今後夏稅，以六月一日起徵，秋稅至十月一日起徵，永爲定制。[1]

[1]顯德：五代後周太祖郭威年號，世宗柴榮、恭帝柴宗訓沿用（954—960）。 "顯德"至"定制"：此條亦見《會要》卷二五租稅條、明本《冊府》卷四八八《邦計部·賦稅門二》。

　　四年二月敕節文："諸道州府管內縣鎮，每年秋夏徵科了畢後，多是却追縣典上州會末文鈔，因兹科配斂掠，宜令今後秋夏徵科了足日，仰本州府但取倉場庫務納欠文鈔。[1]如無異同，不在更追官典。諸道州府管內縣鎮，每有追攝公事，自前多差衙前、使院職員及散從、步奏官，今後如是常程追攝公事，祇令府道望知後承受遞送，不得更差專人。[2]若要切公事及軍期，不在此限。"[3]

　　[1]諸道州府管內縣鎮：《會要》"縣"下衍"內"字，據《通考》刪。《通考》卷四《田賦考四·歷代田賦之制》作"諸道州府所管屬縣"。　會：會計。財政核算。　文鈔：簡稱"鈔"，或作"抄"。民戶繳納賦稅後得到的官方文據。

　　[2]追攝：追捕、勾取。　衙前：役名。由衙校充當者爲"將吏衙前"，由押録充當者稱"押録衙前"，由里正充當者稱"里正衙前"，由富戶充當者稱"鄉戶衙前"。掌官物的押運和供應，主持場務、倉庫、館驛、河渡、綱運等。　使院：官署名。唐五代時方鎮、地方長官多帶"使"名，其官署遂稱使院。　散從：役名。主管追催稅賦、迎送官員等公事。　步奏官：役名。主管追催稅賦、迎送官員等公事。"祇令府道望知後承受遞送"，叢書集成本《會要》下闕三字，據四庫本《會要》補"望知後"。

　　[3]"四年二月"至"不在此限"：此條《輯本舊史》原無，據《會要》卷二五租稅條後之雜録條、《通考》卷四《田賦考四·歷代田賦之制》補。

　　五年六月，敕："諸道州府應有商賈興販牛畜，不計黃牛、水牛，凡經過處，並不得抽稅，如是貨賣處，祇仰據賣價每一千抽稅錢二十，不得別有邀難。"[1]

[1]"五年六月"至"邀難"：本條《輯本舊史》原無，據《會要》卷二五租稅條後之雜錄條補。《會要》"六月"下原有"四日"，按《輯補舊五代史》體例刪。該年六月辛亥朔，四日爲甲寅。

七月，賜諸道《均田圖》。[1]十月，命左散騎常侍艾穎等三十四人，于諸州檢定民租。[2]

[1]《均田圖》：書名。唐元積撰，一卷。五代後周顯德年間頒行天下，作爲均定兩稅的指導文檔。 七月，賜諸道《均田圖》：詳見《會要》卷二五租稅條，亦見《輯本舊史》卷一一八《周世宗紀五》該月丁亥條。

[2]左散騎常侍：官名。門下省屬官。掌侍奉規諷，備顧問應對。《新唐書》記正三品下。 艾穎：人名。籍貫不詳。五代後周、宋初官員。事見《宋史》卷一。 檢定民租：檢括民户、田地、租稅。 十月，命左散騎常侍艾穎等三十四人，于諸州檢定民租：《會要》卷二五載賜諸道均田詔及命艾穎等于諸州檢定民租。亦見《輯本舊史》卷一一八《周世宗紀五》該月丁酉條載："遣左散騎常侍艾穎等均定河南六十州稅賦。"又見明本《册府》卷四八八《邦計部·賦稅門二》、《宋本册府》卷四九五《邦計部·田制門》。《會要》卷二五詳載顯德五年（958）七月及十月世宗關於均田兩詔。七月詔中云："近覽元積在同州時所上均田表，因令製素成圖，今賜《均田圖》一面。"十月，賜諸道均田詔云："朕以干戈既弭，寰海漸寧，言念地徵，罕臻藝極，須議並行均定，所冀永適重輕。卿受任方隅，深窮治本，必能副寡昧平分之意，察鄉閭致弊之源，明示條章，用分寄任……今差使臣往彼檢括。"並有小注："乃命左散騎常侍艾穎等三十四人于諸州檢定民租。"

　　六年春，諸道使臣回，總計檢到户二百三十萬九千八百一十二。[1]

　　[1]"六年春"至"八百一十二"：明本《册府》卷四八八《邦計部·賦稅門二》、《宋本册府》卷四九五《邦計部·田制門》此條下尚有"定墾田一百八萬五千八百三十四頃，淮南郡縣，不在此數"一句。

　　泉貨[1]

　　[1]此目名中華書局本無，據内容補。

　　唐同光二年二月，詔曰："錢者，古之泉布，蓋取其流行天下，布散人間，無積滯則交易通，多貯藏則士農困。故西漢興改幣之制，立告緡之條，所以權蓄賈而防大姦也。[1]宜令所司散下州府，常須檢察，不得令富室分外收貯見錢，又禁工人銷鑄爲銅器，兼沿邊州鎮設法鈐轄，勿令商人般載出境。"[2]

　　[1]告緡：即告緡令。漢武帝時制定的關于賦稅制度的法令。《漢書·張湯傳》："排富商大賈，出告緡令"。《漢書·武帝紀》："元鼎三年，令民告緡者以其半與之。"其法，令商賈自行估算財産，録於簿册，呈交官府，按緡納稅。凡隱匿不報、少報者，經人告發查實後，没收隱匿者緡錢，一半奬予告發者。
　　[2]鈐轄：意爲管轄。　般載：意爲搬運、運載。　"唐同光"至"出境"：此條亦略見《輯本舊史》卷三一《唐莊宗紀五》二月己巳制、明本《册府》卷九二《帝王部·赦宥門》及卷五〇

一《邦計部·錢幣門》，爲同光二年（924）二月已巳南郊赦文之節文。"又禁工人銷鑄爲銅器"之"禁"字《輯本舊史》本志原無，據《輯本舊史·唐莊宗紀五》補，中華書局本未補。"勿令商人般載出境"，《輯本舊史·唐莊宗紀五》"般載"作"載錢"。

　　三月，知唐州晏駢安奏：[1]"市肆間點檢錢帛，内有錫鑞小錢，揀得不少，皆是江南綱商挾帶而來。"[2]詔曰："泉布之弊，雜以鉛錫，惟是江湖之外，盗鑄尤多，市肆之間，公行無畏，因是綱商挾帶，舟檝往來，换易好錢，藏貯富室，實爲蠹弊，須有條流。宜令京城、諸道，於坊市行使錢内點檢，雜惡鉛錫錢並宜禁斷。沿江州縣，每有舟船到岸，嚴加覺察，不許將雜鉛錫惡錢往來换易好錢，如有私載，並行收納。"[3]

　　[1]知唐州：官名。唐州的行政長官。唐州，治所在今河南唐河縣。參見閆建飛《唐後期五代宋初知州制的實施過程》，《文史》2019年第1期。《輯本舊史》之影庫本粘籤："唐州，原本作'康州'，今從《文獻通考》改正。"今檢《通考》無此條記載。明本《册府》卷五〇一《邦計部·錢幣門三》有載，作唐州。　晏駢安：人名。籍貫不詳。五代後唐官員。事見本書本卷《食貨志》。"晏駢安"，中華書局本有校勘記："《册府》卷五〇一作'駢晏平'。"

　　[2]錫鑞小錢：民間私鑄、盗鑄的銅錢，通常雜以鉛錫，直徑較小，品質較劣。　江南：即南唐。都城在今江蘇南京市，後爲北宋所滅。事見本書卷一三四、《新五代史》卷六二。　綱商：運銷大批貨物的商人。"綱"指綱運，十船爲綱。

　　[3]泉布之弊：中華書局本有校勘記："'泉'，原作'帛'；

'弊'，原作'幣'，據《五代會要》卷二七改。"見《會要》卷二七泉貨條。該條全載三月敕文。　於坊市行使錢內點檢："坊市"作"行市"。

天成元年八月，中書門下奏："訪聞近日諸道州府所賣銅器價貴，多是銷鎔見錢，以邀厚利。"[1]乃下詔曰："宜令遍行曉告，如元舊係破損銅器及碎銅，即許鑄造器物。仍生銅器物，每斤價定二百文，熟銅器物，每斤四百文，如違省價，買賣之人，依盜鑄錢律文科斷。"[2]

[1]訪聞近日諸道州府所賣銅器價貴：中華書局本有校勘記："'銅'字原闕，據《五代會要》卷二七、《册府》卷五〇一補。"見《會要》卷二七泉貨條、明本《册府》卷五〇一《邦計部·錢幣門三》，及《通考》卷九《錢幣考二·歷代錢幣之制》。

[2]如元舊係破損銅器及碎銅即許鑄造器物：原作"如元舊係銅器及碎銅即許鑄造器物"，"係"下據《會要》及《册府》補"破損"二字。"即許鑄造器物"，中華書局本有校勘記："'物'字原闕，據《五代會要》卷二七、《册府》卷五〇一補。"　省價：官府所定的指導價。"省"指尚書省。　科斷：依法判決。　"仍生銅器物每斤價定二百文"至"依盜鑄錢律文科斷"：《輯本舊史》卷三七《唐明宗紀三》天成元年（926）八月乙巳條云："禁鎔錢爲器，仍估定生銅器價斤二百，熟銅器斤四百，如違省價買賣者，以盜鑄錢論。"

十一月，敕："諸道州府約勒見錢，素有條制，若全禁斷，實匪通規。[1]宜令遍指揮三京及諸道州府，其諸城門所出見錢，如五百已上，不得放出。如稍違犯，即準舊條指揮。其沿淮諸州縣鎮，亦準元降敕命處分。"[2]

[1]約勒見錢：限制、約束銅錢的流通。

[2]"十一月"至"處分"：此條《輯本舊史》原無，據《會要》卷二七泉貨條補，亦見明本《册府》卷五〇一《邦計部·錢幣門三》、《通考》卷九《錢幣考二·歷代錢幣之制》。《會要》原文"十一月"下有"六日"，天成元年十一月甲寅朔，六日爲己未。"宜令遍指揮三京及諸道州府"，《會要》誤"三京"爲"三司"，據《册府》改。

十二月，敕："行使銅錢之内，如聞夾帶鐵鑞，若不嚴設條流，轉恐私家鑄造。應中外所使銅錢内，鐵鑞錢即宜毀棄，不得輒更有行用。如違，其所使錢，不計多少，並納入官，仍科深罪。"[1]

[1]"十二月"至"仍科深罪"：此條《輯本舊史》原無，據《會要》卷二七泉貨條補，亦見明本《册府》卷五〇一《邦計部·錢幣門三》。"不得輒更有行用"，叢書集成本《會要》"行"後無"用"字，據四庫本《會要》補。明本《册府》作"不得輒更有行使"。

二年七月，度支奏請牓示府州縣鎮軍民商旅，凡有買賣，並須使八十陌錢。[1]

[1]度支：財政官署。掌管天下租賦物産，歲計所出而支調之，

故名。安史亂後，因軍事供應浩繁，以宰相爲度支使，由户部尚書、侍郎或他官兼領度支事務，稱度支使或判度支、知度支事，權任極重，與鹽鐵使、判户部或户部使合稱"三司"。 八十陌錢：省陌的標準，以八十文給付一百文。實際生活中，常常會低於此數，故官府出榜約束。 "二年七月"至"八十陌錢"：《輯本舊史》卷一四六《食貨志》原將此條繫於同光二年（924），並置於同光二年二月條之前。"二年七月"，本志原作"唐同光二年"，中華書局本有校勘記："《五代會要》卷二七、《册府》卷五〇一繫其事於天成二年。"詳見《會要》卷二七《泉貨》條及明本《册府》卷五〇一《邦計部·錢幣門三》。但中華書局本未改，《通考》卷九《錢幣考二·歷代錢幣之制》亦繫其事於天成二年，今據上述諸書改。"度支奏請牓示府州縣鎮"，中華書局本有校勘記："'奏'，原作'造'，據殿本、《册府》卷五〇一、《五代會要》卷二七改"。《會要》條末尚有"奉敕：'宜依度支所奏'"八字，明本《册府》卷五〇一有"從之"二字。《會要》繫此事於七月十二日，該月庚戌朔，十二日爲辛酉。

四年九月，敕："先條流三京、諸道州府，不得於市使錢内夾帶鉛鐵錢，雖已約束，仍聞公然行使。今後有人於錢陌内捉到一文至兩文，所使錢不計多少，並納入官，所犯人準條流科罪。"[1]

[1] "四年九月"至"準條流科罪"：此條《輯本舊史》原無，據《會要》卷二七泉貨條補，亦見明本《册府》卷五〇一《邦計部·錢幣門三》、《通考》卷九《錢幣考二·歷代錢幣之制》。"夾帶鉛鐵錢"，明本《册府》卷五〇一作"夾帶鐵錫錢"。

清泰二年十二月，詔御史臺曉告中外，禁用鉛錢，如違犯，準條流處分。[1]

[1]清泰：五代後唐廢帝李從珂年號（934—936）。 御史臺：官署名。秦漢始置。古代國家的監察機構。掌糾察官吏違法，肅正朝廷綱紀。大事廷辯，小事奏彈。 "清泰二年"至"準條流處分"：本條亦見《會要》卷二七泉貨條，明本《册府》卷五○一《邦計部·錢幣門三》。《輯本舊史》卷四七《唐末帝紀中》清泰二年（935）十二月戊辰條亦載"禁用鉛錢"。

晋天福三年三月，敕："歷代鑄錢，濟時爲寶，久無監務，已絕增添。近來趨利之人，違法甚衆，銷鎔不已，毀盡日滋。禁制未嚴，奸弊莫止，須行重法，以息濫源。宜令鹽鐵使禁止私下行造鑄寫銅器。"[1]

[1]鹽鐵使：官名。全稱爲諸道鹽鐵轉運使。爲鹽鐵司長官。鹽鐵與度支、户部合稱"三司"。主掌漕運及專賣事務。 鑄寫：即鑄瀉。意爲鑄造。 "晋天福"至"銅器"：此條《輯本舊史》原無，據《會要》卷二七泉貨條補，明本《册府》卷五○一《邦計部·錢幣門三》更詳。"三月"，明本《册府》卷五○一作"二月"。《輯本舊史》卷七七《晋高祖紀三》天福三年（938）三月丁丑條載："詔禁止私下打造鑄瀉銅器。"

十一月，詔曰："國家所資，泉貨爲重，銷盡則甚，添鑄無聞。爰降條章，俾臻富庶。宜令三京、鄴都、諸道州府，無問公私，應有銅者，並許鑄錢。仍以'天福元寶'爲文，左環讀之。委鹽鐵司鑄樣頒下諸道，令每一錢重二銖四，參十錢重一兩。[1]或慮諸色人接便將鉛鐵鑄造，雜亂銅錢，仍令三京、鄴都、諸道州府，依舊禁斷。尚慮逐處銅數不多，宜令諸道應有久廢銅冶處，許百姓取便開鍊，永遠爲主，官中不取課利。[2]其有生熟銅，仍許所在中賣入官，或任自鑄錢行用。[3]其餘許鑄外，不得輒便別鑄銅器。如有違犯者，並准三年三月敕條處分。"[4]

[1]鑄樣：樣錢，頒下各地作爲鑄錢的標準。　銖：計量單位，二十四銖等於舊制一兩。

[2]銅冶處：冶銅、鑄幣的場所。　課利：定額的賦稅。

[3]中賣：生産者將茶鹽酒礬、礦石等禁榷物資出賣給官府或由官府發售。

[4]"十一月"至"敕條處分"：此條《輯本舊史》原無，據《會要》卷二七泉貨條補，亦見明本《册府》卷五〇一《邦計部·錢幣門三》、《通考》卷九《錢幣考二·歷代錢幣之制》。"不得輒便別鑄銅器"，叢書集成本《會要》"別"作"雜"。"並准三年三月敕條處分"，明本《册府》卷五〇一作"並准三年三月三十日敕條處分"。《輯本舊史》卷七七《晋高祖紀三》天福三年（938）十一月癸亥條："詔許天下私鑄錢，以‘天福元寶’爲文。"

十二月，敕："先許鑄錢，仍每一錢重二銖四，參十錢重一兩。切慮逐處缺銅，難依先定銖兩，宜令天下無問公私，應有銅處，有鑄錢者，一任取便酌量輕重鑄造。因兹不得入鉛并鐵，及缺漏不堪久遠流行。仍委鹽鐵使明行曉示，餘准元敕指揮。仍付所司。"[1]

[1]"十二月"至"仍付所司"：此條《輯本舊史》本志原無，

據《會要》卷二七泉貨條補，亦見明本《册府》卷五〇一《邦計部·錢幣門三》、《通考》卷九《錢幣考二·歷代錢幣之制》。"宜令天下無問公私"至"一任取便酌量輕重鑄造"，亦見《輯本舊史》卷七七《晋高祖紀三》天福三年（938）十二月戊寅條。

四年七月，敕："先令天下州府公私鑄錢，近聞以鉛錫相參，缺薄小弱，有違條制，不可久行。今後祇官鑄錢，私鑄錢下禁依舊法。"[1]

[1]"四年七月"至"禁依舊法"：此條《輯本舊史》本志原無，據《會要》卷二七泉貨條補，亦見《輯本舊史》卷七八《晋高祖紀四》天福四年（939）七月戊申條、明本《册府》卷五〇一《邦計部·錢幣門三》、《通考》卷九《錢幣考二·歷代錢幣之制》。

漢隱帝時，王章爲三司使，聚斂刻急。[1]舊制，錢出入皆以八十爲陌，章始令入者八十，出者七十七，謂之"省陌"。[2]

[1]漢隱帝：即後漢隱帝劉承祐。後漢高祖劉知遠次子。紀見本書卷一〇一至卷一〇三、《新五代史》卷一〇。　王章：人名。大名南樂（今河南南樂縣）人。五代後漢三司使、同平章事，以聚斂刻急著稱。傳見本書卷一〇七、《新五代史》卷三〇。　三司使：官名。五代後唐明宗天成元年（926）將晚唐以來的户部、度支、鹽鐵三部合爲一職，設三司使統之。主管國家財政。
　　[2]"漢隱帝時"至"謂之'省陌'"：此條《輯本舊史》本志原無，據《通考》卷九《錢幣考二·歷代錢幣之制》補。亦見《輯本舊史》卷一〇七《王章傳》。

周廣順元年三月，敕：“銅法，今後官中更不禁斷，一任興販，所有一色，即不得瀉破爲銅器貨賣，如有犯者，有人糾告捉獲，所犯人不計多少斤兩，並處死。其地分所由、節級，決脊杖十七放，鄰保人決臀杖十七放，其告事人給與賞錢一百貫文。”[1]

[1]決：判決。　“周廣順元年”至“一百貫文”：“周廣順元年三月”，《輯本舊史》卷一四六《食貨志》原無“周”字，中華書局本有校勘記：“句上殿本有‘周’字。”但未補，今補。《舊五代史考異》：“五代錢文，《薛史》惟於《晋本紀》載天福元寶錢文，餘俱從略。據《泉志》：有天成元寶錢，洪遵云：‘徑九分，重三銖六參。’有漢通元寶錢，乾祐中所鑄也，洪遵云：‘徑寸，重三銖六參。’有周通元寶錢，顯德中所鑄也，李孝美云：‘徑寸，重五銖。’”亦見《輯本舊史》卷七七《晋高祖紀三》天福三年（938）十一月癸亥條，《泉志》卷三《正用品下》。“所有一色”，中華書局本有校勘記：“‘有’，原作‘在’，據《册府》卷五〇一、《五代會要》卷二七改。‘有’下《五代會要》卷二七有‘錢’字。”見《會要》卷二七泉貨條。“即不得瀉破爲銅器貨賣”，中華書局本有校勘記：“‘貨賣’，原作‘貸賣’，據殿本、劉本、《五代會要》卷二七、《册府》卷五〇一改。”見《會要》卷二七泉貨條、明本《册府》卷五〇一《邦計部·錢幣門三》。《會要》載此爲三年二十八日敕，該月壬戌朔，二十八日爲己丑。

顯德二年九月，[1]詔：“禁一切銅器，其銅鏡今後官鑄造，於東京置場貨賣，許人收買，於諸處興販去。”[2]

[1]顯德二年九月：《輯本舊史》卷一四六《食貨志》原作

"晋天福二年"，中華書局本有校勘記："《五代會要》卷二七、《册府》卷五〇一繫其事於周顯德二年。"但未改。此詔詳載於《會要》卷二七泉貨條，及明本《册府》卷五〇一《邦計部‧錢幣門三》，今據以移置於顯德二年九月。《輯本舊史》卷一一五《周世宗紀二》顯德二年（955）九月丙寅條載："詔禁天下銅器，始議立監鑄錢。"亦可證實及後置此條。

[2]於東京置場貨賣：《輯本舊史》之影庫本粘籤："置場，原本作'置常'，今據《五代會要》改正"。見《會要》卷二七泉貨條。

四年二月，宣命指揮："限外有人將銅器及銅於官場貨賣，支給價錢，如是隱藏及使用者，並准元敕科斷。其熟銅令每斤添及二百、生銅每斤添及一百五十收買。所有諸處山場野務採鍊淘沙到，舊例銅每二十兩爲一斤，今特與一十六兩爲一斤，給錢一百三十收買。兼知高麗多有銅貨，仍許青、登、萊州人户興販，如有將來中賣入官者，便仰給錢收買，即不得私下買賣。"[1]

[1]高麗：古國名。又稱高句麗。故地在今朝鮮半島北部。公元4世紀後强大，與新羅、百濟鼎足争雄。總章元年（668），爲唐所滅。公元918年，後三國（即朝鮮新羅、後百濟、泰封）之一泰封國武將王建推翻其統治者弓裔，稱王，改國號高麗，都開京（今朝鮮開城），史稱"王氏高麗"。漸合并新羅、後百濟，重新統一朝鮮半島。參見〔朝〕鄭麟趾等《高麗史》，西南師範大學出版社2014年版；楊軍《高句麗民族與國家的形成和演變》，中國社會科學出版社2006年版。　青：州名。治所在今山東青州市。　登：州名。治所在今山東蓬萊市。　萊：州名。治所在今山東萊州市。

"四年二月"至"不得私下買賣"：此條《輯本舊史》原無，據《會要》卷二七泉貨條補。《會要》原文"二月"下有"十一日"，該月己未朔，十一日爲己巳。

江南因唐舊制，饒州置永平監，歲鑄錢；[1]池州永寧監、建州永豐監，並歲鑄錢。[2]杭州置保興監鑄錢。[3]

[1]饒州：州名。治所在今江西鄱陽縣。　永平監：與永寧監、永豐監、保興監皆爲銅礦冶煉、鑄幣的機構。

[2]池州：州名。治所在今安徽池州市。　建州：州名。治所在今福建建甌市。

[3]杭州：州名。治所在今浙江杭州市。　"江南"至"鑄錢"：《舊五代史考異》："案馬令《南唐書》：元宗鑄唐國錢，其文曰"唐國通寶"。又鑄大唐通寶錢，與唐國錢通用。"見馬令《南唐書》卷五《後主書》。

鹽[1]

[1]此目名中華書局本無，據內容補。

梁開平三年，制："斷曹州煎小鹽糶貨。"[1]

[1]斷：禁止、禁斷。　曹州：州名。治所在今山東曹縣。小鹽：以城土、硝土爲原料，以水溶解其所含鹽分，過濾後熬成的小粒鹽。　糶：賣出。　"梁開平"至"糶貨"：此條《輯本舊史》原無，據《宋本冊府》卷四九四《邦計部·山澤門二》補。

　　唐同光二年二月，詔曰："會計之重，鹹鹺居先，矧彼兩池，實有豐利。[1]頃自兵戈擾攘，民庶流離，既場務以墮殘，致程課之虧失。重茲葺理，須仗規模，將立事以成功，在從長而就便。宜令河中節度使冀王李繼麟兼充制置度支安邑、解縣兩池榷鹽使，便可制畫一條貫。"[2]所有合置官吏等，亦委自使選差。[3]

　　[1]會計：財政核算。此處借指財政收入。　鹹鹺：即鹽。借指鹽稅。　兩池：安邑、解縣的鹽池。安邑縣，治所在今山西運城市。解縣，治所在今山西運城市解州鎮。

　　[2]河中：府名。治所在今山西永濟市蒲州鎮。　須仗規模：中華書局本有校勘記："'仗'，原作'伏'，據殿本、劉本、《冊府》卷四九四改。"見《宋本冊府》卷四九四《邦計部·山澤門二》。　李繼麟：人名。即朱友謙。許州（今河南許昌市）人。唐末、五代軍閥。傳見本書卷六三、《新五代史》卷四五。　制置度支安邑、解縣兩池榷鹽使：官名。掌安邑、解縣兩池的食鹽專賣事務。中華書局本有校勘記："'支'字原闕，據《冊府》卷四九四補。"亦見《輯本舊史》卷三一《唐莊宗紀五》同光二年（924）二月己卯條。　畫一條貫：通行條例。"便可制畫一條貫"，《輯本舊史》卷一四六《食貨志》原作"便可制一一條貫"，中華書局本有校勘記："'置'字原闕，據《冊府》卷四九四補。殿本、劉本作'仍委便制'。"不確，"一一條貫"應作"畫一條貫"，見《會要》卷二六《鹽鐵雜條上》所引長興四年（933）五月諸道鹽鐵轉運使奏。

　　[3]所有合置官吏等，亦委自使選差：據《宋本冊府》卷四九四補。中華書局本在此條後沿《輯本舊史》，以小注形式，錄《會要》卷二六《鹽》《鹽鐵雜條上》、卷二七《鹽鐵雜條下》近一千字，文長不錄。

三年二月，敕："魏府每年所徵隨絲鹽錢，每兩與減放五文，逐年俵賣蠶鹽、食鹽、大鹽、甜次冷鹽，每斗與減五十，欒鹽與減三十。"[1]

[1]隨絲鹽錢：雜稅的一種。指附加於絲稅上的鹽稅。　俵賣：發賣。"俵"意爲散發、分給。　蠶鹽：五代后唐實行食鹽配售，按養蠶人戶配售，規定二月育蠶時配發鹽，六月新絲上市時納錢。食鹽附加於蠶絲配售的目的是保證鹽稅收入。　大鹽：亦稱"解鹽""顆鹽"。山西解池所産之鹽。　"三年二月"至"與減三十"：《輯本舊史》本志原無，據《會要》卷二六鹽條補，亦見《輯本舊史》卷三二《唐莊宗紀六》同光三年（925）二月甲子條、《宋本冊府》卷四九四《邦計部·山澤門二》、《通考》卷一五《征榷考二·鹽鐵》。"每兩與減放五文"，《輯本舊史》卷三二《唐莊宗紀六》作"每兩與減五十文"。

天成元年四月，敕："諸州府百姓合散蠶鹽，今後每年祇二月內一度俵散，依夏稅限納錢。"[1]

[1]"天成元年"至"納錢"：本條《輯本舊史》原無，據《會要》卷二六鹽條補，亦見《通考》卷一五《征榷考二·鹽鐵》。

晉天福元年十一月制曰："鹽麴之利，軍府所須，儻不便於人戶，宜別從於條制，所期濟衆，無患妨公，在京鹽貨，元是官塲出糶，自今後，並不禁斷，一任人戶取便糶易。仍下太原府，更不得開塲糶貨。"[1]

[1]"晉天福"至"開塲糶貨"：《輯本舊史》本志原無，據

《宋本册府》卷四九四《邦計部·山澤門二》補，亦見《輯本舊史》卷七六《晋高祖紀二》天福元年（936）十一月己亥條，《宋本册府》卷四九四"十一月"後有"九日"兩字，該月丙戌朔，九日爲甲午。《會要》卷二六鹽條載該敕節文云："洛京管内逐年所配人户食鹽，起來年每斗減放十文。"

天福中，河南、河北諸州，除俵散蠶鹽徵錢外，每年末鹽界分場務，約糴錢一十七萬貫有餘。[1]言事者稱，雖得此錢，百姓多犯鹽法，請將上件食鹽錢於諸道州府計户，每户一貫至二百，爲五等配之，然後任人逐便興販，既不虧官，又益百姓。[2]朝廷行之，諸處場務亦且仍舊。俄而鹽貨頓賤，去出鹽遠處州縣，每斤不過二十文，近處不過一十文，掌事者又難驟改其法，奏請重制鹽場稅，蓋欲絶其興販，歸利於官也。[3]

[1]河南：地區名。即河南道。唐貞觀十道、開元十五道之一。唐貞觀元年（627）置，轄境約當今山東、河南兩省黄河故道以南，江蘇、安徽兩省淮河以北地區。　河北：地區名。即河北道。唐貞觀十道、開元十五道之一。唐貞觀元年（627）置，轄境約當今北京、天津二市，河北省全境，遼寧省大部分地區及河南、山東兩省古黄河以北地區。　末鹽：亦稱"細鹽"。用煎熬之法製成的海鹽和井鹽的别稱。因其形如細末，故名。　界分：分界、分區。此指末鹽行銷的區域。　場務：鹽場、鹽務。

[2]五等：分民户爲一至五等，作爲抑配鹽稅的標準。五代兩宋的户等通常即劃爲五等。　然後任人逐便興販：中華書局本有校勘記："'然後'，原作'然徒'，據《五代會要》卷二六、《文獻通考》卷一五改。"見《會要》卷二六《鹽》條、《通考》卷一五

《征榷考二·鹽鐵》。

[3]歸利於官也：中華書局本有校勘記："'官'，原作'小官'，據本書卷八一《晋少帝紀一》、《五代會要》卷二六改。"見《會要》卷二六鹽條、《輯本舊史》卷八一《晋少帝紀一》天福七年（942）十一月辛丑條。

七年十一月，宣旨下三司：應有往來鹽貨悉税之，過税每斤七文，住税每斤十文。其諸道應有係屬州府鹽務，並令省司差人勾當。既而糶鹽雖多，而人户鹽錢又不放免，至今民甚苦之。[1]

[1]"七年十一月"至"民甚苦之"："七年十一月"，《輯本舊史》卷一四六《食貨志》原作"七年十二月"，據《會要》卷二六鹽條、《輯本舊史》卷八一《晋少帝紀一》天福七年（942）十一月辛丑條改。中華書局本未改。"其諸道應有係屬州府鹽務"，《輯本舊史》卷一四六《食貨志》原作"其諸道州府，應有屬州鹽務"，據《會要》改。中華書局本未改。《輯本舊史》段末有案語："按《五代會要》晋天福元年十一月，敕節文：'洛京管内逐年所配人户食鹽，起來年每斗減放十文。'"

周廣順二年八月，詔改鹽法，凡犯五斤已上者處死，煎鹹鹽犯一斤已上者處死。先是，漢法不計斤兩多少，並處極刑，至是始革之。[1]

[1]"周廣順"至"始革之"：此條繫時與記事，文獻有先後、繁簡之不同。"二年八月"，本志原作"元年九月"；《會要》卷二

七鹽鐵雜條下，繫於二年九月十八日，并作“犯鹽麴五斤以上，並決重杖一頓，處死。”《輯本舊史》卷一一二《周太祖紀三》，繫於二年八月癸丑（三十日），並作“詔改鹽麴法，鹽麴犯五斤以上以處死，煎鹼鹽者犯一斤已上處死”。《宋本册府》卷四九四《邦計部·山澤門二》，同一內容，其一繫於元年九月，內容與本志同，較簡；另一繫於二年九月十八日，與《會要》卷二七同，甚詳，稱“禁私鹽麴法”。今從本紀，因本紀記時較準確。

三年三月，詔曰：“青、白池務，素有定規，祇自近年，頗乖循守。[1]比來青鹽一石，抽稅錢八百文足陌、鹽一斗；白鹽一石，抽稅錢五百文、鹽五升。其後青鹽一石，抽錢一千、鹽一斗。訪聞更改已來，不便商販，蕃人漢戶，求利艱難，宜與優饒，庶令存濟。今後每青鹽一石，依舊抽稅錢八百文，以八十五爲陌，鹽一斗；白鹽一石，抽稅錢五百，鹽五升。此外更不得別有邀求。訪聞邊上鎮鋪，於蕃漢戶市易糴糶，私有抽稅，今後一切止絶。如違，必加深罪，各令知委。”[2]

[1]三年：《宋本册府》卷四九四《邦計部·山澤門二》、明本《册府》卷五○四《邦計部·開市門》同。《會要》卷二六鹽條、《通考》卷一五《征榷考二·鹽鐵》作“二年”。　青、白池務：機構名。又稱“青白榷稅院”。位於慶州（今甘肅慶陽市），掌管青、白兩鹽池的生產、銷售及徵稅。

[2]訪聞更改已來：中華書局本有校勘記：“‘訪聞’，原作‘訪問’，據殿本、劉本、孔本、《五代會要》卷二六、《册府》卷四九四、卷五○四改。”見《會要》卷二六，《宋本册府》卷四九四、明本《册府》卷五○四作“如聞”。　今後每青鹽一石：《會

要》卷二六鹽條及《通考》卷一五此句前有"宜令慶州榷鹽務"
七字。"如違必加深罪各令知委",據《宋本册府》卷四九四補。
中華書局本在此條後沿《輯本舊史》,以小注形式,録《會要》卷
二七鹽鐵雜條下及卷二六鹽條八百餘字,文長不録。

十二月敕:"諸州府并外縣鎮城内,其居人屋税鹽,
今後不俵,其鹽錢亦不徵納。所有鄉村人户合請顆鹽,
所在州縣城鎮嚴切檢校,不得放入城門。"[1]

[1]"十二月敕"至"不得放入城門":本條《輯本舊史》本
志原無,據《會要》卷二六鹽條補,《輯本舊史》卷一一三《周太
祖紀四》廣順三年(953)十二月甲寅條載:"詔諸道州府縣鎮城内
人户,舊請顆鹽徵價,起今後並停。"《宋本册府》卷四九四《邦
計部·山澤門二》同《會要》,《通考》卷一五《征榷考二·鹽鐵》
祇繫於三年,未言何月。

顯德元年十二月,世宗謂侍臣曰:[1]"朕覽食末鹽
州郡,犯私鹽多於顆鹽界分,蓋卑濕之地,易爲刮鹹煎
造,豈唯違我榷法,兼又污我好鹽。況末鹽煎鍊、般運
費用,倍於顆鹽。今宜分割十餘州,令食顆鹽,不唯輦
運省力,兼且少人犯禁。"自是曹、宋已西十餘州,皆
盡食顆鹽。[2]

[1]世宗:即柴榮。邢州龍岡(今河北邢臺市)人。郭威養
子,顯德元年(954)繼郭威爲帝,廟號世宗。紀見本書卷一一四
至卷一一九、《新五代史》卷一二。
[2]宋:州名。治所在今河南商丘市睢陽區。　"顯德元年"

至"顆鹽":本條亦見《會要》卷二六鹽條、《宋本冊府》卷四九四《邦計部‧山澤門二》。中華書局本在此條後沿《輯本舊史》，以小注形式，錄《會要》卷二七鹽鐵雜條下及卷二六鹽鐵雜條上一千三百餘字，文長不錄。

三年十月，敕："漳河已北州府管界，元是官場糶鹽，今後除城郭草市內仍舊禁法，其鄉村並許鹽貨通商。[1]逐處有鹹鹵之地，一任人戶煎鍊，興販則不得踰越漳河，入不通商地界。"[2]

[1]漳河：即今漳河。有清漳水（今清漳河）、濁漳水（今濁漳河）兩支上源，分別出自今山西長子縣和沁縣，二源至今河南林州市相合，流入河南安陽市北，下游河道屢有變化。 漳河已北州府管界：中華書局本有校勘記："'管'字原闕，據《五代會要》卷二六、《冊府》卷四九四補。"見《會要》卷二六鹽條、《通考》卷一五《徵榷考二‧鹽鐵》。《宋本冊府》卷四九四《邦計部‧山澤門二》，十月前缺"三年"二字蒙上文易使人誤以爲二年事。 官場：官辦鹽場。 草市：城郭之外或鄉村的定期集市。 鹽貨通商：任用人戶生產、商人販運鹽貨，官府在生產、銷售各環節徵稅。"並許鹽貨通商"，《會要》卷二六、《輯本舊史》卷一一六《周世宗紀三》顯德三年（956）十月己巳條、《宋本冊府》卷四九四同，《通考》卷一五誤作"並不許鹽貨通商"。

[2]入不通商地界：中華書局本有校勘記："'商'，原作'高'，據殿本、劉本、《五代會要》卷二六、《冊府》卷四九四改。"亦見《通考》卷一五。《輯本舊史》在此條後以小注形式引《通考》卷一五："（顯德）五年既取江北諸州，唐主奉表入貢，因白帝以江南無鹵田，願得海陵鹽監南屬以贍軍。帝曰：'海陵在江北，難以交居，當別有處分。'乃詔歲支鹽三十萬斛以給江南，士

卒稍稍歸之。"

漕運[1]

[1]此目名中華書局本無，據內容補。

唐同光二年三月，敕："鄆州差兵二千，自黎陽開河以通漕運。"[1]

[1]鄆州：州名。治所在今山東東平縣。　黎陽：縣名。治所在今河南浚縣。　"唐同光"至"以通漕運"：此條《輯本舊史》原無，據明本《冊府》卷四九八《邦計部·漕運門》補。

三年閏十二月，吏部尚書李琪上疏曰："臣伏思漢文帝時，欲人務農，乃募人入粟，得拜爵及贖罪，景帝亦如之。[1]後漢安帝時，水旱不足，三公奏請富人入粟，得封關內侯及公卿已下散官，本朝乾元中亦曾如此。[2]今陛下縱不欲入粟授官，願降明敕下諸道，合差百姓轉般之處，有能出力運官物到京者，五百石已上，白身授一初任州縣官。[3]有官者依資次遷授，次選者便與放選。[4]千石已上至萬石者，不拘文武，顯示賞酬，免令方春農人流散。此亦轉倉贍軍之一術也。"敕："李琪所論召募轉倉斛斗與官行賞，委租庸司下諸州府，有應募者奏聞施行。"[5]

[1]漢文帝：即漢文帝劉恒。漢高帝劉邦第四子，漢惠帝劉盈

異母弟。呂氏覆滅後，太尉周勃、丞相陳平等迎立爲帝。公元前
180年至前157年在位。死後謚孝文皇帝，廟號太宗。紀見《史
記》卷一〇、《漢書》卷四。　　入粟：向官府輸納穀物，用以買官
或贖罪。　　景帝：即漢景帝劉啟。漢文帝劉恒嫡長子。前157年至
前141年在位。　　紀見《史記》卷一一、《漢書》卷五。

[2]後漢安帝：即漢安帝劉祜。漢章帝劉炟之孫。公元106年
至125年在位。紀見《後漢書》卷五。　　三公：東漢以太尉、司
徒、司空爲三公。　　乾元：唐肅宗李亨年號（758—760）。

[3]轉般：中轉搬運。　　白身：無官職爵位的平民。

[4]資次：年資次序。　　次選者：等候官闕的候補官員。　　放
選：免除候選。

[5]租庸司：官署名。五代時期的中央財政機構。　　“三年”
至“奏聞施行”：此條《輯本舊史》本志原無，據《會要》卷二七
漕運條補，亦見《輯本舊史》卷五八《李琪傳》、《通考》卷二五
《國用考三·漕運》。

天成元年四月，制曰：“先緣漕運京師，租庸司虜
借私船，今既分兵就食，停於漕運。其諸河渡私船，并
仰却付本主。如有滯留，許本主論告。”[1]

[1]“天成元年”至“許本主論告”：此條《輯本舊史》原無，
據明本《册府》卷九二《帝王部·赦宥門一一》及卷四九八《邦
計部·漕運門》補。

長興二年五月，敕：“應沿河船般倉，依北面轉運
司船般倉例，每一石於數内與正銷破二升。”[1]

[1]船般倉：即轉般倉。漕運中途擇地設立的轉運倉庫。　轉運司：官署名。掌一方水陸轉運、賦稅諸事。　正銷破：雜稅的一種。以漕糧轉輸、搬運過程中存在損耗爲理由徵收。　"長興二年"至"銷破二升"：本條《輯本舊史》原無，據《會要》卷二七漕運條補，《會要》繫於五月三日，五月戊午朔，三日爲庚申；亦見明本《册府》卷四九八《邦計部・漕運門》，繫於閏五月三日，閏五月戊子朔，三日爲庚寅；又見《通考》卷二五《國用考三・漕運》，但止繫於長興二年（931），無月。

　　四年三月，三司奏："洛河水運自洛口至京，往來牽船下卸，皆是水運牙官，每人管定四十石。[1]今洛岸至倉門稍遠，牙官運轉艱難，近日例多逃走。今欲於洛河北岸，別鑿一灣，引船直至倉門下卸，其工欲於諸軍傔人內差借。"[2]從之。尋命捧聖衛指揮使朱洪實鑿開河灣，至贍國倉門。[3]

　　[1]洛河：河流名。發源於今陝西藍田縣境内華山南麓，流經今河南洛陽市等地，於今河南鞏義市匯入黃河。　洛口：地名。位於今河南鞏義市。　牙官：低級武官。

　　[2]今洛岸至倉門稍遠：叢書集成本《會要》"門"作"口"。傔人：隨從的差役。

　　[3]捧聖衛：部隊番號。爲五代禁軍的騎兵部隊，故又稱"捧聖馬軍"。　指揮使：官名。五代軍隊編制，五百人爲一指揮，設指揮使、副指揮使；十指揮爲一軍，設都指揮使、副都指揮使。朱洪實：人名。即"朱弘實"。籍貫不詳。五代後唐將領，爲後唐明宗愛將，歷任捧聖指揮使、侍衛親軍馬軍都指揮使等職。傳見本書卷六六。　贍國倉：位於今河南洛陽市。　"四年三月"至"贍國倉門"：本條《輯本舊史》原無，據《會要》卷二七漕運條

補，《會要》繫於三月三日，三月丁丑朔，三日爲己卯；亦見明本《册府》卷四九八《邦計部·漕運門》，繫於二月；又見《通考》卷二五《國用考三·漕運》，亦繫於二月。"尋命捧聖"至本段末，叢書集成本《會要》作小字夾注。

周顯德二年正月，世宗謂侍臣曰："轉輸之物，向來皆給斗耗，自晋、漢已來，不與支破。倉廩所納新物，尚除省耗，況水路所般，豈無損折，起今後每石宜與耗一斗。"[1]

[1]顯德二年正月：《通鑑》卷二九二繫於顯德二年（955）正月庚辰，并云："自晋漢以來不給斗耗，綱吏多以虧欠抵死。" 倉廩所納新物：中華書局本有校勘記："'倉廩'，原作'食廩'，據《五代會要》卷二七、《册府》卷四九八改。"見《會要》卷二七漕運條、明本《册府》卷四九八《邦計部·漕運門》，亦見《通考》卷二五《國用考三·漕運》，但止繫於顯德二年，無月。

二月，世宗曰："今州戍兵，舊制沿江發運務差均、鄧兩州人户，自備舟船，水運糧鹽，供饋軍食。[1]近聞彼民頗甚勞弊，及令有司按本州税積，所納常賦，可以歲給軍儲。其水運舟船，并宜停廢。"[2]

[1]發運務：官署名。掌一地的物資調撥。 均：州名。治所在今湖北丹江口市。 鄧：州名。治所在今河南鄧州市。
[2]"二月"至"並宜停廢"：此條《輯本舊史》原無，據明本《册府》卷四九八《邦計部·漕運門》補，《册府》"二月"下

有"癸亥"二字。

四年四月，詔疏下汴水一派，北入於五丈河，又東北達於濟。[1]自是齊魯之舟楫，皆至京師。[2]

[1]汴水：水名。隋開通濟渠，因自滎陽至開封一段即原來的汴水，故唐、宋人遂將出自河至入淮之通濟渠東段全流統稱爲汴水或汴渠。　五丈河：水名。後周世宗柴榮疏汴水北入白溝（南濟水故道），東流入濟水，以通齊魯之漕。河床被展拓至五丈，俗稱"五丈河"。　濟：河流名。發源於今河南境内，經今山東入渤海。今黃河下游河道即濟水故道。

[2]"四年四月"至"皆至京師"：此條《輯本舊史》原無，據《會要》卷二七漕運條、明本《册府》卷四九八《邦計部·漕運門》補，亦見《通考》卷二五《國用考三·漕運》，但止繫於顯德四年（957），無月。

六年二月，命侍衛馬軍指揮使韓令坤自京東疏下汴水，入于蔡河，侍衛步軍都指揮使袁彦浚五丈河，以通漕運。[1]

[1]侍衛馬軍指揮使：官名。即侍衛馬軍都指揮使。五代時皇帝親軍侍衛馬軍司之最高長官。　韓令坤：人名。磁州武安（今河北武安市）人。五代、宋初將領。傳見《宋史》卷二五一。　蔡河：水名。又作蔡水、沙水。上承汴水，流經開封（今河南開封市）匯入淮河。　侍衛步軍都指揮使：官名。侍衛親軍步軍司最高長官。　袁彦：人名。河中河東（今山西永濟市）人。五代、宋初將領。傳見《宋史》卷二六一。　"六年二月"至"以通漕運"：

此條《輯本舊史》本志原無，據《會要》卷二七漕運條補，亦見明本《册府》卷四九八《邦計部·漕運門》、《通考》卷二五《國用考三·漕運》，止繫於六年，無月。《輯本舊史》卷一一九《周世宗紀六》："顯德六年二月庚辰，發徐、宿、宋、單等州丁夫數萬濬汴河。甲申，發滑、亳二州丁夫濬五丈河，東流於定陶，入於濟，以通青、鄆水運之路。又疏導蔡河，以通陳、潁水運之路。"

麴錢[1]

[1]此目名中華書局本無，據內容補。

梁開平三年十一月，敕："聽諸道州府百姓自造麴，官中不禁。"[1]

[1]"梁開平"至"官中不禁"：此條《輯本舊史》原無，據《會要》卷二六麴條補，亦見明本《册府》卷五〇四《邦計部·榷酤門》、《通考》卷一七《征榷考四·榷酤》。

唐天成三年七月，詔曰："應三京、鄴都、諸道州府鄉村人户，自今年七月後，於夏秋田苗上，每畝納麴錢五文足陌，一任百姓自造私麴，醞酒供家，其錢隨夏秋徵納。[1]其京都及諸道州府縣鎮坊界及關城草市內，應逐年買官麴酒户，便許自造麴，醞酒貨賣。[2]仍取天成二年正月至年終一年逐户計算都買麴錢數內，十分只納二分，以充榷酒錢，便從今年七月後，管數徵納。榷酒户外，其餘諸色人亦許私造酒麴供家，即不得衷私賣

酒，如有故違，便即糾察，勒依中等酒户納榷。其坊村
一任沽賣，不在納榷之限。其麴敕命到後，任便踏造。
如賣麴酒户中，有去年曾買官麴，今年因事不便買麴任
開店者，則與出落。如覩新敕，有情願開店投榷者，則
不計舊户、新户，便令依見納錢等户例出榷。此後酒户
中有無力開店賣酒者，亦許隨處陳狀，其舊納錢並宜停
廢。應諸處麴務，亦仰十分減八分價錢出賣，不得更請
官本踏造。"[3]時孔循以麴法殺一家於洛陽，或獻此議，
以爲愛其人，便於國，故行之。[4]

　　[1]於夏秋田苗上：中華書局本有校勘記："'夏'，原作
'是'，據《册府》卷五〇四、《五代會要》（四庫本）卷二六改。"
見明本《册府》卷五〇四《邦計部·榷酤門》、《通鑑》卷二七六
天成三年（928）七月條下胡注及本條下文。《會要》繫此事於十
三日。　其錢隨夏秋徵納：上條胡注此下有"並不折色"四字。
　　[2]諸道州府縣鎮坊界及關城草市内："及關城草市"五字，據
《會要》卷二六麴條、《通鑑》卷二七六天成三年七月條下胡注、
《通考》卷一七《徵榷考四·榷酤》補。
　　[3]"其麴敕命到後"至"不得更請官本踏造"：據《會要》
卷二六麴條補。
　　[4]孔循：人名。籍貫不詳。五代後唐大臣。傳見《新五代
史》卷四三。　或獻此議：中華書局本有校勘記："'議'，原作
'意'，據本書卷三九《唐明宗紀五》、《册府》卷五〇四改。"

　　長興元年二月，敕書節文："諸道州府人户，每秋
苗一畝上，元徵麴錢五文，今後特放二文，止徵
三文。"[1]

[1]"長興元年"至"只徵三文":亦見《會要》卷二六麴條、《輯本舊史》卷四一《唐明宗紀七》長興元年（930）二月乙卯條。《通考》卷一七《徵榷考四·榷酤》作"特放三文，止徵二文"。

二年五月，詔曰："酒醴所重，麴蘖是須，緣賣價太高，禁條頗峻，士庶因斯而抵犯，刑名由是以滋彰。[1]爰行改革之文，庶息煩苛之政，各隨苗畝，量定稅錢。訪聞數年已來，雖犯法者稀，而傷民則甚。蓋以亂離日久，貧下戶多，纔遇昇平，便勤稼穡，各務耕田鑿井，孰能枕麴藉糟，既隨例以均攤，遂抱虛而輸納，漸成彫敝，深可憫傷。況欲致豐財，必除時病，有利之事，方切施行，無名之求，尤宜廢罷，但得日新之理，何辭夕改之嫌。應三京、諸道苗畝上所徵麴錢等，便從今年夏並放。諸州府城郭內依舊禁麴，其麴官中自造，委逐州減舊價一半，於在城撲斷貨賣。除在城居人不得私造外，鄉村人戶或要供家，一任私造。"敕下之日，人甚悅之。[2]《永樂大典》卷四千六百八十一。[3]

[1]二年五月：中華書局本沿《輯本舊史》原作"二年"，據《會要》卷二六麴條、《輯本舊史》卷四二《唐明宗紀八》、明本《冊府》卷五〇四《邦計部·榷酤門》補。《輯本舊史》卷四二《唐明宗紀八》繫於長興二年（931）五月丁卯。 麴蘖（niè）：即酒曲。

[2]纔遇昇平：《輯本舊史》之影庫本粘籤："纔遇，原本作'纔過'，今據文改正。" 應三京諸道苗畝上所徵麴錢等：中華書局本有校勘記："'三'，原作'在'，據《五代會要》卷二六、《冊府》卷五〇四改。'諸道'下《五代會要》卷二六、《冊府》卷

五〇四有'州府'二字。" 諸州府城郭内依舊禁麴：據《輯本舊史》卷四二《唐明宗紀八》補。 於在城撲斷貨賣：中華書局本有校勘記："'貨賣'，原作'貨買'，據孔本、《五代會要》卷二六、《册府》卷五〇四改。""其麴官中自造"至"一任私造"，亦見《輯本舊史》卷四二《唐明宗紀八》。

　　[3]《大典》卷四六八一"錢"字韻應爲"麴錢"事目。此卷不存。

　　七月，三司奏："諸道州府申論，先有敕命，許百姓造麴，不來官場收買。伏慮課額不迨，請準前麴法，鄉村百姓與在城條法一例指揮。"從之。仍據百姓已造到麴，務令送納入官，量支還麥本。[1]

　　[1]"七月"至"支還麥本"：此條《輯本舊史》本志原無，據《會要》卷二六麴條補，亦見《輯本舊史》卷四二《唐明宗紀八》七月乙未條、明本《册府》卷五〇四《邦計部·榷酤門》、《通考》卷一七《徵榷考四·榷酤》。"課額不迨"，《輯本舊史》卷四二《唐明宗紀八》作"課額不逮"。

　　周顯德四年七月，詔曰："諸道州府麴務，今後一依往例，官中禁法賣麴，逐處先置都務，候敕到日，並仰停罷。據見在麴數，準備貨賣，兼據年計，合使麴數，依時踢造，候人户將到價錢，據數給麴，不得賒賣抑配與人。其外酒場務，一切仍舊。應鄉村人户，今後並許自造米醋，及買糟造醋供食。仍許于本州縣界，就精美處酤賣，其酒麴條法依舊施行。"[1]《永樂大典》卷一萬四千九百八十。[2]

[1]周顯德四年七月：中華書局本有校勘記：“句上殿本、《五代會要》卷二六、《册府》卷五〇四有‘周’字。”但未補，見《會要》卷二六麴條、明本《册府》卷五〇四《邦計部·榷酤門》。今據補。　准備貨賣：中華書局本有校勘記：“‘貨賣’，原作‘貨買’，據《五代會要》卷二六改。”“其外酒場務”至“依舊施行”據《會要》卷二六補，亦略見明本《册府》卷五〇四。《會要》本條下尚有小注：“先是，晋漢已來，諸道州府皆榷計麴額，置都務以沽酒，民間酒醋皆漓薄。上知其弊，故命改法。”

[2]中華書局本有校勘記：“檢《永樂大典目録》，卷一四九八〇爲‘婦’字韻‘醫書婦人證治五十七’，與本則内容不符，恐有誤記。疑出自卷一四九九〇爲‘務’字韻‘務名二’。”應爲“務”字韻“麴務”事目。此卷今亦不存。

舊五代史　卷一四七

刑法志[1]

[1]《輯本舊史》之案語：“《刑法志序》，《永樂大典》原闕。”

定格令[1]

[1]此目名《輯本舊史》原無，據内容補。

梁太祖開平三年十一月，[1]詔太常卿李燕、御史司憲蕭頃、中書舍人張袞、户部侍郎崔沂、大理卿王鄯、刑部郎中崔誥，[2]共删定律令格式。[3]

[1]梁太祖：即朱温（後改名晃）。後梁開國君主，907 年至 912 年在位。紀見本書卷一至卷七、《新五代史》卷一至卷二。開平：後梁太祖朱温年號（907—911）。　十一月：《會要》卷九定格令條作“十月”。

[2]太常卿：官名。九寺之一太常寺之長官，掌祭祀禮樂等事務。正三品。　李燕：人名。後梁太常卿、吏部尚書，後唐光禄大夫、檢校尚書左僕射、行太常卿等。事見《舊唐書》卷二〇，本書卷三一、卷三二，明本《册府》卷五七〇《掌禮部・作樂門六》。御史司憲：官名。御史臺長官，相當於御史大夫（或副長官，如御史司憲解釋爲御史中丞時）。掌邦國刑憲、典章之政令，以肅正

朝列。據本書卷一四九《職官志·兩省》："（後晉天福）七年五月，中書門下上言：'有司檢尋長興四年八月二十一日敕：準《官品令》……御史大夫從三品，會昌二年十二月陞爲正三品……'敕：'宜各準元敕處分，仍添入令文，永爲定制。'"中華書局本有校勘記："'司憲'二字原闕，據《五代會要》卷九補。按《册府》卷五二二記蕭頃時爲'御史司憲'。《通鑑》卷二六七胡注：'梁置御史司憲。'《册府》卷六一三作'御史憲'。"見《會要》卷九定格令條、《宋本册府》卷五二二《憲官部·譴讓門》、《通鑑》卷二六七開平四年四月辛巳條胡注："唐高宗以御史大夫爲大司憲，蓋以御史執法之官，故名之。梁置御史司憲，既曰御史，復曰司憲，蓋不考名官之義也。" 蕭頃：人名。京兆萬年（今陝西西安市長安區）人。後梁宰相，後唐太常卿。傳見本書卷五八。 中書舍人：官名。掌草擬詔敕、奏改制敕、奉表勞問册命、考課察寃、知貢舉等事務。正五品。 張衮：人名。後梁時歷中書舍人、兵部侍郎、御史司憲。事見本書卷三、卷九、卷一八。 户部侍郎：官名。尚書六部之一户部之副長官。佐户部尚書掌部事，負責土地、户口、錢穀、賦税之政。 崔沂（yí）：人名。博陵安平（今河北安平市）人，一説博州（今山東聊城市）人，仕唐歷監察、補闕、諫議大夫，後梁御史司憲、太常卿，後唐左丞，判吏部尚書銓選司。爲人剛正守法。傳見本書卷六八。 大理卿：官名。亦稱大理寺卿，大理寺長官。掌邦國折獄祥刑之事。從三品。 王鄯（shàn）：人名。後梁乾化元年（911）受遣出使安南。事見本書卷六。 刑部郎中：官名。刑部下屬四司的頭司長官，掌司法及審覆大理寺與州府刑獄。從五品上。 崔誥：人名。籍貫、事跡不詳。本書僅此一見。

［3］律令格式：承唐而來加以删改的四種法律形式，共同構成後梁的法律體系。《唐六典》卷六《尚書刑部·刑部郎中員外郎》載："凡文法之名有四：一曰律，二曰令，三曰格，四曰式……凡律以正刑定罪，令以設範立制，格以禁違正邪，式以軌物程事"。

《新唐書》卷五六《刑法志》云："令者，尊卑貴賤之等數，國家之制度也；格者，百官有司之所常行之事也；式者，其所常守之法也。凡邦國之政，必從事於此三者。其有所違及人之爲惡而入於罪戾者，一斷以律。"律，即律典、刑律。令，國家組織方面的制度規定。格，律、令、式的追加法，可以修改、補充和變通律、令、式的規定，具有比律更高的效力。其立法淵源是皇帝的敕令，但敕令針對特定的人和事而頒佈，不具有普遍法律效力，只有經過整理編纂並由皇帝下令頒佈成爲"永格"後，才成爲具有普遍法律效力的法。中晚唐時，格的功能更向司法集中和轉化，如出現"格後敕"（制敕的編集），又如以司法刑獄爲中心的《開成格》，它們對五代時期的立法産生重要影響。式，主要圍繞律令的執行所規定的細則，以及百官諸司的辦事章程，也就是國家機關的公文程式和行政活動細則。

　　四年十二月，宰臣薛貽矩奏：[1]"太常卿李燕等重刊定《令》三十卷，[2]《式》二十卷，《格》一十卷，《律》併目録一十三卷，[3]《律疏》三十卷，[4]凡五部一十帙，共一百三卷。敕中書舍人李仁儉詣閤門奉進，[5]伏請目爲《大梁新定格式律令》，[6]仍頒下施行。"從之。[7]

　　[1]薛貽矩：人名。河東聞喜（今山西運城市）人。仕唐至御史大夫，後梁太祖即位，拜中書侍郎、平章事等。傳見本書卷一八、《新五代史》卷三五。
　　[2]太常卿李燕等重刊定《令》三十卷：中華書局本有校勘記："'令'上原有'律'字，據《五代會要》卷九、《册府》（宋本）卷六一三、《文獻通考》卷一六六删。"見《會要》卷九定格令條、《宋本册府》卷六一三《刑法部·定律令門五》、《通考》卷

一六六《刑考五·刑制》。按："三十卷"，明本《册府》卷六一三作"二十卷"，疑誤。

[3]《律》併目録一十三卷：唐代《律》一般爲十二卷，無目録、條標。此處《律》諒有目録，宜單獨成卷。此種情況在後文的《同光刑律統類》一十三卷、《開成格》一十一卷、《大和格》五十一卷、《見管統類》一十三卷，以及《天福編敕》三十一卷、《大周刑統》二十一卷均類似。故稱"《律》併目録一十三卷"。中華書局本有校勘記："'律'字原闕，據《五代會要》卷九、《册府》卷六一三、《文獻通考》卷一六六補。"

[4]《律疏》：猶如對經書、佛典的注解一樣，對"律"及"注"作解釋的文字也稱爲"義疏"，簡稱爲"疏"，如唐代對《永徽律》《開元律》的疏解就稱爲"律疏"，與律文具有同等效力，所謂"斷獄者皆引疏分析之"。

[5]敕：皇帝的命令。《唐六典》卷九《中書省·中書令》下注説："自魏晋已後因循，有册書、詔、敕，總名曰詔，皇朝因隋不改。" 李仁儉：人名。曾任唐户部郎中。事見《舊唐書》卷二〇下。本書僅此一見。 閣門：古代宮廷中的內門，進入閣門即進入內廷，故是聯繫外朝與皇帝居所的門。中華書局本1976年版作"閣門"。據永樂大典本《河南志·宋城闕古蹟》載："次北文明殿。正衙殿也。唐之武成、宣政，又改貞觀。梁開平三年改文明。殿東南隅有鼓樓，西南隅有鐘樓。東西橫門，曰左、右延福門。殿兩挾，曰東上、西上閣門。"注者按："閣"當爲"閣"之誤。

[6]《大梁新定格式律令》：其名不稱"律令格式"而稱"格式律令"，與唐開元之《格式律令事類》一脈相承，下文亦有"定州王都進納唐朝格式律令"。詳見下文《格式律令事類》。

[7]"《律疏》三十卷"至"從之"：其下有《輯本舊史》之原注："是時，大理卿李保殷進所撰《刑律總要》十二卷。"據上文，開平三年（909）十一月時大理卿是王郜，而本書卷六《太祖紀第六》顯示乾化元年十二月的大理卿依舊爲王郜，其間應未更換

人選。此處却説李保殷是大理卿，疑時間有誤。

　　唐莊宗同光元年十二月，[1]御史臺奏：[2]“當司、刑部、大理寺本朝法書，[3]自朱温僭逆，删改事條，或重貨財，輕入人命，或自狥枉過，[4]濫加刑罰。今見在三司收貯刑書，[5]並是僞廷删改者，兼僞廷先下諸道追取本朝法書焚毁，[6]或經兵火，所遺皆無舊本節目。只定州敕庫有本朝法書具在，[7]請敕定州節度使速寫副本進納，[8]庶刑法令式，[9]並合本朝舊制。”從之。未幾，定州王都進納唐朝《格式律令》，[10]凡二百八十六卷。

　　[1]唐莊宗：人名。即李存勗。西突厥沙陀部人。後唐開國之主，923年至926年在位。紀見本書卷二七至卷三四，《新五代史》卷四至卷五。　同光：後唐莊宗李存勗年號（923—926）。

　　[2]御史臺：官署名。中央監察機構，下設臺院、殿院、察院。掌糾察朝儀、彈劾官邪、勘鞫官府公事，參與重大疑案的審判活動。《會要》卷一七御史臺條言其：“事總朝綱，職司天憲。所管人吏色役最多，上至朝堂，次及班列，或在京勾檢公事，或外地推勘稽遲，監守狴牢，行遣案牘，或隨從出使，或祠祭監臨。”其審判職能較唐代有所擴張，立法權顯著加重，在修律編敕方面的作用有所增強。長官爲御史大夫，正三品。

　　[3]當司：本司。這裏指御史臺。　刑部：官署名。中央司法行政機構，審判覆核機關。唐代掌管司法政令，覆核大理寺流刑以下及州縣徒刑以上案件，兼管獄囚簿録、給養供應等事。《宋史》卷一九九《刑法志一》載五代時期“藩鎮跋扈，專殺爲威，朝廷姑息，率置不問，刑部按覆之職廢矣”。長官是刑部尚書。　大理寺：官署名。中央最高審判機關，負責審理中央百官犯罪以及京師

徒刑以上案件；重審刑部移送的地方死刑案件。但流、徒刑案件判決後須經刑部覆核，死刑案件判決後還須奏報皇帝批准。後唐長興四年（933）法寺内設議獄堂，《會要》卷一六大理寺條："天下州府有疑者，判官集議，尋常案款，則准法施行。"長官爲大理卿，從三品。　本朝：同光元年四月，李存勗滅梁稱帝，國號唐，以"中興"自況，稱梁爲"僞"（如後文有"僞廷""僞梁"等），以示自己是恢復和繼承唐朝的正統，故君臣上下常自稱本朝，但實際上李存勗並非唐朝皇室後裔。　法書：泛指法律。《舊唐書》卷一七七《劉瑑傳》："瑑精於法律，選大中以前二百四十四年制敕可行用者二千八百六十五條，分爲六百四十六門，議其輕重，别成一家法書，號《大中統類》，奏行用之。"

［4］狥：同"徇"。營求，偏私，曲從。

［5］三司：這裏指前述大理寺、刑部、御史臺。唐代大理寺卿、刑部侍郎、御史中丞會同審理重大案件，稱"三司推事"。

［6］道：唐太宗時因山川形便，分天下爲十道。唐玄宗時分十五道，至此，道擁有了固定的治所和常設機構。安史亂后，節度使所控之地亦皆以"道"稱呼，如《舊唐書》卷一四《憲宗紀上》記載元和二年（807）十二月乙卯，"史官李吉甫撰《元和國計簿》，總計天下方鎮凡四十八，管州府二百九十五……其鳳翔、鄜坊、邠寧、振武、涇原、銀夏、靈鹽、河東、易定、魏博、鎮冀、范陽、滄景、淮西、淄青十五道，凡七十一州，不申户口。每歲賦入倚辦，止於浙江東西、宣歙、淮南、江西、鄂岳、福建、湖南等八道，合四十九州。"五代的道沿襲唐後期的設置，與唐前期的道不同，是地方最高管轄單位，州府皆在其監督下。

［7］定州：州名。治所在今河北定州市。　敕庫：皇家府庫。此指定州節度使王都的府庫。922年，後唐莊宗追契丹之敵過定州，幸王都府第，王都將其女許爲皇子妻，遂爲皇親。自是其府庫亦爲敕庫。

［8］節度使：官名。唐睿宗景雲年間始有此號。玄宗天寶初，

沿邊置九節度使，總領軍旅民政，專誅殺，權傾一方。蕭宗至德以後，天下用兵，中原刺史亦循其例。五代藩鎮割據，設置更多，廢置不常。　寫：即抄寫。由於印刷術未普及，法律以抄寫的方式傳播。

[9]庶：表希望。

[10]王都：人名。本姓劉，小字雲郎。中山陘邑（今河北定州市）人。王處直養子。好聚圖書，至三萬卷。及明宗嗣位，加中書令。後叛，兵敗自焚。傳見本書卷五四、《新五代史》卷三九。

二年二月，[1]刑部尚書盧質奏，[2]纂集《同光刑律統類》，[3]凡一十二卷，上之。

[1]《會要》此處爲“三年”，明本《册府》卷六一三《刑法部·定律令門五》與本書同爲“二年”。

[2]刑部尚書：官名。掌天下刑法及徒隷勾覆、關禁之政令。尚書、侍郎總其所屬刑部、都官、比部、司門四部職務而奉行其制命。正三品。　盧質：人名。河南（今河南洛陽市）人。歷仕唐、後唐、後晋。後唐進封開國公，又爲右僕射。及秦王得罪，奉詔權知河南府事。應順初，遷檢校太傅，正拜河南尹，後改太子少師。又晋太子太保。傳見本書卷九三、《新五代史》卷五六。中華書局本有校勘記：“原作‘盧價’，據彭校、《五代會要》卷九、《册府》卷六一三改。據盧價墓誌（拓片刊《中國歷史文物》2009年第2期），盧價後唐時僅官至監察御史。”

[3]《同光刑律統類》：後唐同光時期法典，宋初仍參用之。“刑律統類”簡稱“刑統”，最早可追溯至唐宣宗時期的《大中刑律統類》。五代至宋，“刑統”取代“律”，成爲主要的法典形式。它是以刑律爲主，將其他刑事的敕、令、格、式分門别類附載於律文之後彙編而成的法律，更具實用性，並對後世《大周刑統》《宋

刑統》的編纂具有重要影響。亦見《宋會要輯稿·刑法一》引《大典》卷一九〇二七"令"字韻"宋格令（一）"事目之《定格令門序》。

明宗天成元年九月，[1] 御史大夫李琪奏：[2] "奉八月二十八日敕，以大理寺所奏見管四部法書內有《開元格》一卷、《開成格》一十一卷，[3] 故大理卿楊遘所奏行僞梁格并目錄一十一卷，[4] 與《開成格》微有舛誤，未審祇依楊遘先奏施行，爲復別頒聖旨，令臣等重加商較刊定奏聞者。今莫若廢僞梁之新格，行本朝之舊章，遵而行之，違者抵罪。"[5] 至其年十月二十一日，御史臺、刑部、大理寺奏："奉九月二十八日敕：'宜依李琪所奏，廢《僞梁格》，施行本朝格令者。'伏詳敕命，未該律令。[6] 伏以開元朝與開成隔越七帝，年代既深，法制多異，且有重輕，律無二等，若將兩朝格文並行，伏慮重疊舛誤。況法者天下之大理，非一人之法，乃天下之法也，故爲一代不變之制。又準敕：'立後格合破前格。'[7] 若將《開元格》與《開成格》並行，實難檢舉。又有《大和格》五十一卷、《刑法要錄》一十卷、《格式律令事類》四十卷、《大中刑法格後敕》六十卷，[8] 共一百六十一卷，久不檢舉，伏請定其予奪。奉敕：'宜令御史臺、刑部、大理寺同詳定一件格施行者。'今集衆商量，《開元格》多定條流公事，[9]《開成格》關於刑獄，今欲且使《開成格》。"從之。[10]

[1]明宗：即李嗣源（後改名亶）。五代後唐第二位皇帝，926

年至 933 年在位。紀見本書卷三五至卷四四、《新五代史》卷六。

天成：後唐明宗李嗣源年號（926—930）。　明宗天成元年九月：《會要》卷九定格令條原爲“天成元年九月二十八日”，據《輯本舊史》之體例增“明宗”二字，删“二十八日”四字。

[2]李琪：人名。河西敦煌（今甘肅敦煌市）人。後梁宰相，後唐歷太常卿、御史大夫、尚書右僕射，以太子少傅（本書卷五八《李琪傳》作“太子太傅”）致仕。傳見本書卷五八、《新五代史》卷五四。

[3]《開元格》：唐玄宗開元三年（715），黄門監盧懷慎等删定，共十卷，以尚書省二十四司爲篇目，具體規定了百官行政事務的行爲範圍、方式和處罰標準。因其後開元七年吏部尚書宋璟等重新删定舊格，故又稱《開元前格》，而稱宋璟等删定者爲《開元後格》，亦十卷。見《新唐書》卷五八《藝文志》。至二十五年，中書令李林甫又著《開元新格》，凡所損益數千條。天寶四載（745），又詔刑部尚書蕭炅稍復增損之。見《新唐書》卷五六《刑法志》。《宋本册府》卷六一三《刑法部·定律令門五》，“《開元格》一卷”作“《開元格》一十卷”。　《開成格》：即《開成詳定格》，一稱《刑法格》，已佚。唐後期的刑事單行法規，屬於散頒格。開成四年（839），刑部侍郎狄兼暮採開元二十六年以後至開成時制敕，删繁就簡，製成十卷，次年施行。《開成格》的内容體現出格的功能從原來的以行政公事爲主，向司法集中和轉化。其轉變與晚唐刑獄的逐漸嚴酷化密不可分。五代時沿用至後周《顯德刑統》頒佈。

[4]楊遘：人名。後唐歷衛尉卿、太僕卿、大理卿。事見本書卷三一、卷三二。　僞梁格：此格在《開成格》的基礎上編修而成，因此其内容仍以刑法爲主體，即前文後梁太常卿李燕等人在太祖開平四年（910）所定《大梁新定格式律令》的一部分。

[5]抵：至也，又當也。

[6]該：具備，完備。

[7]立後格合破前格：《宋本册府》卷六一三《刑法部·定律令門五》，"立後格合破前格"作"格文後敕合破前格"。

[8]《大和格》：即《大和格後敕》。大和四年（830）七月謝登纂，凡六十卷。大和七年奉敕删定爲五十卷。見《唐會要》卷三九定格令條、《舊唐書》卷五〇《刑法志》。又，《新唐書》卷五八《藝文志》載"《大和格後敕》四十卷、《格後敕》五十卷"。或有兩個版本。"《大和格》五十一卷"，《會要》卷九定格令條作"《大和格》五十二卷"，《宋本册府》卷六一三作"《大和格》五十一卷"，因"共一百六十一卷"，可知《會要》誤，今據《宋本册府》改。　《刑法要録》：《唐會要》卷三九定格令條載：唐敬宗寶曆二年十月，大理卿裴向，進前本寺丞盧紓所撰《刑法要録》十卷。應是法官個人編集，作爲司法時的參考文本，可見規模龐大的《格後敕》已不敷所用，編定專門性的刑法文本有强烈的現實需要。參見吳麗娛、趙晶《唐五代格、敕編纂之演變再探》，《中華文史論叢》2015年第2期。　《格式律令事類》：《舊唐書》卷五〇《刑法志》載：唐玄宗開元"二十二年，户部尚書李林甫又受詔改修格令。……又撰《格式律令事類》四十卷，以類相從，便於省覽。二十五年九月奏上，敕於尚書都省寫五十本，發使散於天下"。雖然"事類"與"刑統"都是將各種法律形式的條文按照一定分類標準進行彙集，但"刑統"是以律爲體系，有更强的刑法色彩，而"事類"則以格爲綱目。同時，"格式"在先"律令"在後的冠名法，也體現出這一階段對不同法律形式的重視程度有所變化。《大中刑法格後敕》：即《大中刑法總要格後敕》。大中五年（851）四月，刑部侍郎劉瑑等奉敕修撰，六十卷。唐中後期格與敕並稱、並舉，最終形成對制敕的內容不做任何改動和增删的"格後敕"這一特殊立法形式。但到五代格後敕又被編敕所取代，是宋代編敕的前身。《舊唐書》卷五〇《刑法志》載其"起貞觀二年六月二十日，至大中五年四月十三日，凡二百二十四年雜敕，都計六百四十六門，二千一百六十五條"。據沈家本《歷代刑法考·律令四》考

證：“劉瑑《大中刑法總要格後敕》，《舊志》與《藝文志》同，《會要》亦同，《舊紀》則曰《刑法統類》，新《傳》則曰《刑律統類》，舊《傳》則曰《大中統類》，遂與張戣之書相亂。《五代會要》後唐天成元年，御史臺、刑部、大理寺奏内所舉舊格敕有《大中刑法格後敕》六十卷，當即瑑書，但省去‘總要’二字耳。《舊志》‘六月二十日’，《會要》作‘二十八日’，或《志》文奪‘八’字。‘二十四年’，《舊紀》及《會要》作‘四十四年’，考貞觀二年戊子至大中五年辛未，實二百二十四年，《紀》及《會要》傳寫譌也。”《大中刑法統類》是大中七年五月，左衛率倉曹參軍張戣所進，十二卷，詳見後注。

[9]《開元格》多定條流公事：《宋本册府》卷六一三作“《開元格》多是條流公事”。

[10]“明宗天成元年九月”至“從之”：《輯本舊史》原無，據《會要》卷九定格令條補。

長興四年六月，[1]敕御史中丞龍敏、給事中張鵬、中書舍人盧導、尚書刑部侍郎任贊、大理卿李延範等詳定《大中統類》。[2]

[1]長興：後唐明宗李嗣源年號（930—933）。

[2]御史中丞：官名。御史臺副長官。輔佐御史大夫掌邦國刑憲、典章之政令，以肅正朝列。後唐多爲正五品，長興四年（933）後及後晉時爲正四品。　龍敏：人名。幽州永清（今河北廊坊市）人。後唐歷諫議大夫、御史中丞，累拜兵部侍郎、吏部侍郎，後晉歷尚書左丞、太常卿。傳見本書卷一〇八、《新五代史》卷五六。　給事中：官名。門下省屬官。掌侍從，讀署奏抄，駁正違失，分判省事。《舊唐書》卷四三《職官志二》載：“凡國之大獄，三司詳決，若刑名不當，輕重或失，則援法例退而裁之。……凡天下冤滯

未申及官吏刻害者，必聽其訟，與御史、中書舍人同計其事宜，而申理之。"正五品上。 張鵬：人名。歷仕後唐給事中、御史中丞、刑部侍郎，後晉天福二年（937）改兵部侍郎。事見本書卷四五、卷四七、卷七六。 盧導：人名。范陽（今河北涿州市）人。唐監察御史、右司郎中兼侍御史知雜事，後唐右諫議大夫、中書舍人、權知貢舉，後晉吏部侍郎。傳見本書卷九二、《新五代史》卷五四。

尚書刑部侍郎：官名。尚書省刑部副長官。掌律令、刑法、徒隸、按覆讞禁之政。下屬四司：刑部、都官、比部、司門。正四品下。 任贊：人名。籍貫不詳。歷後唐工部侍郎、左散騎常侍判大理卿事、户部侍郎、刑部侍郎、兵部侍郎等。事見《會要》卷一六、卷二三，本書卷三〇、卷三六、卷三九、卷四〇、卷四二、卷四四、卷五一、卷七八、卷一二六、卷一二八，明本《册府》卷三三七《宰輔部·徇私門》、卷四七五《臺省部·奏議門六》、卷六四一《貢舉部·條制門三》、卷八二〇《總録部·立祠門》、卷九三九《總録部·譏誚門》，《新五代史》卷一五、卷二八。 李延範：人名。籍貫不詳。後唐殿中監、大理卿、太子賓客，後晉歷太子賓客、司農卿。事見《會要》卷一一、卷一六、卷二五，本書卷七八，明本《册府》卷六三三《銓選部·條制門五》。 《大中統類》：又稱《大中刑律統類》《大中刑法統類》。《唐會要》卷三九《定格令》載："至（大中）七年（853）五月，左衛率府倉曹參軍張戣，編集律令格式。條件相類者，一千二百五十條，分爲一百二十一門，號曰《刑法統類》。上之。"《新唐書》卷五六《刑法志》言其書是"以刑律分類爲門而附以格敕"，這與前述開元二十五年（737）《格式律令事類》以"尚書省二十四司總爲篇目"，即以格爲綱目的修纂體例不同，其十二卷的規模與《唐律》卷數一致，應該是以律篇爲綱目，再附入相關的令、式、格。這種以刑律爲綱的法典體例應當是張戣開創的。不過，《大中刑律統類》與《開成格》並行至五代末期，或可推知，《大中刑統》與《開成格》雖然都偏重刑事立法，但在内容上應該具有互補性。參見吴麗娱、趙晶

《唐五代格、敕編纂之演變再探》。五代相沿用至後周《顯德刑統》
頒佈。在部分記載中與《大中刑法格後敕》有所混淆，詳見前注
"《大中刑法格後敕》"。　　"長興四年六月"至"大理卿李延範等
詳定《大中統類》"：《輯本舊史》原無，據《會要》卷九定格令
條補。

末帝清泰元年閏五月，[1]敕："律令格式，《六典》
凡關庶政，[2]盡有區分，久不舉明，遂至隳紊。[3]宜令京
百司各於其間録出本司事，裁成卷軸，或粉壁寫在廨
署，[4]本司官常宜省覽，以備顧問。自敕下至今累年，
如聞諸司或以無廨宇處，並未書寫施行。令御史臺差兩
巡使分巡百司，[5]取已寫、未寫司局以聞。如因事未辨
處，與限五日，須抄録，依元敕指揮。[6]其諸道州縣，
亦有《六典》內合行公事條件抄録粉壁，官吏長宜觀
省。其律令格式事繁，昨已撮成四卷，州府差人抄録，
以備檢尋。今後宜令御史臺，每至正初，[7]具録前後敕
文，告示百司及諸州府，永爲常式。"[8]

[1]末帝：即李從珂，本姓王。明宗李嗣源養子，五代後唐末
代皇帝，934年至936年在位。紀見本書卷四六至卷四八、《新五代
史》卷七。　　清泰：後唐末帝李從珂年號（934—936）。

[2]《六典》：即《大唐六典》。三十卷，題名"御撰，李林甫
等奉敕注"。開元十年（722），中書舍人陸堅被旨修《六典》，唐
玄宗手寫白麻紙凡六條，曰理典、教典、禮典、政典、刑典、事
典，令以類相從，撰録以進。最終採取"以令式入六司，象《周
禮》'六官'之制，其沿革並入注"的方法修成，以唐代中央及地
方各級機構的名稱、員品、職掌爲正文，以其自《周官》以來之沿

革爲注文，於開元二十七年（739）進上。關於《六典》的性質，學界多有爭議，但可以確定其並非法典，不具備法律效力。此處則體現出"六典内合行公事條件"者在五代仍受重視。

[3] 隳（huī）紊：敗壞紊亂。

[4] 粉壁：本指白色牆壁。引申爲將法令、告示寫在粉刷成白色的牆壁上。　廨署：官署理事及供官府公人使用的房舍。　粉壁寫在廨署：這種形式可能受到唐代"廳壁記"的影響。

[5] 兩巡使：官名。即左右巡使。唐朝御史臺置，以殿中侍御史爲之，左巡使掌糾察京城百官違失，右巡使掌糾察京城外官員違失。

[6] 元敕：原先的詔令。　指揮：詔敕和命令的統稱。

[7] 正初：正月初一。

[8] 永爲常式：即將普通敕文（皇帝命令）上升爲具有普遍效力、可以長久適用的法律。敕文只是臨時處分，但當制敕標明"永格""常式"時，可援引爲據。而"永格""常式"之格後制敕，則可以改格。　"末帝清泰元年閏五月"至"永爲常式"：《輯本舊史》原無，據《宋本冊府》卷六一三《刑法部·定律令門五》補。

二年四月，御史中丞盧損等進清泰元年已前十一年内制敕，[1]可久遠施行者凡三百九十四道，編爲三十卷；其不中選者，各令本司封閉，不得行用。敕付御史臺頒行。[2]

[1] 盧損：人名。其先范陽（今河北涿州市）人，近世任於嶺表（即嶺南，今廣東、廣西、海南三省及越南北部地區）。後梁右司員外郎，後唐御史中丞，後晉右散騎常侍，轉秘書監。傳見本書卷一二八、《新五代史》卷五。

[2]可久遠施行者凡三百九十四道，編爲三十卷：此即所謂的《清泰編敕》。亦見上引《宋會要輯稿·刑法一》引《定格令門序》。"制敕……編爲三十卷"：即編敕，與散敕相對，是將經過整理、編撰的皇帝特定敕令上升爲具有普遍效力的法律。五代時期，在後周《顯德刑統》頒佈前，除後梁修訂律令格式外，其他各代在繼續適用唐後期立法如《開成格》《大中刑統》的同時，也陸續以"編敕"爲名，整理詔敕、頒佈法律，以取代"格後敕"。直至北宋前期，除《大周續編敕》明確限定以"刑法敕條"爲内容外，其他諸如《清泰編敕》《天福編敕》等應該繼承了格後敕綜合性立法的特點。另外，《清泰編敕》不僅是御史臺官員所進，而且敕付御史臺頒行，進一步反映出五代時期御史臺在立法方面的地位有所上升。　　"二年四月"至"敕付御史臺頒行"：《輯本舊史》原無，據《會要》卷九定格令條補。亦見《輯本舊史》卷四七《唐末帝紀中》清泰二年四月癸未條、《宋本册府》卷六一三《刑法部·定律令門五》，《册府》將此條繫於三年四月。

　　晋高祖天福二年三月，[1]敕："大理寺奏見管《統類》一十三卷、《編敕》三卷、《散敕》七十六道，[2]宜差侍御史李遹、刑部郎中鄭觀，[3]與本寺官員同爲參詳。今踏逐到静僧坊，[4]便欲删定再候進止者。[5]敕李遹改官，鄭觀去世，更俟差遣，[6]轉慮稽延。宜令大理寺，其合改正國號、廟諱等文字，[7]如是不動格條，不礙義理，便可集本寺官員檢尋改正。如或顯繫重輕，須要參議，別具聞奏。其御史臺、刑部所有法書合改正文字者，亦宜准此。"[8]

[1]晋高祖：即石敬瑭。後晋開國皇帝。936年至942年在位。

紀見本書卷七五至卷八〇、《新五代史》卷八。　天福：五代後晉高祖石敬瑭年號（936—942）。出帝石重貴沿用至九年（944）。後漢高祖劉知遠繼位後沿用一年，稱天福十二年（947）。

　　[2]見管《統類》：關於其指代，學界意見不一。《歷代刑法考·律令五》載："《大中刑法統類》，不言何人之書，晉天福二年大理寺見管《統類》一十二卷，與張戣之書卷數相符，是五季時張書實相沿行用，此時所詳定必亦張書也。"且此段史料常配合前文"長興四年六月……詳定《大中統類》"一段史料，用於證明《同光刑律統類》行用時間不長。但據《玉海》卷六六《詔令》記載，宋朝"國初用唐律令格式外，有後唐《同光刑律統類》……皆參用焉"。又《宋本冊府》此處爲"一十三卷"，與《同光刑律統類》的卷數相符。基於五代目錄成卷的現象較爲常見，不能僅憑卷數將《見管統類》鎖定爲十二卷加目録一卷的《大中刑法統類》，反而更可能是後唐十三卷的《同光刑律統類》。　《編敕》三卷：馬小紅認爲"三卷"應爲"三十卷"，見氏著《簡析五代的立法狀況》，《上海師範大學學報》2008年第2期。大概是因爲《清泰編敕》正好是三十卷，《天福編敕》也是三十卷（有記載三十一卷的，沈家本說一卷是目録，又説"此書多採後唐也"）。但《宋本冊府》和明本《冊府》都作"三卷"。　《散敕》：皇帝頒佈的單項法令，具有普遍的法律效力。

　　[3]侍御史：官名。御史臺屬官。掌糾舉百僚、推鞫獄訟。《唐六典》卷一三："其職有六：一曰奏彈，二曰三司，三曰西推，四曰東推，五曰贓贖，六曰理匭。"　李遽：人名。兗州（今山東濟寧市兗州區）人。天福二年（937）六月後晉西京留守判官（一説"東京留守判官"），兼委監西京左藏庫（一説"監左藏庫於洛陽"），會張從賓作亂，不從，爲其下所害。傳見本書卷九三。鄭觀：人名。後梁監察御史，後晉刑部郎中。事見明本《冊府》卷五二二《憲官部·譴讓門》。本書僅此一見。

　　[4]踏逐：尋訪，覓求。　静僧坊：地名。僧坊即僧舍。

[5]進止：指所奏之事或可或否。源於唐代典故，日輪清望官兩員於禁中，以待召對，故有"進止"之辭，即"進""退"於殿內之謂。據唐人崔祐甫奏："待制官候奏事官盡，然後趨出，於內廊賜食，待進止，至酉時放。"見《石林燕語》卷四。

[6]俟：等待。

[7]廟諱：已故帝王的名諱。

[8]"晋高祖天福二年三月"至"亦宜准此"：《輯本舊史》原無，據《宋本册府》卷六一三《刑法部·定律令門五》補。

三年六月，中書門下奏：[1]"伏覩天福元年十一月敕節文，[2]唐明宗朝敕命法制，仰所在遵行，不得改易。今諸司每有公事，見執清泰元年十月十四日編敕施行，稱明宗朝敕，除編集外，並已封鎖不行。臣等商量，望差官將編集及封鎖前後敕文，並再詳定。其經久可行條件，别録奏聞。"從之。遂差左諫議大夫薛融、祕書監丞吕琦、尚書駕部員外郎知雜事劉皞、尚書刑部郎中司徒詡、大理正張仁璹同參詳。[3]至四年七月，薛融等上所詳定編敕三百六十八道，分爲三十一卷，[4]令有司寫録，與格式參用。[5]

[1]中書門下：官署名。即三省中的中書省、門下省。中書省是中樞決策和最高出令機關，長官爲中書令，正二品。門下省爲審核駁正中書政令的機關，長官爲侍中，正二品。後因互相牽制影響效率而設置中書、門下長官共同議事制度與辦公機構——政事堂。開元十年（722）鑄有"中書門下"專印，成爲宰相的聯合辦公機構。由於合署辦公，因此門下省的審核程式，多在共同議事中完成。

[2]節文：節録文字。

[3]左諫議大夫：官名。門下省屬官。掌諫諭得失、侍從贊相。明本《册府》卷四五七《臺省部·總序門》載，晋天福五年（940），升左、右諫議大夫爲清望正四品。據本書卷一四九《職官志·兩省》："（後晋天福）七年五月，中書門下上言：'有司檢尋長興四年八月二十一日敕：準《官品令》……諫議大夫正五品，按《續會要》，會昌二年十二月陞爲正四品，以備中書門下四品之闕……'敕：'宜各準元敕處分，仍添入令文，永爲定制'。""周顯德五年六月，敕'諫議大夫宜依舊正五品上，仍班位在給事中之下'。"　薛融：人名。汾州平遥（今山西平遥縣）人。歷仕後唐、後晋，爲後晋吏部郎中兼侍御史知雜事、御史中丞、尚書右丞，分司西京。傳見本書卷九三、《新五代史》卷五六。　祕書監丞：官名。秘書監屬官。秘書監掌邦國經籍圖書之事，丞掌判省事。　呂琦：人名。幽州安次（今河北廊坊市）人。歷仕後唐殿中侍御史、樞密院直學士、端明殿學士、御史中丞等，後晋秘書監，刑部侍郎，累遷兵部侍郎，階至金紫光禄大夫，爵至開國子。傳見本書卷九二、《新五代史》卷五六。　尚書駕部員外郎知雜事：官名。駕部員外郎，官名，尚書兵部屬官。掌邦國之興輦、車乘，及天下之傳、驛、厩、牧官私馬、牛、雜畜之簿籍，辨其出入闌逸之政令，司其名數。從六品上。"知雜事"爲"侍御史知雜事"的省稱。侍御史見上引"侍御史"條；知，主持，負責；雜事，御史臺内部之事。這裏是指尚書省駕部員外郎兼任侍御史知雜事。本書卷一四九《職官志》載："晋天福三年三月壬戌，御史臺奏：'按《六典》，侍御史掌糾舉百僚，推鞫獄訟，居上者判臺，知公廨雜事，次知西推、贓贖、三司受事，次知東推、理匭。'敕：'宜依舊制'。遂以駕部員外郎兼侍御史知雜事劉暤爲河南少尹，自是無省郎知雜者……開運二年八月，敕：'御史臺準前朝故事，以郎中、員外郎一人兼侍御史知雜事，近年停罷，獨委年深御史知雜。振舉之司，紀綱未峻，宜遵舊事，庶叶通規。宜却于郎署中選清慎强幹者兼侍御

史知雜事。'"　　劉皞（hào）：人名。涿州（今河北涿州市）人。後晉宰相劉昫之弟。歷後唐監察御史、節度判官，後晉尚書駕部員外郎兼侍御史知雜事、河南少尹，後漢太府卿、宗正卿，後周衛尉卿。傳見本書卷一三一。　　司徒詡：人名。清河郡（今河北清河縣）人。後唐戶部員外郎，充河南府判官；後晉刑部郎中，充度支判官、樞密直學士，由兵部郎中遷左諫議大夫、給事中，充集賢殿學士判院事，歷知許、齊、亳三州事；後漢時遍歷六曹；後周世宗即位，授太常卿。傳見本書一二八。　　大理正：官名。大理寺屬官。掌議獄、正科條，凡丞斷罪不當，則以法正之。從五品下。張仁璪：人名。後唐、後晉大理正，後周左庶子、大理卿。事見《會要》卷一〇（原文爲"〔長興〕四年六月，大理正張仁象奏"）、卷一六（原文爲"〔長興〕四年二月，大理正張仁象奏"），本書卷七七、卷一一二，《册府》卷三三八《宰輔部·專恣門》、卷六一六《刑法部·議讞門三》、卷七〇七《令長部·貪黷門》，《通考》卷一六六《刑考門五》刑制條。

　　[4]所詳定編敕：指《天福編敕》。《歷代刑法考·律令五》"後晉天福編敕"條載："《宋志》：《天福編敕》三十一卷。《崇文目》'三十卷'。按：三十一卷與《會要》同，内一卷當是目録，《崇文目》作三十卷者不數目録也。石晉所行用唐法爲多，此書亦多採後唐也。"亦見上引《宋會要輯稿·刑法一》之一《定格令門序》。

　　[5]"三年六月"至"與格式參用"：《輯本舊史》原無，據《會要》卷九《定格令》條補，亦略見《輯本舊史》卷七七《晉高祖紀三》天福三年七月丙午條及卷七八《晉高祖紀四》天福四年七月戊申條，《宋本册府》卷六一三《刑法部·定律令門五》。

　　周太祖廣順元年六月，[1]敕侍御史盧億、刑部員外郎曹匡躬、大理正段濤同議定重寫法書一百四十八卷。[2]先是，漢隱帝末，[3]因兵亂，法書亡失。至是大理奏重寫律令格式、《統類》、《編敕》，[4]凡改點畫及義理之悮字凡二百一十四。以晋、漢及國初事關刑法敕條，凡二十六件，分爲二卷，附於《編敕》，目爲《大周續編敕》，[5]命省、寺行用焉。[6]

[1]周太祖：郭威，本姓常，幼隨母改嫁郭氏。五代後周開國主。951年至953年在位。紀見本書卷一一〇至卷一一三、《新五代史》卷一一。　廣順：後周太祖郭威年號（951—953）。

[2]盧億：人名。懷州河內（今河南沁陽市）人。歷仕晋、漢、周、宋。后晋爲判官，後漢水部員外郎，充推官，後周爲侍御史，宋初遷少尹，以少府監致仕。傳見《宋史》卷二六四。　刑部員外郎：官名。尚書省刑部屬官。掌律法，按覆大理及天下奏讞，爲尚書、侍郎之貳。從六品上。　曹匪躬：人名。籍貫不詳。後周刑部員外郎，宋初兵部郎中監秦州税，乾德元年（963）坐不法棄市。事見《會要》卷一五、《長編》卷四、《宋史》卷二六四。段濤：人名。籍貫不詳。後周官員。事見《宋史》卷二六四。

[3]漢隱帝：即劉承祐，五代後漢末代皇帝。948年至950年在位。紀見本書卷一〇一至卷一〇三、《新五代史》卷一〇。

[4]至是大理奏重寫律令格式、《統類》、《編敕》：“統類”，《舊五代史考異》：“案：原本訛‘統數’，今據《文獻通考》改正。”見《通考》卷一六六《刑考門五》刑制顯德四年條。另據《宋本册府》卷六一三《刑法部·定律令門五》，確應改爲“統類”。

[5]《大周續編敕》：《歷代刑法考·律令五》“周續編敕”條按：“《玉海》言宋初用周廣順類敕，當即此書。”《大周續編敕》的編纂僅限“事關刑法敕條”，與其他編敕綜合性立法的性質有所不同。“二十六件”，《會要》卷九定格令條作“一十六件”。

[6]省：指稱官司，如中書省、尚書省、門下省等。　寺：亦指各官署，如大理寺、太常寺、鴻臚寺等。　“凡改點畫及義理之

惧字凡二百一十四”至“命省、寺行用焉”；《舊五代史考異》：
“案《宋史》：‘盧億，周初爲侍御史，漢末兵亂，法書亡失，至是，
大理奏重寫律令格式、《統類》、《編敕》，乃詔億與刑部員外郎曹
匪躬、大理正段濤同加議定舊本：以京兆府改同五府，開封、大名
府改同河南府，長安、萬年改爲次赤縣，開封、浚儀、大名、元城
改爲赤縣，又定東京諸門薰風等爲京城門，明德等爲皇城門，啓運
等爲宮城門，昇龍等爲宮門，崇元等爲殿門；廟諱書不成文，凡改
點畫及義理之誤字二百一十有四。又以晋、漢及周初事關刑法敕條
者，分爲二卷，附《編敕》，目爲《大周續編敕》，詔行之。’”見
《宋史》卷二六四《盧億傳》。“廟諱書不成文”，中華書局本作
“廟諱書不成字”；“目爲”，《宋史》誤爲“白爲”。

　　二年二月，[1]中書門下奏：“准元年正月五日赦書節
文，[2]今後應犯竊盜贓及和姦者，[3]並依晋天福元年已前
條制施行。諸處犯罪人等，除反逆罪外，[4]其餘罪並不
得籍没家産、誅及骨肉，[5]一依格令處分者。請再下明
敕，頒示天下。”乃下詔曰：“赦書節文，明有釐革，切
慮邊城遠郡，未得審詳，宜更申明，免至差誤。其盜
賊，若是强盜，並准自來格條斷遣。其犯竊盜者，計贓
絹滿三匹已上者，並集衆決殺，其絹以本處上估價爲
定；不滿三匹者，等第決斷。[6]應有夫婦人被强姦者，
男子決殺，婦人不坐；其犯和姦者，並准律科斷，[7]罪
不至死；其餘姦私罪犯，准格律處分。應諸色罪人，[8]
除謀反大逆外，其餘並不得誅殺骨肉、籍没家産。”先
是，晋天福中敕，凡和姦者，男子婦人並處極法，至是
始改從律文焉。

[1]二年：《會要》卷九定贓條作"三年"。

[2]赦書：減免刑罰的詔令。

[3]和姦：罪名。男女之間自願發生非婚姻性關係。其罪輕於強姦。《唐律》規定，和姦者，男女各徒一年半，有夫者徒二年。五代後晉時，凡和姦者，男女同處極法。

[4]反逆罪：《北齊律》"重罪十條"第一條即反逆罪，隋唐以後的"十惡"改爲謀反、謀大逆，即此處簡稱的反逆罪。謀反，指謀危社稷；謀大逆者，謂謀毀宗廟、山陵及宮闕。見《唐律疏議》卷一《名例律》十惡條。

[5]籍没：登記没收。《三國志》卷一一《王脩傳》："太祖破鄴，籍没審配等家財物貨以萬數。"又如北朝諸律有謀反逆叛罪人家口貲産没官之制，隋煬帝時乃大行之，亦稱爲"籍没"。唐律多稱爲"没官"，有兩種情況，一爲没收罪人所取之贓物或所有之犯禁物入官，此種没官取決於被没物本身之性質，可稱爲一般没官；二爲没收罪人之家口資財入官，此種没官取決於罪人所犯罪之性質，可稱爲特殊没官。緣坐人之没官具有保安處分的性質，是五刑外的特殊主刑，而非附加刑。　家産：《會要》卷一〇刑法雜録條作"家貲"，《宋刑統》卷一七《賊盗律》謀反叛逆條作"家資"。

其餘罪並不得籍没家産：中華書局本有校勘記："'得'字原闕，據本書卷一一〇《周太祖紀一》，《五代會要》卷九、卷一〇，《册府》卷六一三補。"見《輯本舊史》卷一一〇《周太祖紀一》廣順元年（951）正月丁卯（初五）條所載即位制書，《會要》卷九定贓條、卷一〇刑法雜録條廣順元年正月五日赦節文，《宋本册府》卷六一三《刑法部·定律令門五》廣順二年二月條。

[6]"計贓絹滿三匹已上者"至"等第決斷"："計贓科罪"是中國古代對財産性犯罪的一般量刑方法。此處對犯竊盗者，贓值判定在三匹絹的價值以上的，不按絞斬處死，而按唐代中期以降的處死方式之一當衆決杖處死。不滿三匹絹的，按照法律規定的情節處以不同的刑罰。此處沿襲了唐代的估贓方式。唐代計贓爲儘量求得

統一，一併折成絹之匹、尺爲計值單位。以絹匹物價評估贓值，如三匹是據犯罪地當時上等絹的價值估算贓物價值三匹絹。

[7]科斷：猶判決也。

[8]諸色：各種，各色。

世宗顯德四年五月，[1]中書門下奏："准宣，[2]法書行用多時，文意古質，條目繁細，使人難會，兼前後敕格，互換重疊，亦難詳定。[3]宜令中書門下並重删定，務從節要，所貴天下易爲詳究者。[4]伏以刑法者，御人之銜勒，[5]救弊之斧斤，故鞭扑不可一日弛之於家，[6]刑法不可一日廢之於國，雖堯、舜淳古之代，亦不能捨此而致理矣。今奉制旨删定律令，有以見聖君欽恤明罰敕法之意也。[7]竊以律令之書，政理之本，經聖賢之損益，爲古今之章程，歷代以來，謂之彝典。[8]今朝廷之所行用者，《律》一十二卷、《律疏》三十卷、《式》二十卷、《令》三十卷、《開成格》一十卷、《大中統類》一十二卷、後唐以來至漢末《編敕》三十二卷及皇朝制敕等，[9]折獄定刑，無出於此。律令則文辭古質，看覽者難以詳明；格敕則條目繁多，檢閱者或有疑誤。加之邊遠之地，貪猾之徒，緣此爲姦，寖以成弊。方屬盛明之運，宜伸畫一之規，所冀民不陷刑，吏知所守。臣等商量，望准聖旨施行，仍差侍御史知雜事張湜、太子右庶子劇可久、殿中侍御史率汀、職方郎中鄧守中、倉部郎中王瑩、司封員外郎賈玭、太常博士趙礪、國子博士李光贊、大理正蘇曉、太子中允王伸等一十人，[10]編集新格，勒成部帙。[11]律令之有難解者，就文訓釋；格敕之有繁雜者，隨事删除。止要諧理省文，[12]兼且直書易會。其中有輕重未當，便於古而不便於今，矛盾相違，可於此而不可於彼，盡宜改正，無或牽拘。[13]候編集畢日，委御史臺、尚書省四品以上及兩省五品以上官參詳可否，[14]送中書門下議定，奏取進止。"詔從之。自是湜等於都省集議删定，[15]仍令太官供膳。[16]

[1]世宗：柴榮。後周第二位皇帝。954 年至 959 年在位。紀見本書卷一一四至卷一一九、《新五代史》卷一二。　顯德：後周太祖郭威、世宗柴榮年號（954—960）。

[2]宣：頒下詔令。

[3]亦難詳定：中華書局本有校勘記："'定'，《册府》卷六一三同，《五代會要》卷九、《文獻通考》卷一六六作'究'。"見《會要》卷九定格令條、《宋本册府》卷六一三《刑法部·定律令門五》、《通考》卷一六六《刑考五·刑制》。

[4]詳究：詳盡瞭解。究，推尋，深求。

[5]銜勒：馬勒和轡頭。爲控制馬的器具。《孔子家語·執轡》："夫德法者，御民之具，猶御馬之有銜勒也。"

[6]鞭扑：鞭杖，輕刑以示懲戒之意，具有教育意義。本句及下句出自《漢書》卷二三《刑法志》："鞭扑不可弛於家，刑罰不可廢於國，征伐不可偃於天下。用之有本末，行之有逆順耳。"

[7]欽恤：慎重，體恤。多對刑殺之事而言。語出於《尚書·舜典》："欽哉欽哉，惟刑之恤哉！"　明罰敕法：明確刑罰，整飭法令。《周易·噬嗑》："《象》曰：雷電，噬嗑，先王以明罰敕法。"

[8]彝（yí）典：常典也。

[9]《律》一十二卷：中華書局本有校勘記："'律'字原闕，據《五代會要》卷九、《文獻通考》卷一六六補。"　《開成格》

一十卷：《輯本舊史》之影庫本粘籤："開成，原本作'開武'，今從《文獻通考》改正。"見《通考》卷一六六《刑考五·刑制》，亦見《會要》卷九。　《編敕》三十二卷：《宋史》卷二七〇《劇可久傳》作"三十三卷"。

　[10]張湜（shí）：人名。籍貫不詳。後周侍御史知雜事，宋初兵部郎中。事見本書卷一一七、《宋史》卷二七〇、《宋大詔令集》卷一六五。　太子右庶子：官名。太子右春坊長官，在東宮，職擬中書令。掌侍從、獻納、啓奏。正四品下。　劇可久：人名。涿州范陽（今河北涿州市）人。歷仕後唐徐州司法、大理評事、大理正，後晉大理少卿、大理卿，後周大理卿，宋初改光禄卿致仕。在廷尉四十年，用法平允，以仁恕稱。傳見《宋史》卷二七〇。　殿中侍御史：官名。御史臺屬官。掌殿庭供奉之儀式。凡兩京城内則分知左、右巡，各察其所巡之内有不法之事。從七品上。　牽汀：人名。後周殿中侍御史，宋初司勳郎中、兵部郎中。事見本書卷一一七，《宋大詔令集》卷一六五，《宋史》卷二五一、卷四八三。　職方郎中：官名。兵部屬官。掌天下之地圖及城隍、鎮戍、烽候之數，辨其邦國、都鄙之遠邇及四夷之歸化者。從五品上。　鄧守中：人名。後漢開封令，後周職方郎中，宋初吏部郎中，坐試諸司吏書判考覆不當，貶秩爲員外郎。事見明本《册府》卷七〇四《令長部·廉儉門》、《宋大詔令集》卷一六五、《宋會要輯稿·職官六四》。　倉部郎中：官名。户部屬官。掌國之倉庾，受納租税，出給禄廩之事。從五品上。"倉部"，《舊五代史考異》："原本訛'藏部'，今據《新唐書·百官志》改正。"以上亦略見《輯本舊史》卷一一七《周世宗紀四》顯德四年（957）五月條。　王瑩：人名。籍貫不詳。本書僅此一見。　司封員外郎：官名。尚書吏部屬官。掌邦之封爵。從六品上。　賈玭：人名。滄州南皮（河北南皮縣）人。後晉天福進士，後周殿中侍御史、司封員外郎，宋初爲兵部郎中、刑部郎中，終水部員外郎、知浚儀縣。事見《會要》卷一七、《隆平集校證》卷一、《宋大詔令集》卷一六五、《宋史》卷

二六五。　太常博士：官名。太常寺屬官。掌撰五禮儀注、導引乘輿、贊相祭祀、定謚謚，及守祧廟等事。從七品上。　趙礪：人名。籍貫不詳。歷仕五代後晉、後漢、後周及宋。任後漢西京留臺侍御史，後周知雜侍御史、太常博士權知宿州軍州事，宋初宗正卿。事見本書卷一〇二、卷一一六、卷一一八、卷一二七，明本《册府》卷五二〇《憲官部·彈劾門三（下）》、卷六一九《刑法部·枉濫門》，《宋史》卷一、卷二六九。　國子博士：學官名。國子監屬官。掌教文武官三品已上及國公子孫、從二品已上曾孫之爲生者，五分其經以爲之業，求仕者上於監。正五品上。　李光贊：人名。籍貫不詳。後周國子博士，北宋太常博士。事見《隆平集》卷二、《長編》卷一〇。　蘇曉：人名。京兆武功（今陝西咸陽市）人。歷仕後唐、後漢、後周及宋。後周廣順初任大理正，以讞獄有功，遷大理少卿。宋初，詔與竇儀等詳定《刑統》《編敕》，權大理少卿事，拜右諫議大夫、判大理寺，後遷左諫議大夫。深文少恩，世人號爲酷吏。傳見《宋史》卷二七〇。　太子中允：官名。太子左春坊次官。職擬黄門侍郎，佐左庶子掌侍從贊相、駁正啓奏。正五品下。　王伸：人名。籍貫不詳。後晉、後漢史官，修撰晉朝《實錄》、《漢高祖實錄》，後周任左補闕，宋初任殿中侍御史、左補闕，後知永州。事見《會要》卷一八，本書卷一〇二、卷一一三，明本《册府》卷五五四《國史部·恩奬門》、卷五五七《國史部·採撰門三》，《長編》卷一，《郝經集校勘箋注》卷一二。

[11]勒：治，修成。　部帙：書籍的部次卷帙。

[12]諧理：《會要》卷九定格令條作“諧理”；《宋本册府》卷六一三作“諸理”。

[13]牽拘：受制，牽制。

[14]尚書省：官署名。皇帝之下國家最高行政官署，亦稱“尚書都省”，下有六部二十四曹司之政務機構，負責國家行政事務。　兩省：中書省和門下省的合稱。

[15]都省：尚書省別稱。

[16]太官：官署名。即太官署。掌供百官膳食。長官爲太官令。據《唐六典》卷一五《光禄寺》太官令條：“凡朝會、燕饗，九品已上並供其膳食。”即編定法典需要時日，故令太官署負責提供膳食服務。

五年七月，中書門下奏：“侍御史知雜事張湜等九人，奉詔編集刑書，悉有條貫，兵部尚書張昭等一十人，[1]參詳旨要，更加損益。臣質、臣溥據文評議，[2]備見精審。其所編集者，用律爲主；辭旨之有難解者，釋以疏意；義理之有易了者，略其疏文。式令之有附近者次之，格敕之有廢置者又次之。事有不便於今、該説未盡者，[3]別立新條於本條之下；其有文理深古、慮人疑惑者，別以朱字訓釋。至於朝廷之禁令，州縣之常科，各以類分，悉令編附。所冀發函展卷，綱目無遺，究本討源，刑政咸在。其所編集，勒成一部，別有目錄，凡二十一卷。刑名之要，盡統於兹，目之爲《大周刑統》，[4]欲請頒行天下，[5]與《律疏》《令》《式》通行。其《刑法統類》《開成格》《編敕》等，採掇既盡，不在法司行使之限。自來有宣命指揮公事及三司臨時條法，[6]州縣見今施行，不在編集之數。應該京百司公事，逐司各有見行條件，望令本司刪集，送中書門下詳議聞奏。”敕：“宜依，仍頒行天下。”乃賜侍御史知雜事張湜等九人各銀器二十兩、雜綵三十匹，賞刪定《刑統》之勞也。

[1]兵部尚書：官名。尚書省兵部長官。掌天下軍衛武官選授

之政令。凡軍師卒戍之籍，山川要害之圖，厩牧甲仗之數，悉以咨之。其屬有四：兵部、職方、駕部、庫部。尚書、侍郎總其職務而奉行其制命。正三品。　　張昭：人名。即張昭遠。濮州范縣（今河南濮陽市）人。歷仕後唐、後晉、後漢、後周及宋。官任後唐監察御史，北京留守推官，加殿中侍御史、内供奉官，御史中丞；後周户部尚書、兵部尚書；宋初拜吏部尚書，封鄭國公，後改封陳國公。修有《同光實録》《莊宗實録》《明宗實録》《周祖實録》以及後梁郢王（朱友珪）、均帝（梁末帝朱友貞，曾封均王），後唐閔帝、廢帝，漢隱帝五朝實録，著有《嘉善集》《名臣事迹》等。傳見《宋史》卷二六三。《輯本舊史》卷八四《晋少帝紀四》之影庫本粘籤："考《宋史·張昭傳》：昭初名昭遠，漢避高祖諱去‘遠’字。《薛史·晋紀》不宜預稱爲‘張昭’，當傳寫脱落，今增入。"

[2]質：人名。即范質。大名宗城（今河北邢臺市）人。歷仕後唐、後晉、後漢、後周、北宋五朝。後晉監察御史，翰林學士加比部郎中、知制誥，後周、北宋宰相。傳見《宋史》卷二四九。溥：人名。即王溥。并州祁縣（今山西祁縣）人。後漢乾祐中進士，於後周、北宋兩任宰相。著有《唐會要》及《五代會要》。傳見《宋史》卷二四九。

[3]事有不便於今：中華書局本有校勘記："‘今’字原闕，據彭校、《册府》卷六一三補。"見《宋本册府》卷六一三《刑法部·定律令門五》。

[4]《大周刑統》：又稱《顯德刑統》。《歷代刑法考·律令五》《周刑統》條按："《顯德刑統》，《宋刑統》之所本也，其體例當與《宋刑統》無異。《宋刑統》一書今尚有鈔本，可以見《周刑統》之大略矣。"刑統之編纂體例至此已完備，爲《宋刑統》所沿用。《輯本舊史》卷一一八《周世宗紀五》載，顯德五年（958）七月"丙戌，中書門下新進删定《大周刑統》，奉敕班行天下"。亦見《册府》卷六一三，《宋會要輯稿·刑法一》之一《定格令門序》稱爲《顯德刑統》。

[5]欲請頒行天下：中華書局本有校勘記：“‘欲’，《冊府》卷六一三同，《五代會要》卷九、《文獻通考》卷一六六作‘伏’。”見《會要》卷九定格令條、《通考》卷一六六《刑考門五》刑制條。中華書局本本條末原輯者案語：“以下疑原本有闕佚。”

[6]三司：從下文緊接“州縣見今施行”來看，似指鹽鐵、度支、戶部，而非前述大理寺、刑部、御史臺。

慎刑[1]

[1]此目名中華書局本無，據內容補。

唐同光二年六月己巳，[1]敕：“應御史臺、河南府行臺、馬步司左右軍巡院，[2]見禁囚徒，據罪輕重，限十日內並須決遣申奏。仍委四京、諸道州府，[3]見禁囚徒，速宜疏決，[4]不得淹停，兼恐內外形勢官員私事寄禁，[5]切要止絕，俾無冤滯。”

[1]同光：後唐莊宗李存勗年號（923—926）。

[2]河南府：府名。治所在洛陽、河南二縣（今河南洛陽市）。
行臺：官署名。仿中央尚書省之制，酌減人員設置在地方的最高軍政機關，在政治、軍事諸方面具有重要作用。五代後唐天祐十一年（914）李存勗始建行臺，即以中央派出機關名義執行政務。
馬步司：官署名。亦稱馬步院。唐後期河東等諸鎮所置，負責治安和鞫訟刑獄，長官爲都虞侯，下屬有判官等，皆以牙校充任。五代時的藩鎮及諸州沿置，是宋代司理院的前身。　左右軍巡院：官署名。唐末已有。後梁開平三年（909）十月於洛陽置。掌巡查京城治安、刑獄。是侍衛親軍的下屬機構，分左、右軍，分別管轄洛陽城北、城南，左、右軍巡使爲其長官。

[3]四京：後唐同光元年（923）四月以魏州爲東京興唐府，以太原爲西京，以鎮州爲北都。同年十二月改梁永平軍大安府復爲西京京兆府。本書卷三二《唐莊宗紀六》載同光三年三月“辛酉，詔本朝以雍州爲西京，洛州爲東都，并州爲北都。近以魏州爲東京，宜依舊以洛京爲東都，魏州改爲鄴都，與北都並爲次府”。

[4]速宜疏決：《輯本舊史》之影庫本粘籤：“疏決，原本作‘速決’，今從《册府元龜》改正。”見《宋本册府》卷一五一《帝王部·慎罰門》。疏決，清理判決。

[5]形勢官員：在位有權勢的官員。　私事寄禁：因私把未經審判的人暫時拘禁。寄禁，寄押、監禁。

三年五月己未，敕：[1]“在京及諸道州府，所禁罪人，如無大過，速令疏決，不得淹滯。”

[1]三年五月己未，敕：中華書局本有校勘記：“‘敕’字原闕，據殿本、劉本補。”本條亦見《輯本舊史》卷三二《唐莊宗紀六》同光三年（925）五月己未條。

六月甲申，[1]敕：“刑以秋冬，雖關惻隱，罪多連累，翻慮滯淹。若或十人之中，止爲一夫抵死，豈可以輕附重，禁錮逾時。言念哀矜，[2]又難全廢。其諸司囚徒，罪無輕重，並宜各委本司，據罪詳斷申奏，輕者即時疏理，重者候過立春，至秋分然後行法。如是事繫軍機，須行嚴令，或謀惡逆，或畜奸邪，[3]或行劫殺人，難於留滯，並不在此限。”[4]

[1]六月甲申："甲申"，《輯本舊史》原作"甲寅"，中華書局本有校勘記："'甲寅'，《册府》卷一五一同，按是月壬戌朔，無甲寅，《五代會要》卷一〇本月二十一日大理寺奏後載此詔。六月二十一日爲壬午，後二日爲甲申，'甲寅'疑爲'甲申'之訛。"但未改。《會要》卷一〇刑法雜録條載此語，今據改。《册府》卷六一三《刑法部·定律令門五》該條繫於同光二年，并非此處之同光三年。

[2]哀矜：哀憐，悲憫。

[3]畜：容留。

[4]"六月甲申"至"或行劫殺人，難於留滯，並不在此限"：立春後秋分前不決死刑，源自我國秋冬行刑的法律傳統。《唐令拾遺·獄官令》第九條甲："從立春至秋分，不得奏決死刑。"同條乙："若犯惡逆以上，及奴婢部曲殺主者，不拘此令。"《唐律疏議》卷三〇《斷獄》"立春後秋分前不決死刑"條："諸立春以後、秋分以前決死刑者，徒一年。其所犯雖不待時，若於斷屠月及禁殺日而決者，各杖六十。待時而違者加二等。"文後疏曰："若犯'惡逆'以上及奴婢、部曲殺主者，不拘此令。"

天成元年十一月庚申，敕："應天下州使繫囚，[1]除大辟罪以上，[2]委所在長吏，[3]速推勘決斷，不得傍追證對，[4]經過食宿之地，除當死刑外，並仰釋放，[5]兼不許懲治。"

[1]州使：州院、使院的簡稱。　繫囚：拘押在獄中的囚犯。

[2]大辟：死刑總稱。辟，罪也，刑也，誅也。

[3]長吏：官吏中俸禄高、職位尊的人。漢朝一般稱六百石以上的官吏爲長吏。然縣丞（尉）秩雖四百石至二百石，亦與縣令（長）並稱長吏。《唐律疏議》卷一一《職制》疏文："'在官長吏'

謂内外百司長官以下，臨統所部者。"即負主管責任的首長以下統轄監督所屬官吏者。宋朝亦爲州縣長官別稱。

[4]證對：證人證詞，對證。

[5]當：處斷。　仰：公文用語。上令下恭之辭。上行文表恭敬，下行文表命令。蓋承用已久，今公文中亦常用之。

二年春，左拾遺李同上言：[1]"天下繫囚，請委長吏逐旬親自引問，[2]質其罪狀真虛，[3]然後論之以法，庶無枉濫。"從之。

[1]左拾遺：官名。門下省屬官。掌供奉諷諫、扈從乘輿。從八品上。　李同：人名。籍貫不詳。後晉邠州節度使、東京留守。事見本書卷三八，明本《册府》卷一一八《帝王部・親征門三》、卷四七五《臺省部・奏議門六》。

[2]請委長吏逐旬親自引問：《輯本舊史》之影庫本粘籤："逐旬，原本作'逐均'，今據《册府元龜》改正。"見《宋本册府》卷一五一《帝王部・慎罰門》，"逐均"在此不成文。　引問：審問，訊問。

[3]質：辨別、覈實、驗證。

六月，大理少卿王鬱上言：[1]"凡決極刑，合三覆奏，[2]近年以來，全不守此。伏乞敕下所司，應在京有犯極刑者，令決前、決日各一覆奏。"[3]奉敕宜依。

[1]大理少卿：官名。大理寺副長官。其職掌，《歷代刑法考》載："掌折獄詳刑，凡罪抵流死，皆上刑部，覆於中書門下，繫者五日一慮。"從四品上。　王鬱（yù）：人名。籍貫不詳。後唐大

理寺少卿、右庶子。事見本書卷三八，《會要》卷一〇（其名譌作"王爵"），明本《册府》卷四七五《臺省部·奏議門六》、卷六一三《刑法部·定律令門五》。

[2]三覆奏：即在處決死刑犯前，要將死刑案件向皇帝奏報三次，以請皇帝定奪。這是死刑判決已確定，在執行階段應否執行的制度。

[3]"伏乞敕下所司"至"決日各一覆奏"：據《會要》卷一〇刑法雜録條載："（天成）二年六月十二日，大理少卿王爵奏：'伏准貞觀五年八月二十一日敕："極刑雖令即決，仍三覆奏；在京五覆奏，決前三奏，決日兩奏。惟犯惡逆者一覆奏。著於格令。"又准建中三年十一月十四日敕："應決大辟罪，在京者宜令行決之司三覆奏，決前兩奏，決日一奏。"謹按斷獄諸死罪囚，不待覆奏報下而決者，流二千里。即奏執應決者，聽三日仍行刑。若限未滿而行刑者，徒一年。伏以人命至重，死不再生，近年以來，全不覆奏，或蒙赦宥，已被誅夷。伏乞敕下所司，應在京有犯極刑者，令決前、決日，各一覆奏，聽進止。有凶逆犯軍令者，亦許臨時一覆奏，應諸州府乞別降敕命指揮。'奉敕：'宜依。'"按："王爵"應爲"王鬱"。《輯本舊史》原作"伏乞今後前一日令各一覆奏"，中華書局本補改爲"伏乞今後決、前一日令各一覆奏"。有校勘記："'決'字原闕，據本書卷三八《唐明宗紀四》及本卷下文補。按《五代會要》卷一〇、《册府》卷六一三、《文獻通考》卷一六六作'令決前、決日各一覆奏'。"據改補。

八月，西京奏："奉近敕，在京犯極刑者，令決前、決日各一覆奏。"[1]緣當府地遠，此後凡有極刑，不審准條疏覆奏。"[2]奉敕旨："昨六月二十日所降敕文，祇爲應在洛京有犯極刑者覆奏，其諸道已降旨命，准舊例施行。今詳西京所奏，尚未明近敕，兼慮諸道有此疑惑，故令曉諭。"

[1]令決前、決日各一覆奏：後一"決"字，《輯本舊史》原誤作"一"，如作"一"，便無所謂"各一覆奏"，中華書局本據《輯本舊史》標點作"令決、前一日各一覆奏"。今據前條改。

[2]不審：不詳，不知。

十月辛丑，德音：[1]"爲政之要，切在無私；聽訟之方，唯期不濫。天下諸州府官員，如有善推疑獄及曾雪冤濫兼有異政者，當具姓名聞奏，別加甄獎。"[2]

[1]德音：有德者所發的言辭，即善言、教誨。後乃引申稱帝王的言辭爲德音。至唐宋時，詔敕之外，別有德音一體的恩詔。唐制：赦凡有四，一曰赦（又名常赦），二曰大赦，三曰曲赦，四曰德音。德音即特赦，係因特殊原因而對特定人之赦，所謂"非常之斷"。

[2]甄獎：考覈嘉獎。

三年十二月癸丑，諸州使數奏囚人死於獄中。奉敕："朕以握圖纘位，[1]端己臨民，每於刑獄之間，倍軫憂勤之念，[2]慮多淹滯，累降指揮，儻一物以啣冤，[3]撫萬機而是愧。近聆數處申奏，囚人獄內身殂，事既不明，理難取證，將絕罔欺之弊，須頒條理之文。宜令今後凡有刑獄，切依准前敕命旋行斷遣，不得淹停。如有賊徒推尋反證，斷遣未聞，在獄疾病者，委隨處官吏當面録問，[4]令醫人看候，無致推司官吏別啓倖門。"[5]

[1] 握圖：猶握符，謂膺天命而有天下。　纘（zuǎn）位：
繼位。

[2] 軫（zhěn）：痛，傷痛。

[3] 唧（xián）冤：心懷冤屈。

[4] 隨處：到處，不管什麽地方。　録問：爲減少囚犯淹停和
疾病，沿襲前朝録囚之制而省察甄別囚人。《吏學指南》卷六《推
鞠》："録問，音慮，思也，疑也，審其冤滯也。謂不限文案已成未
成，必須審問者。"下文"慮問"同此意。

[5] 推司：泛指地方上的審判機構。　倖門：僥倖之門。
"三年十二月癸丑"至"無致推司官吏別啓倖門"：《輯本舊史》原
無，據《宋本册府》卷一五一《帝王部·慎罰門》補。

　　長興元年二月，制曰："欲通和氣，[1] 必在伸冤；將
設公方，[2] 實資獎善。[3] 州縣官僚能雪冤獄活人生命者，
許非時選，[4] 仍加階超資注官，[5] 與轉服色，[6] 已著緋者
與轉兼官。"[7]

[1] 欲通和氣：希望政通人和，充滿祥和之氣。

[2] 公方：謂光明正大的制度。

[3] 資：憑藉，依託。

[4] 許非時選：允許臨時銓選人才。

[5] 加階超資：提升官階，超越資歷。　注官：經注擬選任之
官。"注擬"是一種選官制度。唐朝科舉考試中應舉合格者及候補、
候選的官員，由吏部依據其身、言、書、判、德行、才用、勞效，
較其優劣而決定是否授予官職，稱爲注擬。五品以上官職由皇帝下
詔任命，六品以下官職由吏部量才任用。五代沿襲之。

[6] 轉服色：改變其官服顏色。服色，表示官員不同品階的官
服色彩。唐貞觀之制，官員三品以上服紫，四品、五品服緋，六

品、七品服綠，八品、九品服青。中央高級職事官有散官不及三品者可賜紫，不及五品者可賜緋。地方官都督、刺史散官不及五品者可以借緋，離任則停。後唐同之。

[7]兼官：本官以外又任他官。唐朝以一職事又任另一職事者謂兼官。　“長興元年二月”至“已著緋者與轉兼官”：亦見《宋本册府》卷一五一《帝王部·慎罰門》。

　　二年二月辛亥，敕：“朕猥以眇躬，[1]薦承鴻業，念彼疲瘵，[2]勞於寐興。或慮官不得人，因成紊亂；或慮刑非其罪，遂至怨嗟。王化所興，獄訟爲本，[3]苟無訓勵，[4]必有滯淹。近日諸道百姓，或諸多違犯，或小可鬪爭。官吏曲縱胥徒，[5]巧求瑕釁。[6]初則滋張節目，[7]作法拘囚；終則誅剥貨財，[8]市恩出拔。[9]外憑公道，内徇私情，[10]無理者轉務遷延，有理者却思退縮。積成訛弊，漸失紀綱。自今後切委逐處官吏州牧縣宰等，深體餘懷，各舉爾職。凡關推究，[11]速與劃裁。[12]如敢苟縱依違，[13]遂成枉濫，或經臺訴屈，或投匭申冤，[14]勘問不虚，其元推官典並當責罰，[15]其逐處觀察使、刺史，別議朝典。[16]宜令諸道州府，各依此處分，所管屬郡，委本道嚴切指揮。”

[1]猥：苟且。　眇躬：卑微之身。古代帝王自謙詞。

[2]疲瘵（zhài）：困乏病弱之人。

[3]王化所興，獄訟爲本：聖王的教化，以公正的司法獄訟爲根本。

[4]訓勵：教誨，勸勉。

[5]胥徒：古代官府中的小吏及差役。後泛指衙役。中華書局

本有校勘記："'胥徒'，孔本、《册府》卷一五一作'吏人'。"見《宋本册府》卷一五一《帝王部·慎罰門》。

[6]瑕釁：微小的事端。

[7]滋張：任意擴張。

[8]誅剥：索求，剥削。

[9]市恩：施恩惠於人以求取好感。　出拔：使囚犯脱罪。

[10]徇：《輯本舊史》原作"循"，據《宋本册府》卷一五一改。

[11]闕：中華書局本有校勘記：原作'關'，據《册府》卷一五一改。"

[12]剸（tuán）裁：裁決，決斷。剸，割，裁。

[13]苟縱：隨便放縱。苟，隨便，輕率。

[14]投匭（guǐ）：將訴狀投入匭内。《新唐書》卷四七《百官志二·門下省》載："武后垂拱二年，有魚保宗者，上書請置匭以受四方之書，乃鑄銅匭四，塗以方色，列於朝堂：青匭曰'延恩'，在東，告養人勸農之事者投之；丹匭曰'招諫'，在南，論時政得失者投之；白匭曰'申冤'，在西，陳抑屈者投之；黑匭曰'通玄'，在北，告天文、祕謀者投之。"後梁末帝貞明六年（920），"宗正卿朱守素上言：'請依前朝置匭院，令諫議大夫專判。'從之，乃以右諫議大夫鄭韜光充知匭使。"知匭使，後唐改稱匭函使。見本書卷一〇《梁末帝紀下》、卷七一《蕭希甫傳》。

[15]推官：官名。唐代始置，節度使、觀察使、團練使、防禦使置有推官，其後諸州府亦置推官，爲長官之佐。五代沿置。掌勘問刑獄訴訟。

[16]觀察使：官名。唐朝中葉以後，觀察處置使爲各地節度使之次官，或以節度使兼領，無節度使之州，即成爲無所不統的地方長官，權任甚重，謂之都府。　刺史：官名。地方州最高行政長官，品階在從三品到正四品下之間。

四月，前濮州録事參軍崔琮上言：[1] "諸道獄囚，恐不依法拷掠，[2] 或不勝苦致斃，翻以病聞，請置病囚院，兼加醫藥。" 中書覆云："有罪當刑，仰天無恨；無病致斃，没地銜冤。燃死灰而必在至仁，[3] 照覆盆而須資異鑑，[4]《書》著'欽哉'之旨，[5]《禮》摽'俐也'之文，[6] 因彰善於泣辜，[7] 更推恩於扇暍。[8] 所請置病囚院，[9] 望依，仍委隨處長吏，專切經心。[10] 或有病囚，當時遣醫人診候，治療後，據所犯輕重決斷。如敢故違，致病囚負屈身亡，本處官吏，並加嚴斷。兼每及夏至，五日一度，差人洗刷枷匣。"[11]

[1]濮州：地名。治所在今山東鄄城縣。　録事參軍：官名。唐初掌考覈文書簿籍、監守符印，糾彈州縣官員，中唐後總掌諸曹事務。親衛府、諸衛府亦置。官品爲從六品至從八品不等。　崔琮：人名。事迹不詳。本書僅此一見。《舊五代史考異》："原本作'崔璁'，今據《册府元龜》改正。"見《宋本册府》卷四二《帝王部·仁慈門》。

[2]拷掠：鞭打。泛指刑訊。依法拷掠，按《唐律疏議》卷二九《斷獄律》"拷囚不得過三度"條："諸拷囚不得過三度，數總不得過二百，杖罪以下不得過所犯之數。拷滿不承，取保放之。若拷過三度及杖外以他法拷掠者，杖一百；杖數過者，反坐所剩；以故致死者，徒二年。即有瘡病，不待差而拷者，亦杖一百；若決杖笞者，笞五十；以故致死者，徒一年半。若依法拷決，而邂逅致死者，勿論；仍令長官等勘驗，違者杖六十。"此外，杖的規格、受刑部位、每次行刑的間隔時間等，亦均有規定。

[3]燃死灰：喻使人死而復生。

[4]覆盆：倒置的盆内極爲黑暗，故謂黑暗之處爲覆盆。世亦

稱沈冤莫白爲覆盆之冤。中華書局本有校勘記："'覆盆'，原作'露盆'，據《册府》卷四二改。按《抱朴子辨問》：'是責三光不照覆盆之内也。'" 異鑑：明澈之鏡。比喻清明公正。

[5]欽哉：《尚書·舜典》："欽哉，欽哉，惟刑之恤哉！"意即舜告誡説："謹慎啊，謹慎啊，刑罰要慎重啊！"

[6]俐（xíng）也：《禮記·王制》："刑者，俐也；俐者，成也。一成而不可變，故君子盡心焉。"上刑是刑罰之刑，下俐是俐體之俐。以刑罰加人俐體，斷者不可續，死者不可生，故君子盡心以聽刑焉。

[7]泣辜：同情，哀憐罪人。亦曰泣罪。《説苑》卷一《君道》："禹出見罪人，下車，問而泣之。"《南齊書·竟陵文宣王子良傳》："禹泣辜表仁，菲食旌約，服翫果粽，足以致誠。"

[8]扇暍（yē）：傳説周武王曾替中暑的人扇風取涼。典出《淮南子》卷一八《人間訓》："武王蔭暍人於樾下，左擁而右扇之，而天下懷其德。"後因以扇暍爲頌揚德政之詞。

[9]所請：中華書局本有校勘記："原作'所謂'，據《册府》卷四二改。"

[10]專切：意思是專一切實，專誠懇切。

[11]枷：刑具名。套在罪犯脖子上的木制刑具。 匣：舊時獄卒虐待囚犯，把兩脚夾住鎖起。 兼每及夏至，五日一度，差人洗刷枷匣：此句《會要》卷一〇刑法雜録條作"兼每年自夏初至八月末已來，每五日一次，差人洗刷枷杻"，語意更完整。本條原在下"八月丁卯"條後，中華書局本未改，今據文改次序。"夏至"，中華書局本有校勘記："原作'官至'，據《册府》卷四二改。"

八月丁卯，敕："三京、諸道州府刑獄，[1]近日訪聞，[2]依前禁繫人，多不旋決，諸道宜令所在各委長吏，專切推窮，不得有滯淹。"

　　[1]三京：各朝三京不同。後唐的三京指東都河南府、西都京兆府、北都太原府。詳見前注"四京"。後晉、後漢則爲東京開封府、西京河南府、北京太原府。

　　[2]訪聞：中華書局本有校勘記："原作'訪問'，據殿本、《册府》卷一五一改。"見《宋本册府》卷一五一《帝王部·慎罰門》。

　　應順元年三月戊午，[1]詔："應三京、諸道州府繫囚，據罪輕重，疾速斷遣。比來停滯，須奏取裁，不便區分，[2]故爲留滯。今後凡有刑獄，據理斷遣。如有敕推按，[3]理合奏聞，不在此限。"

　　[1]應順：後唐閔帝李從厚年號（934）。
　　[2]區分：處分、決斷。
　　[3]推按：推究詮議。與推案同。

　　清泰元年五月丁丑，詔："在京諸獄及天下州府見繫罪人，正當暑毒之時，未免拘囚之苦，誠知負罪，特軫予懷。恐法吏生情，[1]滯於決斷。詔至，所在長吏親自慮問，據輕重疾速斷遣，無令淹滯。"[2]

　　[1]生情：出於私情。
　　[2]無令淹滯：中華書局本有校勘記："'令'字原闕，據《册府》卷一五一補。"見《宋本册府》卷一五一《帝王部·慎罰門》。

　　二年四月辛卯，詔曰："運當昭泰，時屬樂康，思欲導和氣於雍熙，布休光於幽隱。將期恤物，必軫深仁。今以俯及蕤賓，^[1]適兹炎毒，宜茂好生之德，俾敷在宥之文，^[2]足以寬肺石之冤辭，^[3]葉薰風之解愠，^[4]庶遵時令，獲奉天心。宜令御史臺、河南府軍巡、諸道州府，^[5]自五月一日已前見繫罪人，常赦不原及已見情狀之外，^[6]悉令疾速斷遣，勿至淹停。"^[7]

[1]蕤（ruí）賓：古樂十二律中之第七律。古人律曆相配，十二律與十二月相適應，謂之律應。蕤賓位於午，在五月，故代指農曆五月。

[2]敷：宣佈、傳佈。　在宥：寬恕。

[3]肺石：古代置於朝門外右側的赤色石塊，民有不平而無告者，得立於肺石鳴冤，向公府直陳其委屈。《唐六典》卷六《尚書刑部·刑部郎中員外郎》："凡有冤滯不申欲訴理者……聽撾登聞鼓。若惸、獨、老、幼不能自申者，乃立肺石之下。"注文："若身在禁繫者，親、識代立焉。立於石者，左監門衛奏聞。撾於鼓者，右監門衛奏聞。"

[4]葉（xié）薰風之解愠：葉，和洽，和諧。《史記》卷二四《樂書》："昔者舜作五弦之琴，以歌《南風》。"注引《南風》辭曰："南風之薰兮，可以解吾民之愠兮。"薰，香氣。愠，愁苦怨恨。又，《呂氏春秋·有始》："東南曰熏風。"高誘注："熏風，或作'景風'，巽氣所生，一曰清明風。"

[5]軍巡：左右軍巡院的簡稱。見上引左右軍巡院。

[6]常赦不原：亦稱常赦所不免。最早出自北齊孝昭皇帝建元年。據《唐律疏議》卷三〇《斷獄律》"赦前斷罪不當"條注："常赦所不免者，謂雖會赦，猶處死及流，若除名、免所居官及移鄉者。"一些性質嚴重之犯罪被列入"常赦不原"，在下達的赦令中，只要不專門提出對"常赦不原"之罪也一律赦免，就照例不予赦免。如"惡逆"及部曲、奴婢殺主之罪即屬"常赦不原"之罪。

常赦在範圍及刑罰幅度上低於大赦。

[7]"二年四月辛卯"至"勿至淹停":《輯本舊史》原無,據《宋本册府》卷一五一《帝王部·慎罰門》補。

晋天福二年八月,敕下刑部、大理寺、御史臺及三京、諸道州府:"今後或有繫囚染疾者,並令逐處軍醫看候,於公廨錢内量支藥價,[1]或事輕者,仍許家人看候。"[2]

[1]公廨錢:隋唐時期爲供官府各種公用和充作官吏俸錢而設置的由官府經營商業和高利貸的本錢。又稱公廨本錢、食利本錢、息利本錢。隋初在京師和諸州官署都設有公廨錢,出貸經商,收利以供公用。唐武德元年(618)設置公廨本錢,以諸司令史掌管,每司九人,號捉錢令史。地方州縣和折衝府也設置公廨本錢,以典吏主之,以供佐史以下吏員的常食費用和各官員的俸料。

[2]"晋天福二年"至"仍許家人看候":本條亦見《輯本舊史》卷七六《晋高祖紀二》天福二年(937)八月丙午條及《宋本册府》卷四二《帝王部·仁慈門》。"令逐處軍醫看候",《高祖本紀》作"差醫工治療",《宋本册府》作"令逐處醫博士及軍醫看候"。"事輕者,仍許家人看候"之後,《高祖本紀》尚有"合杖者俟損日決遣",《宋本册府》尚有"所有罪犯,合據杖責,仍候痊損日科決"。

三年正月,敕:"應諸道州府刑獄,慮有淹延,宜令逐處應用禁繫人等,並仰各據罪戾詳事理疾速斷遣,[1]不得停滯,仍付所司。"[2]

[1]罪戾：罪過。

[2]"三年正月"至"仍付所司"：《輯本舊史》原無，據《宋本册府》卷一五一《帝王部·慎罰門》補。

三月庚午，[1]詳定院奏：[2]"前守洪洞縣主簿盧燦進策云：[3]'伏以刑獄至重，朝廷所難，尚書省分職六司，[4]天下謂之會府。且諸道決獄，[5]若關人命，即刑部不合不知。欲請州府凡斷大辟罪人訖，逐季具有無申報刑部，仍具録案款事節，[6]并本判官、馬步都虞候、司法參軍、法直官、馬步司判官名銜申聞，[7]所貴或有案内情曲不圓，[8]刑部可行覆勘。如此則天下遵守法律，不敢輕易刑書，非唯免有銜冤，抑亦勸其立政者。'臣等參詳，伏以人命至重，國法須精，雖載舊章，更宜條理，誠爲允當，望賜施行。"從之。

[1]三月庚午：中華書局本原繫本條於天福四年（939）九月條後，並有校勘記："《册府》卷一五一、《五代會要》卷一六繫其事於天福三年。"但未移前。見《會要》卷一六刑部條《宋本册府》卷一五一《帝王部·慎罰門》，據移前。

[2]詳定院：官署名。掌審查百官各上封事。依《通鑑》卷二八一天福三年二月條："帝樂聞讜言，詔百官各上封事，命吏部尚書梁文矩等十人置詳定院以考之，無取者留中，可者行之。數月，應詔者無十人，乙未，復降御劄趣之。"

[3]守：暫代。唐代以低官階就任高職務稱"守"，反之稱"行"。 主簿：官名。這裏是縣主簿。掌付事勾稽，省署抄目，紏正非違，監印，給紙筆、雜用之事。其官階品秩，因官署而不同。

盧燦：人名。籍貫不詳。《會要》卷一六作"盧粲"，明本《册府》卷一五一《帝王部·慎罰門》作"盧璨"。五代官員。本書僅此一見。

[4]六司：指吏、户、禮、兵、刑、工六部。

[5]且諸道決獄：中華書局本有校勘記："'道'字原闕，據殿本、孔本、《册府》卷一五一、《五代會要》卷一六補。"

[6]案款：罪人之口供。 事節：案情。 仍具録案款事節：中華書局本有校勘記："'具録'，原作'俱録'，據殿本、劉本、《册府》卷一五一、《五代會要》卷一六改。"

[7]判官：官名。内外諸司、州縣衙分判曹事或諸事之官的總名。位次於長官、通判。節度、觀察、防禦諸使僚屬中亦置判官，分曹理事。 馬步都虞候：官名。唐朝後期河東諸鎮置於"馬步司"，以牙校充任，掌鞫訟刑獄。見前注"馬步司"。《會要》載：晋天福二年（937）二月敕："諸道馬步都虞候，今後朝廷，更不差補，委逐州府於衙前大將中選久歷事任曉會刑獄者充，仍以三年爲限，不得於元隨職員中差補。其今日已前見在任者，如無罪犯，宜令終其月限，候將來得替。仰本道於衙前收管，不得赴闕。" 司法參軍：官名。即司法參軍事。唐高祖武德初改司法行書佐置，爲三都、六府法曹長官，一至二員，執法理獄，督捕盗賊，追贓查賄。 法直官：官名。節度使或副大使知節度事屬官，亦稱府院法直官。大理寺、刑部亦有法直官，前者負責檢選法律條文，以供斷案之用；後者負責記録各地申報死刑人數，檢查執行情況。 馬步司判官：官名。唐朝後期河東諸鎮於馬步司置獄，以牙校充判官，輔佐都虞候共掌鞫訟刑獄。

[8]所貴或有案内情曲不圓：中華書局本有校勘記："'貴'，原作'責'，據殿本、孔本、《册府》卷一五一、《五代會要》卷一六改。影庫本批校：'所責，原本係"所貴"，似較順。'"

五月，詔曰："刑獄之難，古今所重，但關人命，實動天心，或有冤魂，則傷和氣。應諸道州府，凡有囚徒，據推勘到案款，一一盡理，子細檢律令格敕，其間或有疑者，准令文讞大理寺，亦疑，申尚書省，[1]省寺明有指歸，州府然後決遣。"[2]

[1]"五月"至"州府然後決遣"：該程式沿襲唐制。《唐令拾遺·獄官令》第三十五條："諸州府有疑獄不決者，讞大理寺；若大理仍疑，申尚書省。"

[2]決遣：判案有了結果而依法執行。　"五月"至"州府然後決遣"：此條亦見《宋本册府》卷一五一《帝王部·慎罰門》。

　　四年九月，相州節度使桑維翰奏：[1]"管内所獲賊人，從來籍没財産，云是鄴都舊例，[2]格律未見明文，請止之。"[3]敕："今後凡有賊人，准格律定罪，[4]不得没納家貲。天下諸州，准此處分。"

[1]相州：州名。治所在今河南安陽市。"相州"，《舊五代史考異》："原本訛'松州'，今據《通鑑》改正。"見《通鑑》卷二八二天福四年（939）閏七月壬申條。五代之松州在党項境内。桑維翰：人名。河南洛陽（今河南洛陽市）人。後晋宰相。傳見本書卷八九、《新五代史》卷二九。

[2]鄴都：地名。治所在今河北大名縣東北。後唐同光元年（923）升魏州爲東京，改爲興唐府，同光三年改東京爲鄴都。天成四年（929），復改鄴都爲魏州。後晋天福二年，改興唐府爲廣晋府，三年復以廣晋府爲鄴都。後漢乾祐元年（948），改廣晋府爲大名府，仍置鄴都。後周顯德元年（954）罷之。

[3]請止之：《輯本舊史》原無，據《輯本舊史》卷七八《晋

高祖紀四》天福四年九月辛巳條補。

[4]准格律定罪:《輯本舊史》原無"律"字,據《輯本舊史》卷七六《晋高祖紀四》及《宋本册府》卷六一三《刑法部·定律令門》補。

五年三月丙子,詔曰:"自大中六年已來,[1]劓耳稱冤,[2]決杖流配,[3]訴雖有理,不在申明。今後據其所陳,與爲勘斷,劓耳之罪,准律別科。"[4]

[1]大中:唐宣宗李忱年號,唐懿宗李漼即位沿用(847—860)。

[2]劓(ㄧˋ)耳稱冤:劓,剥也,劃也。劓耳,即割耳。中國自古有當事人以"自殘"或"自毁傷"的形式直接將案件訴至最高統治者的做法。其形式除劓耳外,還有髡、劓面、釘手等。中華書局本有校勘記:"'劓耳',原作'釐爾',據殿本、《册府》卷一五一、《五代會要》卷一六改。本卷下文同。"中華書局本有校勘記有誤,"《五代會要》卷一六"應爲"《五代會要》卷一〇《刑法雜録》條",又見《宋本册府》卷一五一《帝王部·慎罰門》。據改。

[3]決杖流配:決杖,處以杖刑。用棍棒擊打犯人的背、臀或腿部。流配,判處流刑的犯人,被押解到規定地點服苦役的刑罰。先杖後配,兼受兩刑。

[4]"五年三月丙子"至"准律別科":《唐律疏議》卷二四《鬬訟律》"邀車駕撾鼓訴事不實"條:"諸邀車駕及撾登聞鼓若上表,以身事自理訴而不實者,杖八十;自毁傷者,杖一百。雖得實,而自毁傷者,笞五十。"

六年秋七月庚辰,詔曰:"政教所切,獄訟惟先,推窮須察於事情，斷遣必遵於條法，用弘欽恤，[1]以致和平。應三京、鄴都及諸道州府，見禁諸色人等，宜令逐處長吏，常切提撕，[2]疾速決遣，每務公當，勿使滯淹。"[3]

[1]弘：寬宥，寬和。

[2]提撕：本意爲拉扯、提引。引申爲提醒、振作。

[3]"六年秋七月庚辰"至"勿使滯淹"：亦見《宋本册府》卷一五一《帝王部・慎罰門》，"政教所切"作"政刑所切"，"諸道州府"下有"縣"字。

天福八年四月壬申，敕："朕自臨寰宇，[1]思致和平，將以四海爲家，慮有一物失所。[2]每念狴牢之内，或多枉撓之人，[3]屬此炎蒸，倍宜軫憫，[4]冀絶滯淹之歎，用資欽恤之仁。應三京、鄴都及諸道州府，見禁罪人等，宜令逐處長吏，[5]嚴切指揮本推司及委本所判官，疾速結絶斷遣，不得淹延，及致冤濫，仍付所司。"

[1]天福八年四月壬申："天福"爲晋高祖年號，晋少帝於天福七年（942）六月乙丑即位，並沿用"天福"年號。敕中之"朕"，爲少帝自稱。

[2]失所：失當，不能適得其所。

[3]枉撓：亦作枉橈，枉謂違法曲斷，橈謂有理不申，應重乃輕，應輕更重。

[4]軫憫：憐憫，哀憐。

[5]宜令逐處長吏：《輯本舊史》之影庫本粘籤："逐處，原本作'鹿處'，今從《册府元龜》改正。"見《宋本册府》卷一五一

《帝王部·慎罰門》。"鹿處"在此不成文。

　　開運二年五月壬戌，[1]殿中丞桑簡能上封事曰：[2]"伏以天地育萬物，廣博厚之恩；帝王牧黎元，[3]行寬大之令。是知恤刑緩獄，乃爲政之先；布德行惠，實愛民之本。今盛夏之月，農事方殷，是雷風長養之時，[4]乃動植蕃蕪之際。[5]宜順時令，以弘至仁。竊以諸道州府都郡縣，應見禁罪人，或有久在囹圄，稍滯區分，[6]胥吏舞文，[7]枝蔓乃衆。[8]捶楚之下，或陷無辜；縲絏之中，[9]莫能自理。苟一人拘繫，則數人營財，物用既殫，[10]功業亦罷。[11]若此之類，實繁有徒，[12]切恐官吏因循，寖成斯弊。伏乞降詔旨，令所在刑獄，委長吏親自録問量罪，疾速斷遣，務絶冤濫，勿得淹留，庶免虛禁平人，[13]妨奪農力，[14]冀召和氣，以慶明時。"敕曰："囹圄之中，縲絏之苦，奸吏苟窮於枝蔓，平人用費於貨財，由兹滯淹，兼致屈塞。桑簡能體兹軫憫，專有敷陳，請長吏躬親，免獄官抑逼，深爲允當，宜再頒行。宜依。"[15]

　　[1]開運：後晉出帝石重貴年號（944—947）。
　　[2]殿中丞：官名。殿中省屬官。殿中省掌天子服御之事，丞掌判監事，兼勾檢稽失，省署抄目。　桑簡能：人名。事迹不詳。本書僅此一見。　封事：密封的奏章。古代臣下上奏機密之事，用皂囊封緘以防洩密，稱封事。同封章、封奏。
　　[3]牧：治理。　黎元：黎民，庶民。
　　[4]長養：生長，養育。

［5］動植蕃廡：動植物滋長茂盛。蕃廡，也作繁廡，蕃廡。

［6］稍：甚，頗。

［7］胥吏舞文：《輯本舊史》原作"胥吏侮文"，據《宋本冊府》卷一五一《帝王部·慎罰門》改。

［8］枝蔓：指案件糾纏牽連。

［9］縲（léi）紲（xiè）：拘繫犯人的繩索。引申爲牢獄。同縲紲、縲紲。

［10］殫：盡。

［11］功業亦罷：《輯本舊史》原作"工業亦罷"，據《宋本冊府》卷一五一改。

［12］實繁有徒：人數衆多。此語出自《尚書·仲虺之誥》。

［13］平人：百姓。無罪之人。

［14］妨奪：妨害，剝奪。此爲減損之意。

［15］"開運二年五月壬戌"至"宜依"：亦見《宋本冊府》卷一五一。

　　十月甲子，祕書省著作郎邊珝上封事曰：[1]"臣聞從諫如流，人君之令範；極言無隱，臣子之常規。蓋欲表大國之任人，致萬邦之無事，前文備載，可舉而行。伏以皇帝陛下，德合上玄，[2]運膺下武，[3]旰食宵衣而軫念，[4]好生惡殺以推仁，凡措典刑，[5]固無冤枉。然以照臨之內，[6]州郡尤多，若不再具舉明，伏恐漸成奸弊。臣竊見諸道刑獄，前朝曾降敕文，凡是禁繫罪人，五日一度錄問。[7]但以年月稍遠，漸致因循。或長吏事煩，不暇躬親點檢；或胥徒啓倖，妄要追領證明。慮有涉於淫刑，即恐傷於和氣。伏乞特降詔敕，自今後諸道並委長吏五日一度，當面同共錄問，所冀處法者無恨，銜冤者獲伸。[8]俾令四海九州，咸歌聖德；五風十雨，[9]永致昌期。"敕曰："人之命無以復生，國之刑不可濫舉。雖一成之典，務在公平；而三覆其詞，所宜詳審。凡居法吏，合究獄情。邊玕近陟周行，[10]俄陳讜議，[11]更彰欽恤，宜允申明。"

[1]祕書省著作郎：官名。秘書省著作局長官。掌修撰碑誌、祝文、祭文，與佐郎分判局事。從五品上。　邊玕（gān）：人名。華州鄭（今陝西渭南市華州區）人。五代、宋初官員。中華書局本有校勘記："《册府》（宋本）卷一五一作'邊玕'。按《續資治通鑑長編》卷四引《太祖實錄》、《宋大詔令集》卷一六五《令陶穀以下舉堪蕃府通判官詔》有'邊玕'。本卷下一處同。"見《長編》卷四乾德元年（963）六月庚戌條注引《實錄》及《宋大詔令集》卷一六五。《輯本舊史》卷一二八其父《邊蔚傳》作"玕"，《宋本册府》卷一五一《帝王部·慎罰門》實作"玕"，不誤。

[2]上玄：天的別稱。

[3]膺：接受、繼承。　下武：謂後人能繼先祖者。下猶後也，武，繼也。

[4]旰（gàn）食宵衣：天色晚時纔吃飯，天未明而穿衣。比喻勤於政事。

[5]凡措典刑：《唐會要》卷三九《議刑輕重》："然禁嚴則盜賊屏息，閭里皆安；政緩則攘竊盜行，平人受弊。定其取捨，在峻典刑。"中華書局本有校勘記："'凡'，《册府》（宋本）卷一五一同，《册府》（明本）卷一五一作'幾'。"

[6]照臨：指帝王統治。

[7]五日一度錄問：《唐六典》卷一八《大理寺》大理卿條："若禁囚有推決未盡、留繫未結者，五日一慮。"

[8]銜冤者獲伸：《輯本舊史》之影庫本粘籤："'獲伸'，原本

作'穰倍'，今從《册府元龜》改正。"見《宋本册府》卷一五一。

[9]五風十雨：即五日一風、十日一雨，意謂風調雨順。《論衡·是應》載："風不鳴條，雨不破塊，五日一風，十日一雨，其盛茂者，致黃龍、騏驎、鳳皇。"

[10]陟（zhì）：登，升。　周行：《左傳·襄公十五年》："詩曰：'嗟我懷人，寘彼周行'，能官人也。王及公侯伯子男甸采衛大夫，各居其列，所謂周行也。"即賢人配其官位之意。

[11]讜（dǎng）議：公正、直言不諱的議論。

　　三年十一月丁未，左拾遺竇儼上疏曰：[1]"臣伏覩《名例律疏》云：[2]死刑二，[3]古先哲王，則天垂象，本欲生之，義期止殺，絞斬之坐，皆刑之極也。[4]又准天成三年閏八月二十三日敕，行極法日，宜不舉樂，減常膳；又《刑部式》，決重杖一頓處死，[5]以代極法，斯皆人君哀矜不捨之道也。竊以蚩尤爲五虐之科，[6]尚行鞭扑；漢祖約三章之法，[7]止有死刑。絞者筋骨相連，斬者頭頸異處，大辟之目，不出兩端，淫刑所興，近聞數等。蓋緣外地，不守通規，肆率情性，或以長釘貫參人手足，[8]或以短刀臠割人肌膚，[9]乃至累朝半生半死，俾冤聲而上達，致和氣以有傷。將弘守位之仁，在峻惟行之令，[10]欲乞特下明敕，嚴加禁斷者。"敕曰："文物方興，[11]刑罰須當，有罪宜從於正法，去邪漸契於古風。竇儼所貢奏章，實裨理道，宜依所奏，准律令施行。"

　　[1]竇儼：人名。薊州漁陽（今天津市薊州區）人。屢任史官。後晉天福進士，拜左拾遺，入後漢爲史館修撰，入後周拜翰林學士，判太常寺。宋初就轉禮部侍郎。傳見《宋史》二六三。

[2]《名例律疏》：指《名例律》的疏文。《名例律》相當於現代法典的總則部分。"名例"最早成篇於《北齊律》。《唐律疏議》卷一《名例律》："名者，五刑之罪名；例者，五刑之體例。名訓爲命，例訓爲比，命諸篇之刑名，比諸篇之法例。但名因罪立，事由犯生，命名即刑應，比例即事表，故以《名例》爲首篇。"

[3]死刑二：中華書局本有校勘記："原作'死刑者'，據《册府》（宋本）卷一五一、《唐律疏議》卷一改。"

[4]"古先哲王"至"皆刑之極也"：這幾句話本於《唐律疏議》卷一《名例律》"死刑二"條疏議："古先哲王，則天垂法，輔政助化，禁暴防姦，本欲生之，義期止殺。絞、斬之坐，刑之極也。""則天垂象"，上引《唐律疏議》作"則天垂法"。此語應化用自《周易·繫辭上》："是故天生神物，聖人則之；天地變化，聖人效之；天垂象，見吉凶，聖人象之；河出圖，洛出書，聖人則之。"《漢書·刑法志》亦有"則天象地"之語。意即效法上天顯示凶吉禍福的徵兆。

[5]決重杖一頓處死：中唐以降，杖刑地位突出。決重杖一頓處死屬於律外敕杖，又稱"決殺""杖殺""決痛杖一頓處死"，杖數無限，致死始畢。《宋刑統》卷一《名例律》"死刑二"條，"準《唐建中三年八月二十七日敕節文》：其十惡中惡逆以上四等罪，請准律用刑，其餘應合處絞、斬刑，自今以後，並決重杖一頓處死，以代極法。"另有一種敕杖稱"重杖一頓""痛杖一頓"，杖數一般爲六十，杖不致死。

[6]五虐之科：五虐之刑意即五種嚴酷的刑罰：劓、刵、椓、黥、鞭。出自《尚書·呂刑》："苗民弗用靈，制以刑，惟作五虐之刑曰法。殺戮無辜，爰始淫爲劓、刵、椓、黥，越茲麗刑并制，罔差有辭。"孔傳曰："截人耳、鼻，椓陰，黥面，以加無辜，故曰五虐。"

[7]三章之法：見《漢書》卷二三《刑法志》："漢興，高祖初入關，約法三章曰：'殺人者死，傷人及盜抵罪。'"《史記》卷八

《高祖紀》略有不同：“與父老約，法三章耳：殺人者死，傷人及盜
抵罪。”

[8]貫簪（zān）：穿插。簪，插住。

[9]臠割：分割。一小塊一小塊切割。

[10]惟行：專行、專一。　在峻惟行之令：中華書局本有校勘
記：“劉本及《册府》卷一五一同。影庫本批校云：‘在峻惟行之
令，“惟”疑當作“推”。’殿本作‘推’。”《宋本册府》同，明本
《册府》作“惟刑”。

[11]文物：典章制度。

漢乾祐二年正月，[1]敕：“政貴寬易，刑尚哀矜，慮
滋蔓之生奸，寔軫傷而是念。[2]今屬三元改候，[3]四序履
端，[4]將冀和平，無如獄訟。應三京、鄴都、諸道州府
見繫罪人，委逐處長吏躬親慮問，其於決斷，務在公
平，但見其情，即爲具獄，[5]勿令率引，遂致淹停，無
縱舞文，有傷和氣。”[6]

[1]乾祐：後漢高祖劉知遠、隱帝劉承祐年號（948—950）。
北漢亦用此年號。

[2]寔（shí）：通“實”，實在。

[3]三元：陰曆之正月初一日，以其爲歲之元、時之元、月之
元，故名。　候：時令。

[4]履端：意爲推算曆法，以定年曆的開始，相當於春夏秋冬
四季之始。《輯本舊史》之影庫本粘籤：“原本作‘屢端’，今據文
改正。”《宋本册府》卷一五一《帝王部·慎罰門》亦作“履端”。

[5]具獄：有關定案判刑的全部卷宗。

[6]“漢乾祐二年正月”至“有傷和氣”：亦見《宋本册府》
卷一五一。

四月甲午，敕曰："月戒正陽，[1]候當小暑，乃挺重出輕之日，[2]是恤刑議獄之辰，有罪者速就勘窮，薄罰者畫時疏決，[3]用符時令，勿縱滯淹。三京、鄴都、諸道州府在獄見繫罪人，宜令所司疾速斷遣，無致淹滯枉濫。"[4]

[1]戒：通"屆"。到。　正陽：農曆四月。

[2]挺重出輕：寬待重罪犯，釋放輕罪犯。《禮記·月令》："挺重囚，益其食。"鄭玄注："挺，猶寬也。"又曰："出輕繫。"鄭玄注："崇寬。"

[3]畫時：截止時間，限時。"畫時疏決"，意即整理因嚴寒酷暑、天候不順等原因而導致審理時限拖延的案件，推進審判程序，達到減刑乃至實質性恩赦的效果。

[4]"四月甲午"至"無致淹滯枉濫"：亦見《宋本冊府》卷一五一《帝王部·慎罰門》。

五月辛未，敕："政化所先，獄訟攸切，[1]不唯枉撓，兼慮滯淹。適當長養之時，正屬熇蒸之候，[2]累行條貫，俾速施行，靡不丁寧，[3]未曾奏報，再頒告諭，無或因循。應三京、鄴都、諸道州府，詔至，宜具疏放已行未行申奏，無致逗留。"[4]

[1]攸切：攸關，急切，重視。

[2]熇（hè）蒸：熱氣升騰，喻指炎熱。

[3]丁寧：同"叮嚀"。囑咐。

[4]"五月辛未"至"無致逗留"：亦見《宋本冊府》卷一五一《帝王部·慎罰門》。

周廣順元年五月壬戌朔，敕：“朕肇啓丕基，[1]躬臨庶政，深慕泣辜之道，以弘恕物之心。今則方屬炎蒸，正當長養，黃沙繫縶，[2]宜矜非罪之人；丹筆重輕，切戒舞文之吏。凡有獄訟，不得淹延，務令囚絶拘留，刑無枉濫。冀叶雍熙之化，用符欽恤之情。應京都、諸道州府見禁人等，宜令逐處長吏，限敕到，應有獄囚，當面録問，事小者便須決遣，案未成者即嚴切指揮，疾速勘決，據罪詳斷疏放，勿令停滯，及致冤抑。庶召和氣，俾悦群心。”[3]

[1]丕基：巨大的基業。

[2]黃沙：指牢獄。《晋書》卷三《武帝紀》：太康五年（284）“六月，初置黃沙獄。”

[3]“周廣順元年五月壬戌朔”至“俾悦群心”：《輯本舊史》原無，據《宋本册府》卷一五一《帝王部·慎罰門》補。

二年四月壬辰，敕：“朕以寡昧，[1]獲主黎元，將以召天地之和，每思去刑政之弊。寅恭于此，[2]宵旰爲勞。今以節及長嬴，[3]時臨暑熱，耕農之户，蠶麥將忙，宜於獄訟之間，特示憂勤之旨。應有刑獄，切慮淹滯。詔至，所有重輕繫囚，疾速勘鞫斷遣，無令冤抑。慮有淹延，若輕罪畫時決遣，其婚田争訟，務内勿治。[4]若事要定奪，即須疾速區分；若斷遣不平，許人糾告，官典必議徵斷。”[5]

[1]寡昧：謂知識淺陋，不明事理。

[2]寅恭：恭敬。

[3]長嬴：指夏季。

[4]務內勿治：務，農務。中國古代爲不妨礙農務，在一定期限內停止受理部分民事案件，稱爲"務限"。後文"入務"，即二月初一開始進入農忙季節不受理案件的階段。十月一日限過後可以開始受理案件，稱"務開"或"開務"。《宋刑統》卷一三《户婚律》"婚田入務"條："準《雜令》，謂訴田宅、婚姻、債負，起十月一日，至三月三十日檢校，以外不合。若先有文案交相侵奪者，不在此例。"《宋會要輯稿·刑法三》田訟條：紹興二年（1132）三月十七日，兩浙轉運使上疏言："準《紹興令》：'諸鄉村以二月一日後爲入務，應訴田宅、婚姻、負債者，勿受理；十月一日爲務開。'竊詳上條入務不受理田宅等詞訴，爲恐追人理對，妨廢農業。"此制當沿襲自五代。

[5]官典：低級官吏。　"二年四月壬辰"至"官典必議徵斷"：《輯本舊史》原無，據《宋本册府》卷一五一《帝王部·慎罰門》補。

三年四月乙亥，敕："朕以時當化育，氣屬炎蒸，乃思縲紲之人，是軫哀矜之念，慮其非所，[1]案鞫淹延，或枉濫窮屈而未得伸宣，或饑渴疾病而無所控告。以罪當刑者，唯彼自召，法不可移；非理受苦者，爲上不明，安得無慮。欽恤之道，夙宵靡寧。應諸道州府見繫罪人，宜令官吏疾速推鞫，[2]據輕重斷遣，[3]不得淹滯。仍令獄吏，灑掃牢獄，常令虛歇；[4]洗滌枷械，無令蚤虱；供給水漿，無令饑渴。如有疾患，令其家人看承；囚人無主，官差醫工診候，勿致病亡。循典法之成規，順長嬴之時令，俾無淹滯，以致治平。"又賜諸州詔曰：

"朕以敷政之勤，[5]惟刑是重，既未能化人於無罪，則不可爲上而失刑。況時當長嬴，事貴清適，念囹圄之閉固，復桎梏之拘縻，[6]處於炎蒸，何異焚灼。在州及所屬刑獄見繫罪人，卿可躬親録問，省略區分，于入務不行者，令俟務開繫；有理須伸者，速期疏決。俾皆平允，無至滯淹。又以獄吏逞任情之奸，囚人被非法之苦，宜加檢察，勿縱侵欺。常令净掃獄房，洗刷枷匣，知其饑渴，供與水漿，有病者聽骨肉看承，無主者遣醫工救療，勿令非理致斃，[7]以致和氣有傷。卿忠幹分憂，仁明蒞事，[8]必能奉詔，體我用心，睠委於茲，[9]興寐無已。餘從敕命處分。"

[1]非所：不是人能够正常生活的地方。指監獄、邊荒之地等。

[2]推鞫：審問囚犯、審理案件之謂。

[3]據輕重斷遣：《輯本舊史》原無"重"字，中華書局本有校勘記："本書卷一四八《食貨志》、《册府》卷一四五、卷一五一及本卷上文敘事多用'據輕重斷遣'或'據輕重疾速斷遣'一語，'輕'下疑脱'重'字。"此校勘記有三誤。《輯本舊史·食貨志》在卷一四六而非卷一四八；所引者亦非該志正文而爲廣順三年（953）三月條《輯本舊史》所引之《會要》，見《會要》卷二七鹽鐵雜録條下廣順二年九月十八日敕。《宋本册府》卷一五一《帝王部·慎罰門》誤作"據經遣斷"，不能作證。《宋本册府》卷一四五《帝王部·弭災門三》開運三年（946）二月壬戌條云"并須據罪輕重疾速斷遣"，應補"重"字。

[4]常令虛歇："常"，《輯本舊史》原作"當"，中華書局本有校勘記："'當'，《册府》卷一五一作'常'。"但未改，今據改。

[5]敷政：施行政事。

[6]拘縻（mí）：拘禁。

[7]勿令非理致斃：《輯本舊史》之影庫本粘籤："'非理'，原本作'致理'，今據《冊府元龜》改正。"見《宋本冊府》卷一五一。

[8]涖（lì）事：處理公務。

[9]睠委：即眷委，眷顧託付。

顯德元年十一月，帝謂侍臣曰："天下所奏獄訟，多追引支證，[1]甚致淹延，有及百餘日而未決者。其中有徒黨反告者，[2]劫主陳訴者，[3]及妄遭牽引者，慮獄吏作倖遲留，致生人休廢活業。[4]朕每念此，彌切疚懷。此後宜條貫所在藩郡，令選明幹僚吏，掌其訴訟。[5]如獄不滯留，人無枉撓，明具聞奏，量與甄獎。"

[1]多追引支證：中華書局本有校勘記："'支'字原闕，據《冊府》（宋本）卷一五一補。"見《宋本冊府》卷一五一《帝王部·慎罰門》。

[2]反告：先行控告。

[3]劫主：搶劫的主犯。劫主陳訴者，意爲搶劫的主犯反而控告同案犯或者被害人。

[4]活業：生計。

[5]掌其訴訟："掌"《輯本舊史》原作"當"，據《宋本冊府》卷一五一改。中華書局本未校改。

二年四月五日，敕："應諸道見禁罪人，無家人供備喫食者，[1]每人逐日破官米二升，[2]不得信任獄子節級減消罪人口食。仍令不住供給水漿，掃灑獄內，每五日一度洗刷枷杻。如有病疾者，畫時差人看承醫療。"[3]

[1]喫（chī）：同"吃"。

[2]破：花費。

[3]"二年四月五日"至"畫時差人看承醫療"：《輯本舊史》原無，據《會要》卷一〇刑法雜録條補。

當贖[1]

[1]此目名中華書局本無，據内容補。　當贖：指官當與贖刑。官當，指以犯罪官員的官品等級折抵徒流刑罰，一般認爲始自拓跋魏、南朝陳。《唐律疏議》卷二《名例律》"官當"條："諸犯私罪，以官當徒者，五品以上，一官當徒二年；九品以上，一官當徒一年。若犯公罪者，各加一年當。以官當流者，三流同比徒四年。其有二官，先以高者當，次以勳官當。行、守者，各以本品當，仍各解見任。若有餘罪及更犯者，聽以歷任之官當。其流内官而任流外職，犯罪以流内官當及贖徒年者，各解流外任。"贖，指贖刑，即判處刑罰但可以交納一定的錢財以代替或抵銷的制度。刑罰用贖的情況有多種，如本人有官爵者或是以其親屬之蔭而享有贖權，因恤刑而對老、幼、病、殘減輕刑罰可用贖，特定之過失犯罪用贖，證據不足而存疑用贖等。

　　内外官當贖之法，[1]梁、唐皆無定制，多示優容，或因時分輕重。晋天福六年五月，尚書刑部員外郎李象請：[2]"今後凡是散官，[3]不計高低，若犯罪不得當贖，亦不得上請。"[4]詳定院覆奏："應内外文武官，有品官者自從品官法，無品官有散、試官者，[5]應内外帶職廷

臣賓從、有功將校等，[6]並請同九品官例。[7]其京都軍巡
使及諸道州府衙前職員，[8]内外雜任、鎮將等，[9]並請准
律，[10]不得上請當贖。其巡司、馬步司判官，[11]雖有曾
歷品官者，[12]亦請同流外職。[13]准律，杖罪以下，依決
罰例，[14]徒罪以上，仍依當贖法。”至周顯德五年七月，
新定《刑統》：“今後定罪，諸道行軍司馬、節度副使、
副留守，[15]准從五品官例；諸道兩使判官、防禦團練副
使，[16]准從六品官例；[17]節度掌書記、防團判官、兩蕃
營田等使判官，[18]准從七品官例；諸道推巡及軍事判
官，[19]准從八品官例；諸軍將校内諸司使、使副、供
奉、殿直，臨時奏聽敕旨。”[20]由是内外品官當贖之法，
始有定制焉。《永樂大典》卷八千二百九十。[21]

　　[1]内外官：内官指宫内男女事務官、内侍省官及妃嬪等，外
官指相對於内官的朝廷官與地方官及屬外命婦的女官等。

　　[2]李象：人名。深州樂壽（河北獻縣）人。後唐天成中登進
士第。後晉歷任刑部員外郎，駕部郎中。少帝開運年間，加朝議大
夫，契丹入汴，爲盜所害。事見《會要》卷九，本書卷七九，明本
《册府》卷四八三《邦計部・褒寵門》、卷六一七《刑法部・正
直》、卷六四二《貢舉部・條制門四》、卷八五三《總録部・姻好
門》、卷九三一《總録部・枉横門》。

　　[3]散官：指有官名而無實際執掌的官，與職事官相對而言。
唐朝又分文武，爲加官或階官。文散官有開府儀同三司、特進、光
禄大夫等，共九品二十九階。武散官有驃騎大將軍、輔國大將軍、
鎮軍大將軍等，共九品四十五階。規定九品以上職事官皆帶散位，
稱爲本品。散官與職事官品級並非一致。其授予依據門蔭、勳勞、
年資逐級進敍。

[4]上請：法司無權直接裁決的一些案件，必須奏請皇帝敕決。據《唐律疏議》規定，其規格低於八議，其對象爲諸皇太子妃大功以上親，應議者期以上親及孫，五品以上之官（謂文武職事四品以下、散官三品以下、勳官及爵二品以下，五品以上），犯死罪可上請皇帝裁決，流罪以下例減一等。但"犯十惡，反逆緣坐，殺人，監守内奸、盗、略人、受財枉法者，不用此律"。其具體程式爲法司"條録請人所犯應死之坐""應請之狀"及"録請人所犯準律合絞、合斬"，"不緣門下，別録奏請，聽敕"。

[5]試官：官制用語。指未經正式銓選而任用的官，始自唐天授年間。五代沿襲唐朝制度。《會要》作"無品官者，有散試官者"，《宋本册府》無"無品官"三字，《通考》卷一七一《刑考十上·贖刑》作"無品官有散試官者"，與此處相同。

[6]帶職：此處與宋代不同，是指身兼多種職事官的情況。《通鑑》卷二一六《唐紀三二》玄宗天寶十載（751）二月丙辰胡注："黄琼曰：外官帶職，有憲銜，有檢校，憲銜自監察御史至御史大夫，檢校自國子祭酒至三公，唐及五代之制也。" 賓從：賓幕職的一種，指節度使所聘用的人士及辟用的幕僚，賓職又稱賓客、賓佐、幕賓、賓從，雖有一定的官職，但没有固定的職掌，隨時隨人而異。參見鄭學檬《五代十國史研究》，上海人民出版社1991年版。

[7]並請同九品官例：《輯本舊史》之影庫本粘籤："請同，原本作'請周'，今據文改正。""請周"在此處不成文，《會要》卷一○刑法雜録條天福四年（939）六月十五日詳定院覆奏有"請同九品官例"，且本條下文引《顯德刑統》，有准從五品官例等，今據改。

[8]衙前：節度使衙門使院胥佐的統稱。唐末五代，多由衙校充當，屬軍職，有都押衙、押衙、都虞候等，多由節度使個人任命。 其京都軍巡使及諸道州府衙前職員：中華書局本有校勘記："'軍'，原作'運'，據《册府》卷六一三、《五代會要》卷一○、

《宋刑統》卷二引天福六年五月十五日敕節文改。按《五代會要》卷二四：'（開平）三年十月置左右軍巡使。'"見《會要》卷一〇刑法雜録條，卷二四諸使雜録條、《宋本册府》卷六一三《刑法部·定律令門五》。

[9]內外雜任：內外，京內京外。雜任，不在流內九品三十階所謂官的行列，是位於流外官之下的各種低職級的吏員。雖然流外官和雜任均屬於吏，但前者發給告身，而後者没有。　鎮將：設置於節度使所轄的要衝之地或鎮，負責獄訟、捕賊、徵税等，多從節度使信賴的軍將中選任。

[10]並請准律：《唐律疏議》卷三〇《斷獄律》"斷罪應決配而收贖"條："諸斷罪應決配之而聽收贖，應收贖而決配之，若應官當而不以官當及不應官當而以官當者，各依本罪減故、失一等。即品官任流外及雜任，於本司及監臨犯杖罪以下，依決罰例。"所謂"准律"，即准該律。

[11]其巡司、馬步司判官：巡司，一種爲前述之軍巡院，另一種爲諸州捕賊巡務之别稱，掌備警，緝盜賊。馬步司判官見前注。中華書局本有校勘記："'司判官'三字原闕，據《册府》卷六一三、《五代會要》卷一〇、《宋刑統》卷二引天福六年五月十五日敕節文補。"

[12]雖有曾歷品官者：中華書局本有校勘記："'官'字原闕，據《册府》卷六一三、《五代會要》卷一〇、《宋刑統》卷二引天福六年五月十五日敕節文補。"

[13]流外職：一品至九品的職官稱流內職，九品以下，即流內以外的官吏，稱流外職。流外職經考銓後，可遞升爲流內，稱爲"入流"。

[14]依決罰例：中華書局本有校勘記："'依'字原闕，據《册府》卷六一三、《五代會要》卷一〇、《宋刑統》卷二引天福六年五月十五日敕節文補。"

[15]行軍司馬：官名。唐、五代時爲節度使主要文職幕僚，負

責軍事事務。唐德宗至憲宗初年，常繼位爲節度使，文宗開成四年（839）被停省，唐末又設，但此時恐爲虛職。後唐同光末至天成初漸爲實職。五代時期總體而言位在副使之上。　節度副使：官名。節度使高級文職幕僚。掌武事，職能與行軍司馬多有疊合。總體而言位行軍司馬下、判官上。　副留守：官名。留守副佐。留守是皇帝因出征、巡行而不在京都時臨時設置的負責軍政之最高長官。在陪都則是常置的官職。後周首都是東京開封府，陪都是西京河南府，大名府（鄴都）也因軍事上的重要性一度設置留守。

[16]兩使判官：官名。節度判官、觀察判官的合稱，爲節度使、觀察使僚佐，位次於節度副使、觀察副使。"判"爲"執行"之意，判官即執行官，常兼任其他文職幕僚，對屬州有監督權。節度判官分判倉、兵、騎、冑四曹事，多由藩鎮辟置。觀察判官爲唐肅宗以後置。　防禦團練副使：官名。即防禦副使、團練副使。諸道不設節度使者，多以團練使或防禦使（多設於邊地）總領軍務。防禦副使佐防禦使掌軍事防務。團練副使爲團練使副貳，掌軍務。

[17]准從六品官例：中華書局本有校勘記："'例'字原闕，據殿本、劉本、《五代會要》卷一〇、《宋刑統》卷二引顯德五年七月七日敕補。"

[18]節度掌書記：官名。唐朝後期置，爲節度使屬官，掌表奏、書檄、朝覲、聘問、慰薦、祭祀、祈祝之文及號令、升納之事。在五代藩鎮中常爲重要謀臣，地位在節度副使、行軍司馬、節度判官之下，推官、巡官之上。　防團判官：官名。即防禦判官與團練判官之合稱。防禦判官爲防禦使屬官，位於副使之下、推官之上。團練判官爲團練使的僚佐。位於副使之下、推官之上。中華書局本有校勘記："'防'字原闕，據劉本、《五代會要》卷一〇、《宋刑統》卷二引顯德五年七月七日敕補。《舊五代史考異》卷五：'案疑作"團練判官"，考《五代會要》亦作"團判官"，蓋當時案牘之文，官名各從簡省，今姑仍其舊。'按防團判官謂防禦、團練判官。句上《宋刑統》卷二引顯德五年七月七日敕有'支使'二

字。"　　兩蕃：此處指兩蕃判官，於顯德五年（958）十二月省。
營田：官名。唐朝有屯田之州置，掌軍屯。以後各道節度觀察使多
兼度支、營田使。負責一道屯田、財賦事務的官員，多由觀察使兼
任。　　兩蕃營田等使判官：《會要》作"兩蕃營田等判官"，無
"使"字。或認爲"使"和"判官"並列，都是准從六品，或准從
七品，不可理解。因此本書此條的"使"字或爲衍字。

　　[19]推巡：官名。指推官、巡官。推官掌推鞫獄訟，偏司法；
巡官掌巡察事務，偏財政。兩者均是節度使、觀察使、團練使、防
禦使的輔佐幕僚。推官地位高於巡官。據本書卷七三《孔謙傳》，
孔謙以國用不足奏"諸道判官員數過多，請只置節度、觀察、判
官、書記、支使、推官各一員，留守置判官各一員，三京府置判
官、推官，餘並罷俸錢"，故裁撤巡官。　　軍事判官：官名。府州
的僚佐。府州的衙門由負責一般行政的州院和負責軍事的軍院構
成。軍事判官是負責軍院所屬軍事事務的文職官。

　　[20]內諸司使、使副：內諸司是與外諸司相對的稱呼，是負責
皇帝身邊內廷職務的機構的總稱，使爲機構長官，使副爲副職。唐
代由宦官擔任，名目繁多，如樞密使、宣徽使、客省使、莊宅使
等，且多兼任監軍或領兵出征。五代內諸司使的職能範圍雖有擴
大，實權却有削弱。天復三年（903）朱全忠殺滅宦官後，轉由外
朝士人擔任。後唐莊宗時宦官再度被起用，故由宦官、朝臣共任，
後繼續向外朝士人發展。入宋後使職呈現武官的階官化。　　供奉：
官名。唐高宗時始有"內供奉"名目，玄宗時供奉官之名始加於宦
官，出現宣徽供奉官，屬加銜性質，職在爲皇帝"備顧問"。五代
時，供奉官成爲屬於武人的專有官名，其常規職司是在皇帝身邊充
當武官侍從，最重要的作用是奉命出使，使命多與軍事有關。　　殿
直：官名。即殿前承旨，五代後晉高祖天福五年（940）改。爲皇
帝侍從官。掌傳宣皇帝詔命。北宋初，以供奉官、殿直、殿前承旨
爲三班，設點檢三班公事，皆屬宣徽院。

　　[21]《大典》卷八二九〇"兵"字韻"兵制（一六）"事

目，元兵制，與本志内容無關，誤。

定贓[1]

[1]本目原無，據《會要》卷九定贓條補。　定贓：確定贓罪相關量刑數額標準。中國古代的"贓"，據《晋書》卷三〇《刑法志》引張斐《晋律注》爲"貨財之利謂之贓"，孫奭《律音義·名例第一》秉承這一觀點爲"凡貨財之利謂之贓"。

　　唐長興四年六月，准敕："枉法贓十五匹絞，[1]准格加至二十匹。乃自喪亂已來，廉恥者少，舉律行令，誠人遠財。國家常切好生，[2]上下頗能知禁，犯既漸寡，法亦宜輕。起今後犯枉法贓者，宜准格文處分。贓名條内有以准加減及同字者并倍累贓，[3]並宜准律、令、格式處分。凡有告事者，除鹽麴條流外，[4]宜據輕重依理施行，不在格賞之限。"[5]

　　[1]枉法：指監主受財曲法。據《唐律疏議》卷一一《職制律》"監主受財枉法"條規定："諸監臨主司受財而枉法者，一尺杖一百，一疋加一等，十五疋絞；無禄者，各減一等：枉法者二十疋絞，不枉法者四十疋加役流。"疏議曰："謂統攝、案驗及行案主典之類，受有事人財而爲曲法處斷者。"
　　[2]常切：經常而不放鬆。
　　[3]贓名條内有以准加減及同字者并倍累贓：此句爲涉贓的財産類犯罪確定量刑數額之法。《唐律疏議》卷四《名例律》"以贓入罪"條規定："在律，'正贓'唯有六色：强盜、竊盜、枉法、不枉法、受所監臨及坐贓。自外諸條，皆約此六贓爲罪。"在相關財

產犯罪的法律規定中，凡出現"以此六贓論"及其加減刑等、"准此六贓論"及其加減刑等、"與此六贓同罪"者，在頻犯（包括累犯、一時犯數罪）的情況下，需要按累倍之法計算涉案數額，以得出量刑數額。《唐律疏議》卷六《名例律》"二罪從重"條："即以贓致罪，頻犯者並累科；若罪法不等者，即以重贓併滿輕贓：各倍論。"注曰："累，謂止累見發之贓。倍，謂二尺爲一尺。不等，謂以強盜、枉法等贓，併從竊盜、受所監臨之類。即監臨主司因事受財而同事共與，若一事頻受及於監守頻盜者，累而不倍。"

[4]鹽麴（qū）條流："麴"同"曲"，指酒。條流，條例。自安史之亂以來，有鹽茶酒等專賣制度。此處指鹽酒專賣方面的禁止性規定，如《册府》卷四九四《邦計部·山澤門二》長興四年（933）五月七日，諸道鹽鐵轉運使針對私鹽侵奪榷醲課利問題，奏曰："如違犯者，一兩已上至一斤買賣，人各決臀杖一十三。放一斤已上至三斤買賣，人各決臀杖十五。放三斤已上至五斤買賣，人各決脊杖十三。放五斤已上至十斤買賣，人各決脊杖十七。放十斤已上，不計多少買賣，人各決脊杖二十，處死。"

[5]格賞：懸賞所規定的報酬條件。 "唐長興四年六月"至"不在格賞之限"：《輯本舊史》原無，據《會要》卷九定贓條補。《會要》繫此條於長興四年六月十四日。

清泰元年九月，大理寺奏："所用法書竊盜條，准建中年，[1]贓滿三匹已上決殺，不及三匹量情決杖。[2]本朝以量情之文不定，詔御史中丞龍敏等議。贓滿三匹，准舊法；一匹已上，決徒一年半；一匹已下，量罪以杖。大理寺又以量罪之文不定，申奏集寺重議。今議定贓滿一匹，徒二年半；不及一匹，徒一年半；不得財，杖七十。"[3]從之。[4]

[1]建中：唐德宗李适年號（780—783）。

[2]贓滿三匹已上決殺，不及三匹量情決杖：《唐會要》卷三九《議刑輕重》：“（大中）四年四月，請依建中三年三月二十四日敕，每有盜賊贓滿絹三疋已上決殺，如贓數不充，量情科處。”“量情科處”，《舊唐書》卷一八下《宣宗紀下》作“量請科放。”

[3]《宋本册府》卷六一三《刑法部·定律令門五》“贓滿三匹，準舊法”以下作：“一匹已上，脊杖十八；一匹已下，量罪決杖。詔集寺官議，議云：‘贓一匹，杖脊十八；不滿一匹，杖十五；不得財，杖臀十五。’從之。”兩者所載定贓標準不同。

[4]“清泰元年九月”至“從之”：《輯本舊史》原無，據《會要》卷九定贓條補，亦見《宋本册府》卷六一三。

二年五月，中書門下奏：“刺史位列公侯，縣令爲人父母，[1]祇合倍加乳哺，豈可自致瘡痍？一昨張宗胤，[2]胥吏訟論，合當極典，[3]法司援律，罪止徒流。臣聞立法稍嚴，則人不敢犯，其見行法律，望下所司更加斟酌。”御史臺、刑部、大理寺同奏議曰：“准律，枉法贓十五匹絞，天寶元載加至二十四。[4]請今後枉法贓十五匹准律絞，不枉法贓准三十匹加役流。[5]受所監臨贓五十匹流二千里。[6]今請依《統類》，不枉法贓過三十匹，受所監臨贓過五十匹。”從之。[7]

[1]縣令：官名。掌縣內賦役、獄訟、上計等一切事務。正五品至從七品。

[2]張宗胤：人名。事迹不詳。本書僅此一見。《宋本册府》卷六一三《刑法部·定律令門五》作“張宗裔”。

[3]極典：死刑。

[4]天寶：唐玄宗李隆基年號（742—756）。

[5]不枉法：罪名。指監臨主司（統攝、案驗及行案主典之類），雖受有事人財，判斷不爲曲法。見《唐律疏議》卷一一《職制律》"監主受財枉法"條："不枉法者，一尺杖九十，二疋加一等，三十疋加役流。" 加役流：唐朝於常流之外，更有加役流。原本死刑，武德中改爲斷趾，貞觀六年（632）改爲加役流。謂常流唯役一年，此流役三年，故以加役名焉。"加役流"，《會要》原作"加徒流"，據《宋本册府》卷六一三改。

[6]受所監臨：罪名。指監臨之官不因公事，接受監臨內財物。《唐律疏議》卷一一《職制律》"受所監臨財物"條："諸監臨之官受所監臨財物者，一尺笞四十，一疋加一等；八疋徒一年，八疋加一等，五十疋流二千里。與者減五等，罪止杖一百。"

[7]"二年五月"至"從之"：《輯本舊史》原無，據《會要》卷九定贓條補。

晋天福五年十月，詔曰："朕自臨區夏，[1]每念生靈，惡殺爲心，實慈是務，凡於獄訟，常切哀矜。況時漸興文，[2]民皆知禁，宜伸輕典，用緩峻刑。今後竊盜贓滿五匹處死，三匹已上，決杖配流，以盜論者，依律文處分。"[3]

[1]區夏：華夏，中國。

[2]興文：振興文化。

[3]"晋天福五年十月"至"依律文處分"：《輯本舊史》原無，據《宋本册府》卷六一三《刑法部·定律令門五》補，亦略見《會要》卷九定贓條、《輯本舊史》卷七九《晋高祖紀五》天福五年（940）十月癸丑條。

漢天福十二年八月,[1]敕:"應天下凡關盜賊捉獲,不計贓物多少,按驗不虛,並宜處死。俾其重法,斯爲愛民。"小注:又《五代史志》云:"漢之濫刑也如是。"[2]

[1]天福:五代後晋高祖石敬瑭年號(936—942)。出帝石重貴沿用至九年(944)。後漢高祖劉知遠繼位後沿用一年,稱天福十二年(947)。

[2]漢之濫刑也如是:此句爲《宋本册府》卷六一三《刑法部·定律令門五》引《五代史志》之内容,《歐史》無《刑法志》,此《五代史志》必指《薛史》之志,可證《薛史》必有《刑法志》。 "漢天福十二年八月"至"漢之濫刑也如是":《輯本舊史》原無,據《宋本册府》卷六一三補。亦見《會要》卷九定贓條、《輯本舊史》卷一〇〇《漢高祖紀下》天福十二年(947)八月丙申條。

徒流[1]

[1]本目原無,據《會要》卷九徒流人條補。

唐清泰三年二月,尚書刑部郎中李元龜奏:[1]"准《開成格》,應斷天下徒流人到所流處,本管書時申御史臺,候年月滿日申奏,方得放還本貫。近年凡徒流人,所管雖奏,不申御史臺報大理寺,所以不知放還年月。望依格律處分。"從之。[2]

[1]李元龜:人名。籍貫不詳。後唐末帝時,爲刑部郎中。後

晉開運二年（945）七月，官左諫議大夫。天福六年·（941），官兵部郎中，充天下兵馬都元帥並尚書令官告使。事見本書卷八四、《會要》卷一二、明本《册府》卷一四五《帝王部·弭災門三》、《十國春秋》卷七九。

[2]"唐清泰三年二月"至"從之"：《輯本舊史》原無，據《會要》卷九徒流人條補。

舊五代史　卷一四八

選舉志

　　按《唐典》，凡選授之制，天官卿掌之，[1]所以正權衡而進賢能也；凡貢舉之政，春官卿掌之，[2]所以覈文行而第雋秀也。洎梁氏以降，皆奉而行之，縱或小有釐革，亦不出其軌轍。今採其事，備紀於後，以志五代審官取士之方也。

　　[1]天官卿：即吏部尚書。吏部尚書比附《周禮》官稱，後世或用爲吏部尚書別名。《唐六典》卷二《尚書吏部》：“吏部尚書一人，正三品。周之天官卿也。”《周禮・天官冢宰》：“乃立天官冢宰……治官之屬：大宰卿一人。”本書卷一四九《職官志》：“祖述五代之命官，以踵百王之垂範，或厘革升降，則謹而志之，俾後之爲天官卿者，得以觀焉。”

　　[2]春官卿：即禮部尚書。禮部尚書比附《周禮》官稱，後世或用作禮部尚書別名。《唐六典》卷四《尚書禮部》：“禮部尚書一人，正三品。周之春官卿也。”《周禮・春官・宗伯》：“乃立春官宗伯……禮官之屬：大宗伯，卿一人。”《舊唐書》卷八《玄宗紀上》：“（開元二十四年）三月乙未，始移考功貢舉，遣禮部侍郎掌之。”

貢舉之政[1]

[1]此目名中華書局本無，據内容補。

梁開平元年七月，[1]敕：“近年舉人，當秋薦之時，不親試者號爲‘拔解’，[2]今後宜止絶。”

[1]開平：後梁太祖朱温年號（907—911）。 七月：《會要》卷二三緣舉雜録條同。《宋本册府》卷六四一《貢舉部·條制門三》作“六月”。

[2]拔解：《輯本舊史》之影庫本粘籤：“拔解，原本作‘被解’，考《五代會要》《文獻通考》俱作‘拔解’，今改正。”見《會要》卷二三、《通考》卷三〇《選舉考三·舉士》。《宋本册府》卷六四一亦作“拔解”。

四年十二月，[1]兵部尚書、權知貢舉姚洎奏：[2]“近代設文科、選胄子，[3]所以綱維名教，崇樹邦本也。今在朝公卿親屬、將相子孫，[4]有文行可取者，請許所在州府薦送，[5]以廣疏材之路。”[6]從之。[7]

[1]四年十二月：《輯本舊史》原作“四月”，中華書局本改作四年十二月，並有校勘記：“‘年十二’三字原闕，據《册府》卷六四一補。”見《宋本册府》卷六四一《貢舉部·條制門三》。《會要》卷二三緣舉雜録條開平元年（907）七月條下載“四月十一日，兵部尚書姚洎知貢舉奏”，文與本條同，但蒙上文，易使人誤解爲開平元年事，似爲四年十一月之誤。據明本《册府》卷二〇五《閏位部·巡幸門》，開平二年三月姚洎尚爲兵部侍郎（明本《册

府》誤姚泊爲姚泊）。《輯本舊史》卷八《梁末帝紀上》及《新五代史》卷三《梁末帝紀》，乾化三年（917）九月甲寅條均載以姚泊爲中書侍郎、平章事。

[2]兵部尚書：官名。尚書省兵部長官。掌兵衛、武選、車輦、甲械、厩牧之政令。正三品。　權知貢舉：官名。唐始置，爲主持禮部會試的考官。　姚泊：人名。籍貫不詳。後梁宰相。事見本書卷四、卷八。

[3]文科：《會要》卷二三同，《宋本册府》卷六四一作"詞科"。

[4]今在朝公卿親屬：中華書局本有校勘記："'朝'字原闕，據彭校、《册府》卷六四一補。"

[5]請許所在州府薦送：中華書局本有校勘記："'所'原作'取'，據殿本、劉本、孔本、彭校、《五代會要》卷二三、《册府》卷六四一改。影庫本批校：'請許取在州府薦送，"取"應作"所"。'"

[6]疏材之路：《會要》卷二三、《宋本册府》卷六四一作"毓材之義"。

[7]此條末有原輯者案語："《文獻通考》：唐時知貢舉皆用禮部侍郎，梁開平中，始命兵部侍郎楊涉權知貢舉。此事《薛史》不載。"見《通考》卷三〇《選舉考三·舉士》。"開平中"，《通考》原文爲"乾化元年"，《宋本册府》卷六四一於乾化元年十二月載："以尚書左僕射楊涉知禮部貢舉，非常例也。"

　　唐同光二年十月，中書奏，[1]請停舉、選一年。[2]敕："舉、選二門，國朝之重事，但要精確，難議權停，宜准常例處分。"

[1]同光：後唐莊宗李存勗年號（923—926）。　中書：官署

名。“中書門下”的簡稱。唐代以來爲宰相處理政務的機構。參見劉後濱《唐代中書門下體制研究——公文形態·政務運行與制度變遷》，齊魯書社 2004 年版。

[2]舉、選：《宋本册府》卷六四一《貢舉部·條制門三》作“貢選”。

天成元年八月，[1]敕：“應三京、諸道，今年貢舉人，可依常年例取解，仍令隨處量事津送赴闕。”[2]

[1]天成：五代後唐明宗李嗣源年號（926—930）。

[2]可依常年例取解，仍令隨處量事津送赴闕：中華書局本有校勘記：“‘例’字原闕，據《五代會要》卷二三、《册府》卷六四一補。”“仍令隨處量事津送赴闕”，《宋本册府》卷六四一《貢舉部·條制門三》無“量事”二字。

五年二月九日，敕：“近年文士，輕視格條，就試時疏于帖經，[1]登第後恥于赴選。宜絶躁求之路，别開獎勸之門。其進士科已及第者，計選數年滿日，許令就中書陳狀，于都堂前各試本業詩賦判文。[2]其中才藝灼然可取者，便與除官，如或事業不甚精者，自許准添選。”

[1]帖經：科舉考試方法。唐明經、進士、明法、明書、明算各科，均試帖經。其法是將一段經文的前、後行貼住，只留出中間，再令考生填寫。唐代始以此法試士，後因應試者衆，所帖愈難，於是應試的士人，將難記之經總括編爲歌訣，熟誦以便記憶，稱爲帖括。唐時帖經被落，許以詩贖，稱爲贖帖，至宋代，進士科

應試者可撰文或賦一篇代替帖經也稱爲贖帖。熙寧四年（1071）罷明經科，進士科亦罷詩帖經。"帖經"，中華書局本引《舊五代史考異》"案：原本作'帖括'，今據《五代會要》改正。"見《會要》卷二二進士條。

[2]進士科：科舉考試科目。隋始置，唐尤重此科。考試內容爲詩、賦及時務策五道、帖一大經。經策全通爲甲第；策通四、帖過四以上爲乙第。後以箴論表贊，代詩、賦、試策三道。初與明經科並重，安史之亂後地位迅速上升，成爲最受重視的科目，亦成爲官吏的主要來源。宋沿唐制，亦作爲科舉考試最重要之科目。考試內容有詩、賦、論、時務策、帖經及墨義等。其中詩、賦成績爲合格與否的關鍵。熙寧四年罷明經諸科，專以進士一科取士。進士科又罷試詩賦、帖經、墨義，祇試經義和論、策。　都堂：唐朝尚書省的辦公廳。唐朝尚書省，本來稱尚書都省，故其總辦公廳稱都堂。　判文：《會要》卷二二"判文"後有"等"字。

晉天福三年三月，[1]翰林學士承旨、兵部侍郎、權知貢舉崔梲奏：[2]"臣謬蒙眷渥，叨掌文衡，實憂庸懦之材，不副搜羅之旨，敢不揣摩頑鈍，杜絕阿私，上則顯陛下求賢，次則使平人得路。但以今年就舉，比常歲倍多，科目之中，兇豪甚聚。每駁牓出後，[3]則時有喧張，不自省循，但言屈塞，互相朋扇，各出言詞，或云主司不公，或云試官受賂，實慮上達聖聽，微臣無以自明，晝省夜思，臨深履薄。今臣欲請令舉人落第之後，或不甘心，任自投狀披陳，却請所試，與疏義對證，兼令其日一甲同共校量，若獨委試官，[4]恐未息詞理。儻是實負抑屈，則所司固難逭憲章；如其妄有陳論，則舉人乞痛加懲斷。冀此際免虛遭謗議，亦將來可久遠施行。儻蒙聖造允俞，伏乞降敕處分。”從之。

[1]天福：五代後晉高祖石敬瑭年號（936—942）。出帝石重貴沿用至九年（944）。後漢高祖劉知遠繼位後沿用一年，稱天福十二年（947）。

[2]翰林學士承旨：官名。爲翰林學士之首。掌拜免將相、號令征伐等詔令的起草。《舊唐書》卷四三《職官志二》翰林院條：“例置學士六人，内擇年深德重者一人爲承旨，所以獨承密命故也。”　兵部侍郎：官名。尚書省兵部次官。協助兵部尚書掌武官銓選、勳階、考課之政。正四品下。　崔梲（zhuō）：人名。博陵安平（今河北安平縣）人。後梁進士，歷仕後梁、後唐、後晉。傳見本書卷九三、《新五代史》卷五五。

[3]駁牓：亦作“駮牓”。曉示落選斥退的榜文。

[4]獨委試官：中華書局本有校勘記：“‘試官’原作‘試言’，據殿本、劉本、《册府》卷六四二改。”見《宋本册府》卷六四二《貢舉部·條制門四》。

天福五年三月，詔“及第舉人與主司選勝筵宴，及中書舍人鞖鞋接見舉人；[1]兼兵部、禮部引人過堂之日，幕次酒食會客，悉宜廢之。”[2]

[1]中書舍人：官名。中書省屬官。掌起草文書、呈遞奏章、傳宣詔命等。正五品上。　鞖鞋：無跟之鞋，即拖鞋。

[2]“天福五年三月”至“悉宜廢之”：《輯本舊史》卷七九《晉高祖紀五》載下詔時間爲三月戊寅，並在“及第舉人”前多“中書門下五品已上官於兩省上事，宰臣押角之禮”二十字。《宋本册府》卷六四二《貢舉部·條制門四》同本書。“兵部、禮部”以下，亦見《會要》卷一五兵部條。

四月，禮部侍郎張允奏曰：[1]"明君側席，雖切旁求；貢士觀光，豈宜濫進。竊窺前代，未設諸科，始以明經，[2]俾昇高第。自有《九經》、《五經》之後，及《三禮》、《三傳》已來，[3]孝廉之科，[4]遂因循而不廢，紳之士，亦緘默而無言，以至相承，未能改作。每歲明經一科，少至五百以上，多及一千有餘，舉人如是繁多，試官豈能精當。況此等多不究義，唯攻帖書，文理既不甚通，名第豈可妄與。且常年登科者不少，相次赴選者甚多，州縣之間，必無遺闕，[5]輦轂之下，須有稽留，怨嗟自此而興，謗讟因茲而起。但今廣場大啓，諸科並存，明經者悉包於《九經》、《五經》之中，無出於《三禮》、《三傳》之內，若無釐革，恐未便宜，其明經一科，伏請停廢。"又奏："國家懸科待士，貴務搜揚；貴實求才，須除訛濫。童子每當就試，[6]止在念書，背經則雖似精詳，對卷則不能讀誦。及名成貢部，身返故鄉，但尩日以取官，更無心而習業，濫蠲徭役，虛占官名，其童子一科，亦請停廢。"敕明經、童子、宏詞、拔萃、明算、道舉、百篇等科並停。[7]

[1]禮部侍郎：官名。尚書省禮部次官。協助禮部尚書掌禮儀、祭享、貢舉之政。正四品下。　張允：人名。鎮州束鹿（今河北辛集市）人。五代後唐至後漢官員。傳見本書卷一〇八、《新五代史》卷五七。

[2]明經：科舉考試科目。漢代至南北朝時明經爲察舉的科目之一，隋亦以明經舉士，唐以明經爲科舉的常科。明經科中又析爲五經、三經、學究一經、三禮、三傳等。凡通三經以上者爲明經，

其要求低於秀才而高於進士。明經考試，先帖經然後口試（經問大義十條），答時務策三道，分爲甲乙丙丁四等録取。但自武德以後明經惟有丁第。熙寧四年（1071）罷廢。

[3]九經：九部儒家經典，即《周禮》《儀禮》《禮記》《左傳》《公羊傳》《穀梁傳》《易經》《尚書》《詩經》。唐代把《禮記》《左傳》作爲大經，《詩經》《周禮》《儀禮》作爲中經，《易經》《尚書》《公羊傳》《穀梁傳》作爲小經。　五經：五部儒家經典，即《詩經》《尚書》《禮記》《易經》《春秋》。　三禮：《周禮》《儀禮》《禮記》。　三傳：《左傳》《公羊傳》《穀梁傳》。

[4]孝廉：古代選拔官吏的科目。又作“孝廉舉”。原爲二科，漢武帝採納董仲舒建議，於元光元年（前134）初令郡國舉孝、廉各一人。其後多混同連稱，而爲一科，所舉也不限於孝者和廉吏。隋無孝廉之舉。唐初設。貞觀十八年（644），汴、鄜諸州所舉孝廉不能答太宗所問，其後遂不聞此科。寶應二年（763）恢復，定於《左傳》《公羊傳》《穀梁傳》《禮記》《周禮》《儀禮》《毛詩》《尚書》《周易》中，任通一經，問經義二十條，策三道，全通爲上第，付吏部授官；經義十條通七、策通二爲中第，予出身。建中元年（780）敕停。

[5]遺闕：中華書局本引影庫本粘籤：“遺闕，原本作‘貢闕’，今據文改正。”《宋本册府》卷六四二作“員闕”，明本《册府》作“貢闕”。

[6]童子：科舉考試科目。又稱“童子舉”。唐朝始有童子科，定十歲以下兒童能誦一經及《孝經》《論語》每卷誦文十通者，命官。宋代被列爲科舉項目。咸淳三年（1267）廢此科。

[7]宏詞：科舉考試科目。即博學宏詞科。屬制科。旨在選拔能文之士。　拔萃：科舉考試科目。唐代設置，屬於長才類科目。

明算：科舉考試科目。唐代設置，據《通典》卷一五《選舉三》記載，考明算科者須通《九章》《海島》《孫子》《五曹》《孫丘建》《夏侯陽》《周髀》《五經》《綴術》《緝古》諸經，以帖經的方式考試，《九章》三帖，《五經》等七部各一帖，《綴術》六帖，《緝古》四帖；兼試問大義，皆通者爲及第。五代沿唐制或置或罷。

道舉：科舉考試科目。此科惟設於唐玄宗時。據《通典》卷一五《選舉三》記載，開元二十九年（741）始於京師置崇玄館，諸州置道學。其生徒應舉，謂之道舉。舉送、課試與明經同。應道舉者試《老子》《莊子》《文子》《列子》，及第待遇同明經。　　百篇：科舉考試科目。亦稱“百篇舉”。唐代設。試者一日内撰詩百篇即中選。北宋初未正式設科，有求試者即命試。《輯本舊史》卷七九《晉高祖紀五》天福五年（940）四月條載：“禮部侍郎張允奏，請廢明經、童子科，從之。因詔宏詞、拔萃、明算、道舉、百篇等科並停之。”《會要》卷二三童子條：“天福五年四月，禮部侍郎張允奏：‘童子一科，伏請停廢。’從之。”

天福七年五月，敕：“應諸色進策人等，皆抱材能，方來投獻，宜加明試，俾盡臧謀。起今後應進策條，中書奏覆，敕下，其進策人委門下省試策三道，[1]仍定上、中、下三等。如是元進策内有施行者，其所試策或上或中者，委門下省給與滅選，或出身優牒。合格參選日，[2]其試策上者，委銓司超壹資注擬，[3]其試策中者，委銓司依資注擬。如是所試策或上或中，元進策條並不施行；[4]所試策下，元進策條内有施行者，[5]其本官並仰量與恩賜發遣。若或所試策下，所進策條並不施行，[6]便仰曉示發遣，不得再有投進。餘並准前後敕文處分。”[7]

[1]門下省：官署名。與中書省、尚書省並稱“三省”，爲隋唐最高政務機構。

[2]合格參選日：《會要》卷一三門下省條作"合格選目"。

[3]銓司：吏部的別稱。唐封演《封氏聞見記》卷三《銓曹》："玄宗在東都，敕吏部置十銓……選人喧繁滿於省闥。明年，銓注復歸之吏部。" 注擬：唐代凡應試獲選者，先由尚書省登録，再經核審，然後按才擬定其官職，稱爲注擬。

[4]策條：《會要》卷一三作"策内"。

[5]策條内：《會要》卷一三作"策内"。

[6]策條：《會要》卷一三作"策内"。

[7]"天福七年五月"至"敕文處分"：此條亦見《宋本册府》卷六四四《貢舉部·考試門二》。

開運元年八月，[1]詔曰："明經、童子之科，前代所設，蓋期取士，良謂通規。爰自近年，暫從停廢，損益之機未見，牢籠之義全虧。將闡斯文，宜依舊貫，庶臻至理，用廣旁求。其明經、童子二科，今後復置。"[2]

[1]開運：五代後晉出帝石重貴年號（944—946）。

[2]"開運元年八月"至"今後復置"：此條亦見《宋本册府》卷六四二《貢舉部·條制門四》。《輯本舊史》卷八三《晉少帝紀三》開運元年（944）八月乙巳條："詔復置明經、童子二科。"《會要》卷二三童子條載："開運元年八月，復童子科。"

閏十二月，[1]工部尚書、權知貢舉竇貞固奏：[2]"進士考試雜文及與諸科舉人入策，歷代已來，皆以三條燭盡爲限，長興二年，[3]改令晝試。伏以懸科取士，有國常規，沿革之道雖殊，公共之情難失。若使就試兩廊之下，[4]揮毫短景之中，視晷刻而惟畏稽遲，演詞藻而難能之路。"敕從之。其間條奏未盡處，下貢院録天福五年四月二十七日敕文，告諭天下，依元敕條件施行，如有固違，[4]其隨處考試官員，當准敕條處分。

[1]乾祐：後漢高祖劉知遠、隱帝劉承祐年號（948—950）。北漢亦用此年號。　刑部侍郎：官名。尚書省刑部次官。協助刑部尚書掌天下刑法及徒隸、勾覆、關禁之政令。正四品下。　邊歸讜：人名。幽州薊（今天津市薊州區）人。傳見《宋史》卷二六二。

[2]動引：《宋本册府》卷六四二《貢舉部·條制門四》作"動應"。

[3]鄴都：地名。治所在今河北大名縣。五代後唐同光元年（923），改魏州爲興唐府，建號東京，三年改東京爲鄴都。

[4]如有固違：《宋本册府》卷六四二作"如有故違"。

　　周廣順二年二月，[1]禮部侍郎趙上交奏：[2]"貢院諸科，今欲不試汎義，其口義五十道，改試墨義十道。"[3]從之。

[1]廣順：五代後周太祖郭威年號（951—953）。

[2]禮部侍郎：官名。尚書省禮部次官。協助禮部尚書掌禮儀、祭享、貢舉之政。正四品下。　趙上交：人名。涿州范陽（今河北涿州市）人。五代、宋初大臣。本名遠，字上交，避後漢高祖劉知遠諱，遂以字爲名。傳見《宋史》卷二六二。

[3]汎義：科舉考試方法。知貢舉主司從大經中"泛出問義"五通，在簾子下書寫在試紙上，令考生隔着簾子逐段向考官解説經義，評判標準是"不失疏注義理，通二通三"，即爲合格。參見金

澄坤《中國科舉制度通史·隋唐五代卷》，上海人民出版社 2015 年版，第 148 頁。《舊五代史考異》："案：原本作'不汎試口義'，今從《册府元龜》改正。"見《宋本册府》卷六四二《貢舉部·條制門四》。《會要》卷二三科目雜錄條同。據改。　口義：科舉考試方法。即口試。始於唐代。《新唐書》卷四四《選舉志上》言，明經科試士，"先帖文，然後口試經，問大義十條"。由主考官以經書爲據，與考生當面問答。考一經問大義，常數十條。口義的優點是較爲靈活，其不足是"對答之失，覆視無憑，黜退之中，流議遂起"（見明本《册府》卷六四〇《貢舉部·條制門二》）。　墨義：唐、宋科舉考試方法。即以書面問答形式回答經義。唐建中二年（781），中書舍人趙贊知貢舉，奏請將所答内容録於紙上，直書其義，不重修辭，以此爲憑，定其取捨，稱爲"墨義"。宋沿之，用以考試進士和諸科舉人。　今欲不試汎義，其口義五十道，改試墨義十道：中華書局本有校勘記："《五代會要》卷二三同，《册府》（宋本）卷六四二作'今欲不試泛義口義共十五道，改試墨義共一十道。'"明本《册府》同卷"一十道"作"十一道"。《會要》卷二三科目雜錄條"改試墨義"下多"共"字。

三年正月，趙上交奏："進士元試詩賦各一首，帖經二十帖、對義五通，[1]今欲罷帖經、對義，别試雜文二首、試策一道。"[2]從之。

[1]趙上交：《輯本舊史》之影庫本粘籤："趙上交，原本脱'趙'字，今據《五代會要》增入。"見《會要》卷二二進士條，《會要》在"趙上交"前有"户部侍郎權知貢舉"八字。《舊五代史考異》："案：《宋史·趙上交傳》：廣順初，拜禮部侍郎，會將試貢士，上交申明條制，頗爲精密。始復糊名考校，擢扈載甲科，及取梁周翰、董淳之流，時稱得士。"　對義：科舉考試方法。即從

儒家經典中摘句爲題，令考生根據經義解題作文。

[2]雜文：科舉考試文體。唐代以箴、論、表、贊幾種文體考試士子，稱爲雜文。 策：科舉考試文體。唐代科舉考試策問沿採漢代"射策"的選士方法。秀才科試方略策五道，明經科試時務策三道，進士科試時務策五道，開元禮科、三傳科、史科等均試策三道。答策問的文體，唐初多重駢體，後漸用散文體。 "今欲罷帖經"至"試策一道"：《輯本舊史》卷一一二《周太祖紀三》載，廣順三年正月丁卯，"户部侍郎、權知貢舉趙上交奏：'諸科舉人，欲等第各加對義場數，進士除詩賦外，別試雜文一場。'從之"。與此條所稱"罷帖經、對義"相反。

其年八月，刑部侍郎、權知貢舉徐台符奏："請別試雜文外，其帖經、墨義，仍依元格。"[1]從之。

[1]徐台符：人名。鎮州獲鹿（今河北石家莊市鹿泉區）人。五代時期大臣。傳見本書附録。 別試雜文：《會要》卷二二進士條"雜文"後有"二首"二字。 墨義：《會要》作"對義"。

顯德二年五月，[1]禮部侍郎竇儀奏：[2]"請諸科舉人若合解不解、不合解而解者，監、試官爲首罪，勒停見任，舉送長官，奏聞取裁。監、試官如受賂，及今後進士如有倩人述作文字應舉者，許人言告，送本處色役，[3]永不進仕。"

[1]顯德：五代後周太祖郭威年號（954）。世宗柴榮、恭帝柴宗訓沿用（954—960）。 五月：中華書局本沿《輯本舊史》作"三月"，《會要》卷二二進士條、《宋本册府》卷六四二《貢舉

部·條制門四》均作“五月”，又據《輯本舊史》卷一一五《周世宗紀二》載，顯德二年（955）四月戊午，始以竇儀爲禮部侍郎，依前充職，故改作“五月”。

　　[2]竇儀：人名。薊州漁陽（今天津市薊州區）人。五代後晋至宋初大臣。傳見《宋史》卷二六三。

　　[3]色役：唐、五代時徭役名稱。源於南北朝時期，名稱始於唐。從中央到地方官府，甚至鄉、里最基層單位都役使色役，名目繁多。服役人員成分複雜，包括丁男以外的中男、殘疾人、工匠、品官子弟。最初色役户輪流應役，後改納實物或貨幣代役。五代沿襲。

選授之制[1]

　　[1]此目名中華書局本無，據内容補。

　　唐同光四年三月，中書門下奏議：“左拾遺王松、吏部員外郎李慎儀上疏，[1]以諸道州縣，皆是攝官，[2]誅剥生靈，漸不存濟。比者郭崇韜在中書日，[3]未詳本朝故事，妄被閑人獻疑，點檢選曹，曲生異議，[4]或告赤欠少，一事闕違，保内一人不來，五保即須並廢，文書一紙有誤，數任皆不勘詳。[5]其年選人及行事官一千二百五十餘員，[6]得官者才及數十，皆以渝濫爲名，盡被焚毀棄逐，[7]或斃踣於旅店，或號哭於道途。[8]以至二年已來，選人不敢赴集，銓曹無人可注，中書無人可除，去年闕近二千，授官不及六十。[9]臣等商量伏請特降敕文，宣布遐邇，明言往年制置，不自於宸衷，此日焦勞，特頒於睿澤。[10]望以中書條件及王松等所論事節，委銓司點檢，務在酌中，以爲定制。"從之。[11]時議者以銓注之弊，[12]非止一朝，搢紳之家，自無甄別，或有伯叔告赤，鬻於同姓之家，隨賂改更，因亂昭穆，[13]至有季父伯舅反拜姪甥者。郭崇韜疾惡太深，奏請釐革，豆盧革、韋説僶俛贊成。[14]或有親舊訊其事端者，革、説曰："此郭漢子之意也。"及崇韜誅，韋説即教門人王松上疏奏論，故有此奏。識者非之。[15]

[1]左拾遺：官名。唐代門下省所屬諫官。掌規諫，薦舉人才。從八品上。　王松：人名。京兆（今陝西西安市）人。唐僖宗宰相王徽之子。五代後唐至後漢官員。傳見本書附録、《新五代史》卷五七。　吏部員外郎：官員。輔佐尚書、郎中掌考天下文吏之班秩階品。從六品。　李慎儀：人名。籍貫不詳。五代後唐、後晉官員。事見本書本卷、卷六七、卷七六、卷七九、卷八二、卷八四。

左拾遺王松、吏部員外郎李慎儀上疏：《宋本册府》卷六三二《銓選部·條制門四》載王、李兩人上疏於同光四年（926）二月，且云左拾遺爲李慎儀，吏部員外郎爲王松。

[2]攝官：即兼官。又稱權局、差攝。五代時，州縣官多屬攝官。

[3]郭崇韜：人名。代州雁門（今山西代縣）人。五代後唐大臣。傳見本書卷五七、《新五代史》卷二四。

[4]曲生異議：此句後，《宋本册府》卷六三二有"行矯枉過直之道，成欲益反損之文"等語。

[5]告赤：亦稱"告牒""告劄"。即告身。委任官員的令文。

或告赤欠少，一事闕違：此處引文顛倒，並有闕文。《宋本册府》卷六三二載："其選人凡闕一事闕違，並是有涉踰濫；或告赤欠少，或文字參差：保内一人不來，五保皆須並廢；文書一紙有誤，數任皆不勘詳。且自天下亂離將五十載，無人不遇兵革，無處不遭焚燒，性命脱免者尚或甚稀，文書保全者固應極少。”

[6]選人：唐、五代候選補闕的官員。　一千二百五十餘員：《宋本册府》卷六三二作“一千三百餘員”。

[7]盡被焚毀棄逐：此句後，《宋本册府》卷六三二有“遂令選人”四字。

[8]或號哭於道途：此句後，《宋本册府》卷六三二有“萬口一詞，同爲怨酷。臣等頃曾商議，堅確不迴”等語。

[9]授官不及六十：此句後，《宋本册府》卷六三二有“乃致諸道皆是攝官，朝廷之恩澤不行，縉紳之禄秩皆廢，銜冤負屈，不敢申陳，列局分曹，莫非僥倖。且攝官只自州府，多因賄賂而行，朝廷不知姓名，所司不考課績。皆無拘束，得恣貪殘。及有罪名，又不申奏，互相掩蔽，無迹追尋。遂使人户流移，州縣貧困，口甚一日，爲弊轉多。若不直具奏聞，别爲條例，不惟難息時病，兼且益亂國章”等語。　“以諸道州縣”至“授官不及六十”：以上爲韋説、豆盧革就王、李上疏，提請莊宗採取的措施及結果。

[10]伏請特降敕文：此句前，據《宋本册府》卷六三二補“臣等商量”四字。　往年制置：此句前據《宋本册府》卷六三二補“言”字。　特頒於睿澤：此句後，《宋本册府》卷六三二有“兼以選曹公事，情僞極多，中書條流，亦恐未盡”等語。

[11]王松等所論事節：此句後，《宋本册府》卷六三二有“並與新定選格，有輕重未盡處，並”等語。　務在酌中：此句前，《宋本册府》卷六三二有“但可以去其逾濫，革彼弊訛，不失本朝舊規，能成選曹永例者”等語。　以爲定制：此句後，《宋本册府》卷六三二有“别具起請條奏”六字。

[12]銓註：官吏的考選登録。

[13]昭穆：古代禮制中宗廟的排列次序。《周禮·春官·小宗伯》：“辨廟祧之昭穆。”鄭玄注：“父曰昭，子曰穆。”《禮記·祭統》稱：“昭穆者，所以别父子遠近長幼親疏之序而無亂也。”

[14]豆盧革：人名。先世爲鮮卑慕容氏，後改豆盧氏。唐同州

刺史豆盧籍之孫，舒州刺史豆盧瓚之子。五代後唐宰相。傳見本書
卷六七、《新五代史》卷二八。　韋説：人名。籍貫不詳。福建觀
察使韋岫之子也。後唐宰相。傳見本書卷六七。

　　[15]"時議者"至"識者非之"：以上爲王松、李慎儀上疏之
背景。王、李上疏在郭崇韜被殺之次月，實爲韋説所指使，目的在
洗脱當年未能阻止郭崇韜急於除弊引發反彈之責任。據《輯本舊
史》卷三四《唐莊宗紀八》正月甲子（初七）條："魏王繼岌殺樞
密使郭崇韜於西川，夷其族。"又據同書卷六七《韋説傳》："莊宗
定汴、洛，説與趙光胤同制拜平章事……時郭崇韜秉政，説等承順
而已……初，或有言於崇韜，銓選逾濫，選人或取他人出身名銜，
或取父兄資緒，與令史囊橐罔冒，崇韜乃條奏其事。其後郊天，行
事官數千人，多有告敕僞濫，因定去留，塗毀告身者甚衆，選人號
哭都門之外。議者亦以爲積弊累年，一旦澄汰太細，懼失維新含垢
之意。時説與郭崇韜同列，不能執而止之，頗遭物議。説之親黨告
之，説曰：'此郭漢子之意也。'及崇韜得罪，説懼流言所鍾，乃令
門人左拾遺王松、吏部員外郎李慎義等上疏，云：'崇韜往日專權，
不閑故實，塞仕進之門，非獎善之道。'疏下中書，説等覆奏，深
詆崇韜，識者非之。"又據《宋本册府》卷六三二同卷天成四年
（929）九月條注："初，同光二年郊天（在二月己巳朔），諸寺監行
事官千餘人，不先引驗，或以貨賂收補，及行事畢，銓注覆奏，率
皆僞濫無憑。時樞密使郭崇韜在中書，宰臣豆盧革、韋説等，共議
懲革，奏請焚毀塗抹其告敕。僞濫者伍百人，一時逃竄。其文書不
足者，久駐京師，終無所得，皆相率慟哭而去。士人側目，以崇韜
爲詞。然所行雖正，失於不先定格式引驗，俾仕進者真僞自判也。"
本條內容重要，但本志剪裁不當，編排混亂，如無《册府》及
《輯本舊史》之本紀、列傳校證，無從理解。

　　天成四年冬十月丙申，詔曰："本朝一統之時，除

嶺南、黔中去京地遠，[1]三年一降選補使，號爲南選外，其餘諸道及京百司諸色選人，每年動及數千，分爲三銓，[2]尚爲繁重。近代選人，每年不過數百，何必以一司公事，作三處官方。況有格條，各依資考，兼又明行敕命，務絕阿私，宜新公共之規，俾慎官常之要。其諸道選人，宜令三銓官員，都在省署子細磨勘，無違礙後，即據格同商量注擬，[3]連署申奏，仍不得踵前於私第注官，如此則人吏易可整齊，公事亦無遲滯。”

[1]嶺南：方鎮名。治所在今廣東廣州市。 黔中：方鎮名。治所在今重慶彭水苗族土家族自治縣。

[2]三銓：中華書局本有校勘記：“原作‘三選’，據《宋本冊府》卷六三二改”。見《宋本冊府》卷六三二《銓選部·條制門四》。

[3]即據格同商量注擬：《會要》卷二二雜處置條，“據格”作“具格”並有注文：“不分三銓注官，自此始也。”其後載其年十二月敕：“三銓公事，宜准近敕指揮，仍祇使吏部尚書銓印，並宜付中書門下，封送禮部權收管訖奏。”《輯本舊史》卷四〇《唐明宗紀六》：“天成四年冬十月丙申朔，併吏部三銓爲一銓，宜令本司官員同商量注擬，連署申奏，仍不得於私第注官。”

長興元年三月，敕：“凡是選人，皆有資考，每至赴調，必驗文書，或不具全，多稱失墜，將明本末，須示規程。其判成諸色選人，黃甲下後，[1]將歷任文書告赤連粘，[2]宜令南曹逐縫使印，[3]都於後面粘紙，[4]具前後歷任文書，[5]都計多少紙數，仍具年月日判成，授某官。”[6]蓋懼其分假於人故也。

[1]黄甲：科舉甲科及第者的名單用黃紙書，故名。

[2]告赤：《會要》卷二二雜處置條作“告身”。

[3]南曹：官署名。唐吏部員外郎掌選院，因在尚書省之南，謂之南曹。

[4]粘紙：《輯本舊史》之影庫本粘籤：“粘紙，原本作‘粮紙’，今據《册府元龜》改正。”見《宋本册府》卷六三三《銓選部‧條制門五》，亦見《會要》卷二二。

[5]具前後歷任文書：中華書局本有校勘記：“‘具’原作‘其’，據《五代會要》卷二二、《册府》卷六三三改。”

[6]仍具年月日判成，授某官：《會要》卷二二作“兼具年月日判成，授官去處繳尾訖，給付本人”。

其年十月，中書奏：“吏部流内銓諸色選人，[1]先條流試判兩節，並委本官以優劣等第申奏。[2]文優者宜超一資注擬，其次者宜依資，更次者以同類官注擬，所以勵援毫之作，亦不掩歷任之勞。其或於理道全疏者，以人户少處州縣同類官中比擬。仍准元敕，業文者任徵引古今，不業文者但據公理判斷可否。不當，罪在有司。兼諸色選人，或有元通家狀，不實鄉里名號，將來赴選者，[3]並令改正，一一竪本貫屬鄉縣，兼有無出身，一奏一除官等，宜並不加選限。”[4]從之。

[1]流内銓：官署名。唐代置，爲吏部三銓之一，掌流内官銓選之事。五代沿置，或以他官主判。宋初沿置。“流内銓”，《會要》卷二二雜處置條作“流外銓”。

[2]並委本官以優劣等第申奏：“以”字據《會要》卷二二補，中華書局本沿《輯本舊史》未補。

[3]"或有元通家狀"至"將來赴選者"：中華書局本有校勘記："《五代會要》卷二二作'或有元通家狀內鄉貫不實候將來赴選'。按《册府》（宋本）卷六三三'家狀'下空闕。"

[4]兼有無出身：中華書局本有校勘記："兼有無出身，'有'字原闕，據《五代會要》卷二二補。"

應順元年閏正月丁卯，[1]中書門下奏："準天成二年十二月敕，準長定格：[2]應經學出身人，一任三考，許入下縣令、下州録事參軍，亦入中下州録事參軍。[3]兩任四考，許入中下縣令、中州録事參軍；兩任五考，許入中縣令、上州録事參軍；兩任六考，許入上縣令及緊州録事參軍。[4]凡爲進取，皆有因依，或少年便受好官，或暮齒不離卑任。況孤貧舉士，或年四十，始得經學及第，八年合選，[5]方受一官，在任多不成三考，[6]第二選漸向蹉跎，有一生終不至令、録者，若無改革，何以發揚。自此經學出身，請一任兩考，許入中下縣令、下州録事參軍者。"詔曰："參選之徒，艱辛不一，發身遲滯，到老卑低，宜優未達之人，顯示惟新之澤。其經學出身，一任兩考，元敕入下縣令、下州録事參軍，[7]起今後更許入中下縣令、中州下州録事參軍；[8]一任三考者，於人户多處州縣注擬，如於近敕條内，資敍無相當者，即準格循資考入官：其兩任四考者，準二任五考例入官，餘準格條處分。"

[1]應順：後唐閔帝李從厚年號（934）。　閏正月丁卯：中華書局本有校勘記："'閏'字原闕，據《五代會要》卷二一、《册

府》卷六三三補，按正月壬申朔，無丁卯，閏正月壬寅朔，丁卯爲二十六日。"見《會要》卷二一選事下條、《宋本册府》卷六三三《銓選部・條制門五》。

　　[2]準長定格："準"，中華書局本沿《輯本舊史》無此字，據《會要》卷二一選事下條補。

　　[3]縣令：官名。縣的行政長官，掌治本縣。唐代之縣，分赤（京）、次赤、畿、次畿、望、緊、上、中、中下、下十等。縣令分六等，正五品上至從七品下。河南縣令爲京縣令，正五品上。　録事參軍：官名。州府屬官。總掌諸曹事務。官品爲從六品至從八品不等。

　　[4]兩任六考，許入上縣令及緊州録事參軍：中華書局本有校勘記："句上《册府》卷六三三有'兩任五考許入中縣令，上州録事參軍'十五字。"但未補，今據《册府》及上下文補此十五字。

　　[5]合選：《會要》卷二一作"赴調"。

　　[6]在任多不成三考：《會要》卷二一作"於一任之中，多不成三考"。《宋本册府》卷六三三作"於初任之中"。

　　[7]元敕入下縣令、下州録事參軍：中華書局本有校勘記："'下縣令'原作'中下縣令'，據殿本、《五代會要》卷二一改。"

　　[8]"起今後"至"録事參軍"：中華書局本有校勘記："'中下縣令'，原作'下縣令'，據殿本、劉本、《五代會要》卷二一改。'中州下州録事參軍'，原作'下州録事參軍'，據《五代會要》卷二一、《册府》卷六三三改。"

　　晋天福三年正月，詔曰："舉選之流，苦辛備歷，或則耽書歲久，或則守事年深，小有違礙格條，例是不知式樣。[1]今則方求公器，宜被皇恩，所有選人等，宜令所司，除元駁放及落下事由外，如無違礙，並與施行。仍令所司遍下諸道，起今後文解差錯，[2]過在發解州府官吏。[3]

[1]小：原作"少"，據《會要》卷二二雜處置條改。　式樣：
《輯本舊史》之影庫本粘籤："式樣，原本作'設樣'，今據《五代
會要》改正。"《會要》無此記載。《宋本冊府》卷六三三《銓選
部·條制門五》作"式樣"。

[2]今後文解差錯：《會要》卷二二作"今後選舉人文解差
謬"。

[3]發解州府官吏：此句後，《會要》卷二二有"其選人、舉
人，亦准格處分"十字。

　漢乾祐二年八月，右拾遺高守瓊上言：[1]"仕宦年
未三十，請不除授縣令。"因下詔曰："起今後諸色選
人，年及七十者宜注優散官；年少未歷資考者，不得注
授縣令。"[2]其年十二月，中書門下奏："應諸出選門官
並歷任內曾升朝及使判官，今任却授令、錄者，並依見
任官選數赴集。"從之。

[1]右拾遺：官名。武則天於垂拱元年（685）置拾遺，分左、
右。左拾遺隸門下省，右拾遺隸中書省，與左、右補闕共掌諷諫，
大事廷議，小事則上封事。從八品上。　高守瓊：人名。籍貫不
詳。五代官員。事見本書卷一〇二、《宋本冊府》卷六三四《銓選
部·條制門六》。

[2]"起今後"至"不得注授縣令"：中華書局本沿《輯本舊
史》，"年及七十者"，無"及"字，據《會要》卷二二雜處置條、
《輯本舊史》卷一〇二《漢隱帝紀中》乾祐二年（949）八月辛卯
條，及《宋本冊府》卷六三四補改。"注授縣令"，中華書局本沿

《輯本舊史》作“注授令録”，本有校勘記：“‘令録’，本書卷一〇
二《漢隱帝紀中》、《五代會要》卷二二、《册府》卷六三四作‘縣
令’。”但未改，今據上述諸書改。

　　周廣順元年二月，詔曰：“自前朝廷除官，銓司選
授，當其用闕，皆稟舊規。近聞所得官人，或他事阻
留，或染疾淹駐，始赴任者既過月限，後之官者遂失期
程，以至相沿，漸成非次。是致新官參謝欲上，舊官考
秩未終，待滿替移，動逾時月，凋殘一處，新舊二官，
在迎送以爲勞，必公私之失緒。今後應諸道州府録事參
軍、判司、縣令、主簿等，宜令本州府以到任月日旋具
申奏及報吏部，此後中書及銓司，以到任月日用闕，永
爲定制。”[1]

　　[1]判司：官名。唐代節度使、州郡等均置有判官，以分曹判
事，稱判司。也用判司之名通稱州郡的佐官。　　主簿：官名。漢代
以後歷朝均置。唐代京城百司和地方官署，均設主簿。管理文書簿
籍，參議本署政事，爲官署中重要佐官。其官階品秩，因官署而不
同。　　“周廣順元年”至“永爲定制”：本條亦見《宋本册府》卷
六三四《銓選部·條制門六》。“皆稟舊規”，《册府》作“皆棄舊
規”。

　　其年十月，[1]詔曰：“選部公事，比置三銓，所有員
闕選人，[2]分在三處，每至注擬之際，資敘難得相當。
況今年選人不多，宜令三銓公事，併爲一處，委本司長
官、通判，同商量可否施行。”[3]

［1］其年十月：《輯本舊史》卷一一二《周太祖紀三》載此詔時間爲廣順元年（951）十月乙巳。

［2］員闕：《會要》卷二二雜處置條作"闕員"，《宋本册府》卷六三四《銓選部·條制門六》亦作"員闕"。

［3］通判：内外諸司、州縣衙以次官判列曹文書，謂通判官。即輔佐長官判司事者。　委本司長官、通判，同商量可否施行：《會要》卷二二作"委本司長官同共判署施行"。"同商量可否施行"後，《宋本册府》卷六三四尚有"所冀掄選得中，銓綜有序。其吏部尚書銓見闕，宜差禮部尚書王易權判"二十八字。

"今當開泰之期，宜軫單平之衆，自今後合格選人，歷任無違礙者，並仰吏部南曹判成，如文解差錯，不合式樣，罪在發解官吏。"［1］《永樂大典》卷一萬六千七百八十三。［2］

［1］"今當開泰之期"至"罪在發解官吏"：本條中華書局本有校勘記："據本書卷四三《唐明宗紀九》、《册府》卷六三三，此條唐長興三年正月敕。《五代會要》卷二二繫於長興三年五月，段前或有脱訛。"據《會要》卷二二雜處置條，此爲唐長興三年（932）五月敕文；據《輯本舊史》卷四三《唐明宗紀九》及《宋本册府》卷六三四《銓選部·條制門六》，此爲長興三年正月敕。不知爲何置於此處。

［2］《大典》卷一六七八三"選"字韻"五代銓選"事目。按《大典》凡例，"五代銓選"事目本應衹包括《舊五代史·選舉志》之銓選内容，但《輯本舊史·選舉志》已包括《序言》及五代舉、選之全部内容。

舊五代史　卷一四九

職官志

　　夫官非位無以分貴賤，位非品無以定高卑，是以歷代史官，咸有所紀，皆窮源而討本，期與世以作程。迨乎唐祚方隆，[1]玄宗在宥，[2]採累朝之故事，考衆職之遐源，申命才臣，著成《六典》，[3]其勳階之等級，品秩之重輕，則已備載於其中矣。故今之所撰，不敢相沿，祖述五代之命官，以踵百王之垂範，或釐革升降，則謹而志之，俾後之爲天官卿者，[4]得以觀焉。[5]

　　[1]迨乎唐祚方隆：《輯本舊史》之影庫本粘籤：“方隆，原本作‘方降’，今據《職官分紀》改正。”見《職官分紀》卷一。
　　[2]玄宗：即唐明皇李隆基。712年至756年在位。紀見《舊唐書》卷八至卷九、《新唐書》卷五。
　　[3]《六典》：書名。即《唐六典》，亦稱《大唐六典》。中國現存最早的一部行政法典。唐玄宗命修書院編撰，舊題御撰，李林甫等注。唐開元十年（722）始撰，至二十六年書成。共三十卷。包括唐中央行政、財政、軍事、司法、監察、教育、禮賓、農林、水利等和地方行政管理體制及職官的選拔、任用、權責、考課等各個方面，可謂唐行政法規大全。
　　[4]天官卿：指吏部尚書。

[5]得以觀焉：《輯本舊史》之原輯者案語："《薛史·職官志》，本《唐六典》而紀其釐革，故載同光、天成之改制，皆稱後唐，所以別於《六典》也。"

梁開平三年三月，[1]詔升尚書令爲正一品。[2]按《唐六典》，尚書令正二品，[3]是時以將授趙王鎔此官，[4]故升之。

[1]開平：後梁太祖朱温年號（907—911）。

[2]尚書令：官名。秦始置。隋、唐前期爲尚書省長官，與中書令、侍中並爲宰相。唐後期多爲大臣加銜，不參與政務。正二品。

[3]尚書令正二品："尚書令"，中華書局本有校勘記："原作'尚書'，據劉本、《御覽》卷二一〇《職官部·尚書令》引《五代史·梁書》、《唐六典》卷一改。"

[4]趙王鎔：人名。即王鎔。回鶻人。唐末、五代軍閥，朱温後封趙王。傳見本書卷五四、《新五代史》卷三九。"趙王鎔"，中華書局本作"趙州王鎔"。據《輯本舊史》卷五四《王鎔傳》："（鎔）位至成德軍節度使、守太師、中書令、趙王，梁祖加尚書令。"《御覽》卷二一〇《職官部八·尚書令》引《五代史·梁書》作"趙王鎔"，《職官分紀》卷八《尚書令》引《五代職官志》亦作"趙王鎔"。王鎔封趙王，且成德軍節度使治所在鎮州，非趙州，作"趙州王鎔"誤。

後唐天成四年八月，[1]詔曰："朝廷每有將相恩命，準往例，諸道節度使帶平章事、兼侍中、中書令，[2]並列銜於敕牒後，[3]側書'使'字。今兩浙節度使錢鏐是元帥、尚父，[4]與使相名殊，[5]承前列銜，久未改正。湖南節度使馬殷，[6]先兼中書令之時，理宜齒於相位，今守太師、尚書令，[7]是南省官資，[8]不合列署敕尾。今後每署將相敕牒，宜落下錢鏐、馬殷官位，仍永爲常式。"

[1]天成：後唐明宗李嗣源年號（926—930）。

[2]節度使：官名。唐時在重要地區所設掌握一州或數州軍政、民政、財政的長官。　平章事：官名。即"同中書門下平章事""同平章事"。唐高宗以後，凡實際任宰相之職者，常在其本官後加同平章事的職銜。後成爲宰相專稱。後晉天福五年（940），升中書門下平章事爲正二品。　侍中：官名。秦始置。隋、唐前期爲門下省長官。唐後期多爲大臣加銜，不參與政務，實際職務由門下侍郎執行。正二品。　中書令：官名。漢代始置，隋、唐前期爲中書省長官，屬宰相之職；唐後期多爲授予元勳大臣的虛銜。正二品。

[3]敕牒：委任官吏的任命文書，由尚書省承旨發出。

[4]兩浙：地區名。浙東、浙西的合稱。泛指今浙江全省及江蘇南部一角。　錢鏐：人名。杭州臨安（今浙江杭州市臨安區）人。五代時期吳越國的建立者。傳見本書卷一三三，世家見《新五代史》卷六七。　元帥：官名。此處指天下兵馬元帥。唐代朝廷若有重大軍事行動，則置此官，以統率天下軍隊。　尚父：初爲周武王對呂尚（即世所謂姜子牙）的尊稱。後多用於尊禮元勳大臣的稱號。

[5]使相：官名。唐朝後期，宰相常兼節度使，節度使亦常加宰相銜，皆稱使相。五代時，節度使多帶宰相銜，但不預朝廷政事。

[6]湖南：方鎮名。又稱武安軍節度。治所在潭州（今湖南長沙市）。　馬殷：人名。許州鄢陵（今河南鄢陵縣）人，一說上蔡（今河南上蔡縣）人。五代十國南楚開國君主。傳見本書卷一三三，

世家見《新五代史》卷六六。

[7]太師：官名。與太傅、太保合稱三師，唐後期、五代多爲大臣、勳貴加官。正一品。

[8]南省：官署名。唐代尚書省設在皇城正中，位居宮城之南。在中書、門下、尚書三省之中，尚書省的位置也在其他兩省之南，故通稱南省。

梁開平二年四月，改左右丞爲左右司侍郎，[1]避廟諱也。[2]至後唐同光元年十月，[3]復舊爲左右丞。

[1]左右丞：官名。即尚書左丞、尚書右丞。尚書省佐貳官。唐中期以後，尚書左右丞實際主持尚書省日常政務，權任甚重。左丞，正四品上。右丞，正四品下。　左右司侍郎：官名。即尚書左右丞。五代後梁開平二年（908）因避諱改，後唐同光元年（923）復名尚書左右丞。左丞，正四品上。右丞，正四品下。

[2]廟諱：梁太祖父名誠，城門郎改門局郎，城隍改牆隍等，均爲避其父嫌名，即音聲相近之字亦避。

[3]同光：後唐莊宗李存勖年號（923—926）。　十月：《御覽》卷二一三《職官部一一·右丞》引《五代史·後唐書》、《職官分紀》卷八《左右丞》引《五代職官志》同。《會要》卷一四左右丞條“十月”作“十一月”。

後唐長興元年九月，[1]詔曰：“臺轄之司，[2]官資並設，左右貌素來相類，[3]左右揆不至相懸，[4]以此比方，豈宜分別。自此宜升尚書右丞官品，與左丞並爲正四品。”

右都省。

［1］長興：後唐明宗李嗣源年號（930—933）。

［2］臺轄：尚書左、右丞別稱。

［3］左右貂：唐中書、門下兩省高級官員的代稱。唐制，中書省中書令、右散騎常侍，門下省侍中、左散騎常侍等均爲三品以上官，其冠皆飾以金蟬、珥貂。因此左散騎常侍與侍中被稱爲左貂；右散騎常侍與中書令被稱爲右貂，合稱左右貂。

［4］左右揆：左相、右相的別稱。《輯本舊史》之影庫本粘籤："原本作'右撥'，今從《五代會要》改正。"見《會要》卷一四左右丞條。"後唐"至"正四品"：《御覽》卷二一三《職官部一一·右丞》引《五代史·後唐書》、《職官分紀》卷八《左右丞》引《五代職官志》同。

後唐長興四年九月，敕："馮贇有經邦之茂業，[1]宜進位於公台，但緣平章事字犯其父名，[2]不欲斥其家諱，可改同章事爲同中書門下二品。"[3]後至周顯德中，[4]樞密使吳廷祚亦加同中書門下二品，[5]避其諱也。[6]

［1］馮贇：人名。太原（今山西太原市）人。五代後唐明宗朝宰相、三司使。傳見本書附録、《新五代史》卷二七。

［2］但緣平章事字犯其父名：馮贇父名璋，見《新五代史》卷二七《馮贇傳》。

［3］同中書門下二品：《輯本舊史》卷四四《唐明宗紀十》長興四年九月戊子條誤作"同平章事中書門下同二品"，《會要》卷一三中書門下條、《輯本舊史》卷四五《唐閔帝紀》應順元年（934）正月戊子條均作"同中書門下二品"。

［4］顯德：五代後周太祖郭威年號，世宗柴榮、恭帝柴宗訓沿用（954—960）。

［5］樞密使：官名。樞密院長官，五代時以士人爲之，備顧問，

參謀議，出納詔奏，權侔宰相。參見李全德《唐宋變革期樞密院研究》，國家圖書館出版社 2009 年版。　吳廷祚：人名。并州太原（今山西太原市）人。後周、宋初將領。傳見《宋史》卷二五七。

[6]"後至周顯德中"至"避其諱也"：《輯本舊史》卷一二〇《周恭帝紀》顯德六年（959）八月甲午條，吳廷祚仍爲樞密使，爲相在宋初。《宋史》卷一《太祖紀一》記吳廷祚加"同中書門下二品"在建隆元年（960）二月乙亥，卷二五七《吳廷祚傳》稱"宋初，加同中書門下二品，以其父名璋，故避之"，《輯本舊史》繫於周顯德中，誤。

晉天福五年二月，[1]敕："以門下侍郎、中書侍郎并爲清望正三品。"[2]

[1]天福：五代後晉高祖石敬瑭年號（936—942）。出帝石重貴沿用至九年（944）。後漢高祖劉知遠繼位後沿用一年，稱天福十二年（947）。

[2]門下侍郎：官名。門下省副長官。唐後期三省長官漸爲榮銜，中書侍郎、門下侍郎却因參議朝政而職位漸重，常常用爲以"同三品"或"同平章事"任宰相者的本官。正三品。　中書侍郎：官名。中書省副長官。唐後期三省長官漸爲榮銜，中書侍郎、門下侍郎却因參議朝政而職位漸重，常常用爲以"同三品"或"同平章事"任宰相者的本官。正三品。　清望：即清望官。唐代內、外三品以上官等之總名。《唐六典》卷二《尚書吏部·郎中》："凡京師有……清望官。"原注："謂內外三品已上官，及中書、黃門侍郎，尚書左、右丞，諸司侍郎，並太常少卿、秘書少監、太子少詹事，左、右庶子，左、右率及國子司業。"

九月，[1]詔曰："《六典》云：中書舍人掌侍奉進奏,[2]參議表章，凡詔旨制敕璽書策命,[3]皆按故事起草進畫，既下，則署而行之。其禁有四：一曰漏洩，二曰稽緩，三曰違失，四曰忘誤,[4]所以重王命也。古昔已來，典實斯在，爰從近代，別創新名。今運屬興王，事從師古，俾仍舊貫，以耀前規。其翰林學士院公事,[5]宜並歸中書舍人。"[6]

[1]九月：中華書局本"九月"前有"晉天福五年"五字，並有校勘記："殿本無'晉天福五年'五字。"前條已書"晉天福五年"，殿本此條亦無此五字，據刪。蘇易簡《續翰林志》卷上作五月，《會要》卷一三中書舍人條、《御覽》卷二二《職官部二〇·中書舍人》引《五代史·晉史》皆作"九月"。

[2]中書舍人：官名。中書省屬官。掌起草文書、呈遞奏章、傳宣詔命等。正五品上。

[3]璽書：官制用語。璽即印，書指文書、文件、信件。璽書即以印加封的文書信件。秦始皇以璽爲皇帝之印的專稱，故璽書便成爲皇帝詔書的代稱。 策命：亦稱"册命"。詔令文體的一種。帝王封立太子、皇后、王妃或諸王時所使用的命令文書。《六典》卷九中書舍人作"册命"。

[4]忘誤：《舊五代史考異》："《册府元龜》作'失誤'，考《五代會要》、《職官分紀》俱作'忘'，今仍其舊。"《册府》卷五五〇《詞臣部·總序》作"妄誤"，《舊五代史考異》誤。《會要》卷一三中書舍人條、《職官分紀》卷一五《翰林學士承旨》作"忘誤"，《御覽》卷二二二《職官部二〇·中書舍人》同。

[5]翰林學士院：官署名。又稱"學士院"。開元二十六年（738）唐玄宗改翰林供奉爲翰林學士，於翰林院之外，另置學士院，令翰林學士入直其中，直屬皇帝。掌起草任免將相等的機密詔令，並備皇帝咨詢。

[6] 宜並歸中書舍人：蘇易簡《續翰林志》卷上此後尚有“從宰臣馮道之奏也。自是舍人畫直者當中書制，夜直者當内制”一句。“九月”全條亦見《大典》卷一〇一一五“旨”字韻“翰林學士承旨”事目。《大典》卷一〇一一五在此條後有“從宰相馮道奏也。自是舍人畫直者，當中書制；夜直者，當内制主”之語。

七年五月，[1]中書門下上言：“有司檢尋長興四年八月二十一日敕：準《官品令》，[2]侍中、中書令正三品，按《會要》，[3]大曆二年十一月陞爲正二品；[4]左右常侍從三品，[5]按《會要》，廣德二年五月陞爲正三品；[6]門下、中書侍郎正四品，大曆二年十一月陞爲正三品；諫議大夫正五品，[7]按《續會要》，[8]會昌二年十二月陞爲正四品，[9]以備中書、門下四品之闕；[10]御史大夫從三品，[11]會昌二年十二月陞爲正三品；御史中丞正五品，亦與大夫同時陞爲正四品。”敕：“宜各準元敕處分，仍添入令文，永爲定制。”又詔：“門下侍郎，班在常侍之下，俸禄同常侍。”[12]

[1]五月：《會要》卷一三門下侍郎條作“二月”，《輯本舊史》卷八〇《晋高祖紀六》、《資治通鑑》卷二八三天福七年二月與五月皆未載相關詔敕。

[2]《官品令》：唐令篇名，規定官員品級制度，包括流内文武職官、文武散官、勳官、封爵及流外官之品階等級。

[3]《會要》：書名。此處指唐蘇冕所撰《會要》。共四十卷。敍述唐高祖至德宗九朝政治、經濟、軍事、刑法、職官、天文、地理、文化等沿革損益情況。

[4]大曆：唐代宗李豫年號（766—779）。

[5]左右常侍：官名。即左右散騎常侍。分別是門下省、中書省屬官。掌侍奉規諷，備顧問應對。正三品下。

[6]廣德：唐代宗李豫年號（763—764）。

[7]諫議大夫：官名。秦始置，掌朝政議論。隋唐仍置，有左、右諫議大夫各四人，分屬門下、中書二省。掌諫諭得失，侍從贊相。唐後期、五代多以本官領他職。正四品下。

[8]續會要：書名。唐崔鉉監修，楊紹復、崔瑑、薛逢、鄭言等修撰。共四十卷。敘德宗至宣宗大中六年（852）事，以補蘇冕所撰《會要》。

[9]會昌：唐武宗李瀍年號（841—846）。

[10]以備中書、門下四品之闕：中華書局本有校勘記：“‘備’原作‘補’，據殿本、劉本、孔本、《唐會要》卷五五改。影庫本批校云：‘以備中書門下四品之闕，“備”訛“補”。’”

[11]御史大夫：官名。秦始置，與丞相、太尉合稱三公。至唐代，在御史中丞之上設御史大夫一人，爲御史臺長官，專掌監察、執法。正三品。

[12]“又詔”至“同常侍”：亦見《御覽》卷二二一《職官部一九·黃門侍郎》引《五代史·晋書》，無月。

周顯德五年六月，敕：“諫議大夫宜依舊正五品上，仍班位在給事中之下。”[1]按《唐典》，諫議大夫四員，正五品上，皆隸門下省，[2]班在給事中之下。至會昌二年十一月，[3]中書門下奏，陞爲正四品下，仍分爲左右，以備兩省四品之闕，故其班亦陞在給事中之上。近朝自諫議大夫拜給事中者，官雖序遷，位則降等，至是以其遷次不倫，故改正焉。[4]

右兩省。

[1] 班位：官員上朝時列班的位次。　給事中：官名。秦始置。隋唐以來，爲門下省屬官。掌讀署奏抄，駁正違失。正五品上。

[2] 門下省：官署名。與中書省、尚書省並稱"三省"，爲隋唐最高政務機關。

[3] 至會昌二年十一月：中華書局本有校勘記："'十一月'，《御覽》卷二二三引《五代周書》、《五代會要》卷一三同，《唐會要》卷五五、本卷上文引《續會要》敘其事作'十二月'。"

[4] 至是以其遷次不倫：中華書局本有校勘記："'倫'原作'備'，據《御覽》卷二二三引《五代史周書》、《五代會要》卷一三改。"見《會要》卷一三諫議大夫條。《御覽》卷二二三《職官部二一·諫議大夫》引《五代史·周書》亦作"倫"。

後唐清泰二年十一月，[1] 制："以前同州節度使、檢校太尉、同平章事馮道爲守司空。"[2] 時議者曰："自隋、唐以來，三公無職事，[3] 自非親王不恒置，於宰臣爲加官，無單置者。"道在相位時帶司空，及罷鎮，未命官，議者不練故事，率意行之。及制出，言議紛然，或云便可綜中書門下事，或云須冊拜開府。[4] 及就列，無故事，乃不就朝堂敘班，臺官兩省官入就列，方入，宰臣退，踵後先退。劉昫又以罷相爲僕射，[5] 出入就列，一與馮道同，議者非之。及晉天福中，[6] 以李鏻爲司徒，[7] 周廣順初，[8] 以竇貞固爲司徒，[9] 蘇禹珪爲司空，[10] 遂以爲例，議者不復有云。[11]

右三公。

[1] 清泰：五代後唐廢帝李從珂年號（934—936）。

[2] 同州：方鎮名。治所在今陝西大荔縣。　檢校太尉：官名。

爲散官或加官，以示恩寵，無實際執掌。太尉，與司徒、司空並爲三公。　馮道：人名。瀛州景城（今河北滄縣）人。五代時官拜宰相，歷仕後唐、後晉、後漢、後周，亦曾臣服於契丹。傳見本書卷一二六、《新五代史》卷五四。　司空：官名。與太尉、司徒並爲三公。唐後期、五代多爲大臣、勳貴加官。正一品。

[3]三公：官名總稱。包括太尉、司徒、司空。正一品。

[4]開府：開建府署，辟置僚屬。

[5]劉昫：人名。涿州歸義（今河北容城縣）人。五代大臣，曾任宰相、監修國史，領銜撰進《舊唐書》。傳見本書卷八九、《新五代史》卷五五。

[6]天福：五代後晉高祖石敬瑭年號（936—942）。出帝石重貴沿用至九年（944）。後漢高祖劉知遠繼位後沿用一年，稱天福十二年（947）。

[7]李鏻：人名。唐朝宗室。五代大臣。傳見本書卷一〇八、《新五代史》卷五七。　司徒：官名。與太尉、司空並爲三公，唐後期、五代多爲大臣、勳貴加官。正一品。

[8]廣順：五代後周太祖郭威年號（951—953）。

[9]竇貞固：人名。同州白水（今陝西白水縣）人。後漢宰相。傳見《宋史》卷二六二。

[10]蘇禹珪：人名。高密（今山東高密市）人。劉知遠爲河東節度時的屬官，後漢初任宰相。傳見《舊五代史》卷一二七。

[11]“後唐清泰”至“不復有云”：《御覽》卷二〇八《職官部六·司空》引《五代史·唐書》、《職官分紀》卷二《三公》引《五代職官志》與此條略同。“自非親王不恒置”，《輯本舊史》之影庫本粘籤：“據《職官分紀》云：親王加三公三師，多兼官使。是單置者，即親王亦不能得其寵任也。今附識於此。”見《職官分紀》卷二《三公》。

後唐天成元年夏六月，以李琪爲御史大夫，[1]自後不復除。

[1]李琪：人名。河西敦煌（今甘肅敦煌市）人。後梁、後唐官員。傳見本書卷五八、《新五代史》卷五四。

其年冬十一月丙子，諸道進奏官上言：[1]“今月四日，中丞上事，[2]臣等禮合至臺，比期不越前規，依舊傳語，忽蒙處分通出，尋則再取指揮，要明審的。又蒙問：大夫相公上事日如何？臣等訴云：大夫曾爲宰相，進奏官伏事中書，事體之間，實爲舊吏。若以別官除授，合云傳語勞來，又堅令通出。臣等出身藩府，不會朝儀，拒命則恐有奏聞，遵稟則全隳則例，伏恐此後到臺參賀，儀則不定者。”詔曰：“御史臺是大朝執憲之司，[3]乃四海繩違之地，凡居中外，皆待整齊，[4]藩侯尚展于公參，邸吏豈宜於抗禮。[5]遽觀論列，可驗侮輕，但以喪亂孔多，紀綱隳紊，霜威掃地，風憲銷聲。今則景運惟新，皇圖重正，稍加提舉，漸止澆訛。宜令御史臺，凡關舊例，並須舉行，如不稟承，當行朝典。”時盧文紀初拜中丞，[6]領事於御史府，諸道進奏官來賀，文紀曰：“事例如何？”臺吏喬德威等言：[7]“朝廷在長安日，進奏官見大夫、中丞，如胥吏見長官之禮。及梁氏將革命，本朝微弱，諸藩强據，人主、大臣皆姑息邸吏，[8]時中丞上事，邸吏雖至，皆於客次傳語，[9]竟不相見。自經兵亂，便以爲常。”文紀令臺吏諭以舊儀相見，據案端簡，通名贊拜。邸吏輩既出，怒不自勝，相率於閣門求見，[10]騰口喧訴。明宗謂趙鳳曰：[11]"進奏官比外何官？"鳳對曰："府縣發遞祇候之流也。"明宗曰："乃吏役耳，安得慢吾法官。"乃下此詔。

[1]進奏官：官名。唐、五代藩鎮皆置邸於京師，爲駐京城的辦事機構。唐肅宗、代宗時稱上都留後院，大曆十二年（777）改稱上都進奏院。五代時，州郡不隸藩鎮者，亦置邸京師。以進奏官主其事，掌傳送文書、情報，主持本鎮、州郡進奉。

[2]中丞：官名。即御史中丞。如不置御史大夫，則爲御史臺長官。掌司法監察。正四品下。

[3]御史臺：官署名。秦漢始置。古代國家的監察機構。掌糾察官吏違法，肅正朝廷綱紀。大事廷辯，小事奏彈。

[4]皆待整齊：中華書局本有校勘記："'待'原作'不'，據《永樂大典》卷二六〇六引《五代史職官志》、《冊府》卷五一七改"。《大典》卷二六〇六爲"臺"字韻"御史臺"事目。

[5]邸吏豈宜於抗禮："邸吏"，《輯本舊史》之影庫本粘籤："原本作"邸員'，今考《五代會要》、《冊府元龜》俱作'吏'，今改正。"見《會要》卷一七御史中丞條、《宋本冊府》卷五一七《憲官部·振舉門》。

[6]盧文紀：人名。京兆萬年（今陝西西安市長安區）人。唐末進士，五代宰相。傳見本書卷一二七、《新五代史》卷五五。

[7]喬德威：人名。籍貫不詳。唐末御史臺吏員。本書僅此一見。

[8]人主、大臣皆姑息邸吏：中華書局本有校勘記："'皆'字原闕，據《永樂大典》卷二六〇六引《五代史職官志》、《冊府》卷五一七補。"

[9]客次：接待賓客的處所。

[10]便以爲常：《輯本舊史》之影庫本粘籤："以爲常，原本脱

'爲'字，今從《職官分紀》增入。"《職官分紀》並無相關内容。見《會要》卷一七御史中丞條。　閤門：唐代大明宫之正殿（宣政殿）、内殿（紫宸殿）以東、西上閤門相連，閤門遂爲外朝、内朝之分界。五代宫殿承唐制，亦設閤門。

[11]明宗：即李嗣源。沙陀部人，應州金城（今山西應縣）人。李克用養子，逼宫李存勖後自立爲後唐皇帝。紀見本書卷三五至卷四四、《新五代史》卷六。　趙鳳：人名。幽州（今北京市）人。後唐明宗朝宰相。傳見本書卷六七、《新五代史》卷二八。

晋天福三年三月壬戌，[1]御史臺奏："按《六典》，侍御史掌糾舉百僚，[2]推鞫獄訟，居上者判臺，知公廨雜事，[3]次知西推、贓贖、三司受事，[4]次知東推、理匭。"[5]敕："宜依舊制。"遂以駕部員外郎兼侍御史知雜事劉皞爲河南少尹，[6]自是無省郎知雜者。

[1]三年：中華書局本有校勘記："《永樂大典》卷二六〇六引《五代史·職官志》、《職官分紀》卷一四引《五代史·百官志》同，《五代會要》卷一七、《册府》卷五一七作'四年'。"此條原在天福五年（940）二月條後，無論爲天福三年或四年，均在五年之前，故移前，並按本書體例，在"三年"前加"晋天福"字。

[2]侍御史：官名。秦始置。掌糾舉百官，推鞫獄訟。從六品下。

[3]公廨：此處指御史處理公務的衙署。

[4]西推：唐御史臺有知推侍御史兩員，分掌東西推鞫事務。所謂東西推，即將京城百司及諸州分成東西兩個部分，各以侍御史一人掌之。知西推的侍御史同時處理贓贖、三司受事時作爲御史臺的代表，號稱副端。知東推的侍御史，則兼任理匭使。凡有制敕以刑獄交付臺推者，推畢據實奏聞，若是尋常案件，推訖交付大理寺

斷案。知東、西推侍御史各一人與同知東、西推殿中侍御史各一人合稱四推御史。

[5]東推：唐代有知東推的侍御史，兼任理匭使。　理匭：唐武后垂拱二年（686）鑄銅匭四，塗以青、紅、白、黑色，列於朝堂，接受四方投書，以御史中丞、侍御史一人爲理匭使。玄宗天寶九年（750），以“匭”聲近“鬼”，改理匭使爲獻納使。

[6]駕部員外郎：官名。唐代駕部郎中的副職。協助長官掌輿輦、車乘、傳驛、厩牧等事。從六品上。　侍御史知雜事：官名。唐置，以資深御史充任，總管御史臺庶務。五代沿置。　劉皥：人名。涿州歸義（今河北容城縣）人。五代十國時期大臣。後晉宰相劉昫弟。傳見本書卷一三一。　少尹：官名。唐、五代於三京、鳳翔等府均置少尹，爲尹的副職。協助尹通判列曹諸務。從四品下。中華書局本有校勘記：“原作‘河南尹’，據《永樂大典》卷二六〇六引《五代史·職官志》《五代會要》卷一七、《冊府》卷五一七改。”

五年二月，以御史中丞爲清望正四品。按《唐典》，御史中丞正五品上，今始陞之。[1]

[1]“五年”至“陞之”：此條原在“三年三月壬戌”條前，現移後，並按本書體例，删“五年”前“晋天福”三字，此條亦見《大典》卷二六〇六。

開運二年八月，[1]敕：“御史臺準前朝故事，以郎中、員外郎一人兼侍御史知雜事，[2]近年停罷，獨委年深御史知雜。振舉之司，[3]紀綱未峻，宜遵舊事庶叶通規。宜却于郎署中選清慎强幹者兼侍御史知雜事。”

右御史臺。

[1]開運：後晉出帝石重貴年號（944—947）。

[2]郎中、員外郎一人：《會要》卷一七侍御史條作“郎中、員外一員”。

[3]振舉之司：中華書局本有校勘記：“‘司’原作‘間’，據《永樂大典》卷二六〇六引《五代史職官志》、《五代會要》卷一七改。”

昔唐朝擇中官一人爲樞密使，[1]以出納帝命。[2]至梁開平元年五月，改樞密院爲崇政院，[3]始命敬翔爲院使，[4]仍置判官一人，[5]自後改置副使一人。[6]二年十一月置崇政院直學士二員，[7]選有政術文學者爲之，其後又改爲直崇政院。[8]

[1]中官：即宦官。

[2]“昔唐朝”至“出納帝命”：《輯本舊史》之原輯者案語：“《職官分紀》：唐樞密使與兩軍中尉謂之‘四貴’，天祐元年廢。項安世《家説》：唐於政事堂後列五房，有樞密房，以主曹務。則樞密之任，宰相主之，未始他付，其後寵任宦人，始以樞密歸之内侍。”對此條案語，中華書局本有校勘記：“‘項安世《家説》……歸之内侍’，以上四十九字原闕，據《舊五代史考異》補。”見《職官分紀》卷一二《樞密使》、《舊五代史考異》卷五。

[3]樞密院、崇政院：官署名。唐代宗曾設樞密使，以宦官充任。五代時，後梁設置崇政院，掌管軍國大政；後唐改稱樞密院，與中書分理朝政。

[4]敬翔：人名。同州馮翊（今陝西大荔縣）人。後梁大臣。

傳見本書卷一八、《新五代史》卷二一。

[5]判官：官名。此處指樞密院（崇政院）僚屬，輔助院使處理事務。

[6]副使：官名。樞密院（崇政院）副長官。

[7]崇政院直學士：官名。崇政院屬官，選有政術文學者充任。備顧問應對。

[8]直崇政院：《輯本舊史》之原輯者案語："原本作'直崇文院'，今從《五代會要》改正。"見《會要》卷二四樞密使條。

後唐同光元年十月，崇政院依舊爲樞密院，命宰臣郭崇韜兼樞密使，[1]亦置直院一人。[2]

[1]郭崇韜：人名。代州雁門（今山西代縣）人。五代後唐大臣。傳見本書卷五七、《新五代史》卷二四。

[2]亦置直院一人：《輯本舊史》之原輯者案語："《五代會要》作'亦置院使一人'，《石林燕語》作'改爲樞密院直學士'。"見《會要》卷二四樞密使條、《石林燕語》卷二。對此條案語中華書局本有校勘記："'《石林燕語》作改爲樞密院直學士'，以上十三字原闕，據殿本考證補。"《通鑑》卷二七五天成元年（926）五月甲戌條胡注引宋白語："同光二年，崇政院依舊爲樞密院，以宰臣兼使，置直院一人。"

晉天福四年四月，以樞密副使張從恩爲宣徽使，[1]權廢樞密院故也。先是，晉祖以宰臣桑維翰兼樞密使，[2]懇求免職，只在中書，遂以宣徽使劉處讓代之，[3]每有奏議，多不稱旨。其後處讓丁憂，[4]乃以樞密院印付中書門下，[5]故有是釐改也。

[1]張從恩：人名。太原人。五代後晉外戚、將領。仕至宋初。傳見《宋史》卷二五四。　宣徽使：官名。唐始置。宣徽南院使、北院使通稱宣徽使。初用宦官，五代以後改用士人。通掌内諸司及三班内侍之名籍，郊祀、朝會、宴享供帳之儀，檢視内外進奉名物。參見王永平《論唐代宣徽使》，《中國史研究》1995 年第 1 期；王孫盈政《再論唐代的宣徽使》，《中華文史論叢》2018 年第 3 期。

[2]桑維翰：人名。洛陽（今河南洛陽市）人。五代後唐進士，後晉宰相、樞密使。傳見本書卷八九、《新五代史》卷二九。

[3]劉處讓：人名。滄州（今河北滄縣舊州鎮）人。五代後唐、後晉將領。傳見本書卷九四、《新五代史》卷四七。

[4]丁憂：指遭父母之喪。

[5]乃以樞密院印付中書門下：中華書局本有校勘記：“‘院’字原闕，據《職官分紀》卷一二引《五代史》、《大事記續編》卷七五引《舊史職官志》、《五代會要》卷二四補。”

　　開運元年六月，敕依舊置樞密院，以宰臣桑維翰兼樞密使，從中書門下奏請也。[1]

[1]“開運元年”至“奏請也”：亦見《會要》卷二四《樞密使》條，“敕依舊置樞密院”下，《會要》卷二四尚有“其見在中書元係樞密院職司人吏，各勒仍舊。應合行公事，委本院奏取指揮”等語；“以宰臣桑維翰兼樞密使”後有小注：“從中書門下奏請也。”

　　周顯德六年六月，命司徒平章事范質、禮部尚書平章事王溥並參知樞密院事。[1]

[1]范質：人名。大名宗城（今河北威縣）人。後周、宋初宰

相。傳見《宋史》卷二四九。　　禮部尚書：官名。尚書省禮部主官。掌禮儀、祭享、貢舉之政。正三品。　　王溥：人名。并州祁（今山西祁縣）人。後周、宋初宰相。傳見《宋史》卷二四九。

梁開平元年四月，始置建昌院，[1]以博王友文判院事，[2]以太祖在藩時，[3]四鎮所管兵車賦税、諸色課利，按舊簿籍而主之。其年五月，中書門下奏請以判建昌院事爲建昌宮使，[4]仍以東京太祖潛龍舊宅爲宮也。二年二月，以侍中韓建判建昌宮事。[5]至十月，以尚書兵部侍郎李皎爲建昌宮副使。[6]三年九月，以門下侍郎平章事薛貽矩兼延資庫使，[7]判建昌宮事。[8]至四年十二月，以李振爲建昌宮副使。[9]乾化二年五月，[10]以門下侍郎平章事于兢兼延資庫使，[11]判建昌宮事。其年六月，廢建昌宮，以河南尹魏王張宗奭爲國計使，[12]凡天下金穀兵戎舊隸建昌宮者悉主之。至後唐同光四年二月，以吏部尚書李琪爲國計使。[13]自後廢其名額不置。

[1]建昌院：官署名。五代後梁置，掌四鎮所管兵車賦税、諸色課利，按舊時簿籍施行。以判院事一人爲長官，不久改爲建昌宮使。乾化二年（912）罷。

[2]友文：人名。朱温養子，後被朱友珪所殺。傳見本書卷一二、《新五代史》卷一三。

[3]太祖：即後梁太祖朱温。宋州碭山（今安徽碭山縣）人。紀見《舊五代史》卷一至卷七、《新五代史》卷一至卷二。

[4]建昌宮使：官名。五代後梁開平元年（907）置建昌院，掌租賦等財政收入，以判院事爲長官。同年，改判建昌院事爲建昌宮使。乾化二年廢建昌宮，另置國計使管財政。

[5]二年二月：中華書局本有校勘記："'二月'，本書卷四《梁太祖紀四》同，《五代會要》卷二四作'三月'"。見《會要》卷二四建昌宮使條。但《輯本舊史·梁太祖紀四》二月條所載此事，非錄自《大典》所引《舊史》，乃錄自明本《册府》卷二〇五《閏位部巡幸門》，並云以韓建權判建昌宮事。　侍中：官名。秦始置。隋、唐前期爲門下省長官。唐後期多爲大臣加銜，不參與政務，實際職務由門下侍郎執行。正二品。　韓建：人名。許州長社（今河南許昌市）人。唐末、五代軍閥。傳見本書卷一五、《新五代史》卷四〇。中華書局本有校勘記："'韓建'二字原闕，據《五代會要》卷二四、《册府》卷四八三補。《舊五代史考異》卷五：'案原本有闕文。據《五代會要》，以侍中韓建判建昌宮事。'"見《會要》卷二四、《宋本册府》卷四八三《邦計部·總序》。

[6]尚書兵部侍郎：官名。尚書省兵部次官。協助兵部尚書掌武官銓選、勳階、考課之政。正四品下。　李皎：人名。籍貫不詳。五代後梁大臣，任兵部侍郎、工部尚書等職。事見本書卷四、卷七。

[7]薛貽矩：人名。河東聞喜（今山西聞喜縣）人。唐末、後梁大臣。傳見本書卷一八、《新五代史》卷三五。　延資庫使：官名。唐會昌五年（845）置備邊庫，收納度支、户部、鹽鐵三司錢物。大中三年（849）改名延資庫，先以度支郎中兼管，次年以宰相兼領。五代沿置。

[8]判建昌宮事：中華書局本有校勘記："'事'字原闕，據殿本、邵本校，《五代會要》卷二四、《册府》卷四八三補。"見《會要》卷二四、《宋本册府》卷四八三《邦計部·總序》。

[9]李振：人名。西州（今新疆吐魯番市）人。唐潞州節度使李抱真之曾孫。五代後梁大臣。傳見本書卷一八、《新五代史》卷四三。

[10]乾化：五代後梁太祖朱温年號（911—912）。末帝朱友貞沿用（913—915）。

[11]于兢：人名。京兆高陵（今陝西西安市高陵區）人。唐宰相于志寧之後，後梁宰相。善畫牡丹。事見本書卷四、《新五代史》卷三。

[12]河南尹：官名。唐開元元年（713）改洛州爲河南府，治所在今河南洛陽市，河南府尹總其政務。從三品。　張宗奭：人名。濮州臨濮（今山東鄄城縣臨濮鎮）人。唐末、五代將領。傳見本書卷六三、《新五代史》卷四五。　國計使：官名。五代始置，後梁、後唐及閩國皆有設置，掌財賦税收、錢穀用度。

[13]吏部尚書：官名。尚書省吏部長官，與二侍郎分掌六品以下文官選授、勳封、考課之政令。正三品。

後唐同光元年十一月，以左監門衛將軍、判内侍省李紹宏兼内勾，[1]凡天下錢穀簿書，悉委裁遣。自是州縣供帳煩費，議者非之。又内勾之名，人以爲不祥之言。二年正月敕鹽鐵、度支、户部三司，[2]凡關錢物，並委租庸使管轄，[3]踵梁之舊制也。

[1]左監門衛將軍：官名。唐置，掌宮禁宿衛。唐代置十六衛，即左右衛、左右驍衛、左右武衛、左右威衛、左右領軍衛、左右金吾衛、左右監門衛、左右千牛衛，各置上將軍，從二品；大將軍，正三品；將軍，從三品。　判内侍省：官名。宦官機構内侍省之長官，掌管宮廷内部事務。　李紹宏：人名。籍貫不詳。後唐莊宗近臣。事見本書卷二九、卷三四、卷三五、卷五七。　内勾：官名。五代後唐置。掌覈實全國財賦，以宦者爲之。

[2]鹽鐵、度支、户部：官署名。唐末五代稱鹽鐵、度支、户部爲三司，其分則爲三個獨立部門，合則稱爲三司。三司掌管統籌國家財政之事。

[3]租庸使：官名。唐代爲主持催徵租庸地税的財政官員。五

代後梁、後唐時，租庸使取代鹽鐵、度支、户部，爲主管中央財政
的長官。

天成元年四月，詔廢租庸院，依舊爲鹽鐵、户部、
度支三司，委宰臣一人專判。

長興元年八月，以前許州節度使張延朗行工部尚
書，[1]充三司使，[2]班在宣徽使之下。三司置使，自延朗
始也。唐朝已來，户部、度支掌泉貨，鹽鐵特置使
名，[3]户部、度支則尚書省本司郎中、侍郎判其事。天
寶中，[4]楊慎矜、王鉷、楊國忠繼以聚貨之術，[5]媚上受
寵，然皆守户部、度支本官，別帶使額，亦無所改作。
下及劉晏、第五琦亦如舊制。[6]自後亦以宰臣各判一司，
不置使額。乾符後，[7]天下兵興，隨處置租庸使以主調
發，[8]兵罷則停。梁時乃置租庸使，專領天下泉貨。[9]莊
宗中興，[10]秉政者不閑典故，蹤梁朝故事，復置租庸
使，以魏博故吏孔謙專使務。[11]斂怨於下，斲喪王室
者，實租庸之弊故也。洎明宗嗣位，思革其弊，未及下
車，乃詔削除使名，但命重臣一人判其事，曰判三
司。[12]至是，延朗自許州入，再掌國計，白于樞密使，
請置三司使名。[13]宣下中書議其事。宰臣以舊制覆奏，
授延朗特進、行工部尚書，[14]充諸道鹽鐵、轉運等
使，[15]兼判户部、度支事，從舊制也。明宗不從，竟以
三司使爲名焉。[16]

[1]前：中華書局本有校勘記：“‘前’字原闕，據本書卷四一
《唐明宗紀七》、《職官分紀》卷一三引《五代史》補。” 許州：

州名。此處代指治所在許州（今河南許昌市）的方鎮忠武軍。　張延朗：人名。汴州開封（今河南開封市）人。後唐三司使。傳見本書卷六九、《新五代史》卷二六。　工部尚書：官名。尚書省工部主官。掌百工、屯田、山澤之政令。正三品。中華書局本有校勘記："《新五代史》卷二六《張延朗傳》同，《職官分紀》卷一三引《五代史》、本書卷四一《唐明宗紀七》作'兵部尚書'。"

［2］三司使：官名。五代後唐明宗天成元年（926）將晚唐以來的户部、度支、鹽鐵三部合爲一職，設三司使統之。主管國家財政。

［3］鹽鐵特置使名：中華書局本有校勘記："'特'，原作'時'，據《五代會要》卷二四改。"

［4］天寶：唐玄宗李隆基年號（742—756）。

［5］楊慎矜：人名。長安（今陝西西安市）人。隋煬帝玄孫。唐玄宗時任御史中丞、充諸道鑄錢使，受李林甫、王鉷誣陷，以光復隋室罪被賜死。傳見《舊唐書》卷一〇五、《新唐書》卷一三四。　王鉷：太原祁（今山西祁縣）人。唐玄宗朝以善於興利得用，官至御史中丞。並身兼京和市和采、户口色役等二十餘使。後因恃寵用事，得罪被殺。傳見《舊唐書》卷一〇五、《新唐書》卷一三四。　楊國忠：人名。蒲州永樂（今山西永濟市）人。玄宗時因楊貴妃得寵，遂得以升遷。後代李林甫爲相，兼領四十余使，權傾天下。安禄山以討楊氏爲名發動叛亂，他隨玄宗逃至馬嵬驛，被隨行士兵所殺。傳見《舊唐書》卷一〇六、《新唐書》卷二〇六。

［6］劉晏：人名。曹州南華（今山東東明縣）人。唐代大臣，理財家，官至同中書門下平章事，後遭楊炎構陷被殺。傳見《舊唐書》卷一二三、《新唐書》卷一四九。　第五琦：人名。京兆長安（今陝西西安市）人。唐代大臣，理財家，官至同中書門下平章事。傳見《舊唐書》卷一二三、《新唐書》卷一四九。

［7］乾符：唐僖宗李儇年號（874—879）。

［8］隨處置租庸使以主調發：中華書局本有校勘記："'隨處'，

《五代會要》卷二四作‘隨’”。

[9]專領天下泉貨：中華書局本有校勘記：“‘領’字原闕，據《職官分紀》卷一三引《五代史》補。”

[10]莊宗：即後唐莊宗李存勗。沙陀部人。五代後唐王朝的建立者。紀見本書卷二七至卷三四、《新五代史》卷四至卷五。

[11]魏博：方鎮名。治所在魏州貴鄉縣（今河北大名縣）。孔謙：人名。魏州（今河北大名縣）人。後唐大臣，善聚斂錢財，爲李存勗籌劃軍需。傳見本書卷七三、《新五代史》卷二六。

[12]判三司：官名。通掌鹽鐵、度支、户部三個部門事務。地位高於三司使。

[13]請置三司使名：中華書局本有校勘記：“‘使’字原闕，據《職官分紀》卷一三引《五代史》、《册府》卷四八三補。”

[14]特進：官名。西漢末期始置，授給列侯中地位較特殊者。隋唐時期，特進爲散官，授給有聲望的文武官員。正二品。

[15]轉運：官名。即轉運使。唐、五代時期負責軍需物資的籌集、調運、供給。

[16]竟以三司使爲名焉：亦見《職官分紀》卷一三。《輯本舊史》卷四一《唐明宗紀七》長興元年（930）八月乙未條，中書覆奏後載明宗宣旨：“會計之司，國朝重事，將總成其事額，俾專委於近臣，貴便一時，何循往例，兼移内職，可示新規。張延朗可充三司使，班在宣徽使下。”

　　梁開平三年正月，[1]改思政殿爲金鑾殿，[2]至乾化元年五月，置大學士一員，[3]始命崇政院使敬翔爲之。前朝因金鑾坡以爲門名，[4]與翰林院相接，[5]故爲學士者稱“金鑾”焉。[6]梁氏因之以爲殿名，仍改“鑾”爲“鑾”，從美名也。大學士與三館大學士同。[7]

[1]正月:《會要》卷一三《金鑾殿學士》條、《翰苑群書》卷八同，明本《册府》卷一九六《閏位部·建都門》作"二月"，《五代史記注》卷二出現兩次，一作"正月"、一作"二月"，今存疑。

[2]思政殿：宮殿名。位於今河南洛陽市。

[3]大學士：官名。即金鑾殿大學士。後梁開平三年（909）正月，改思政殿爲金鑾殿。乾化元年（911）正月，置大學士一員，命崇政院使敬翔擔任。同弘文、集賢、史館三館大學士，以示尊崇。參見杜文玉《五代十國制度研究》，人民出版社2006年版，第255頁。

[4]金鑾坡：坡名。唐長安大明宮金鑾殿西側之坡，爲龍首山之支隴，隱起平地而坡陀靡迤。德宗時，於金鑾坡西置束學士院。

[5]翰林院：官署名。唐初置，玄宗時用文人爲翰林待詔，撰擬文詞。開元末另設學士院，供職者稱翰林學士，爲親近皇帝的顧問官。

[6]金鑾:《輯本舊史》之影庫本粘籤:"《通鑑》作'鷟'，今考《五代會要》作'鑾'，與《薛史》同，已於《梁書·敬翔傳》加案聲明。"見《會要》卷一三、《輯本舊史》卷一八《敬翔傳》。《通鑑》未見相關記載。

[7]大學士與三館大學士同:《舊五代史考異》:"案《青箱雜記》：梁祖都汴，庶事草創，貞明中，始於今右長慶門東北，創小屋數十間爲三館，湫隘尤甚。又周廬徽道，咸出其間，衛士騶卒，朝夕喧雜，每受詔撰述，皆移他所。"

後唐天成元年五月，敕:"翰林學士、尚書户部侍郎、知制誥馮道，[1]翰林學士、中書舍人趙鳳，俱以本官充端明殿學士。"[2]非舊制也。[3]時明宗登位，每四方書奏，多令樞密使安重誨讀之，[4]不曉文義，於是孔循獻議，[5]始創端明殿學士之名，[6]命道等爲之。二年正月，敕：“端明殿學士宜令班在翰林學士上，今後如有轉改，仍只於翰林學士內選任。”初置端明殿學士，名目如三館之例，[7]職在官下。趙鳳轉侍郎，遣人諷任圜移職在官上，[8]至今爲例。[9]

[1]翰林學士：官名。由南北朝始設之學士發展而來，唐玄宗改翰林供奉爲翰林學士，備顧問，代王言。掌拜免將相、號令征伐等詔令的起草。　知制誥：官名。掌起草皇帝的詔、誥之事，原爲中書舍人之職。唐開元末置學士院，翰林學士入院一年，則加知制誥銜，專掌任免宰相、册立太子、宣布征伐等特殊詔令，稱爲内制。而中書舍人所撰擬的詔敕稱爲外制。兩種官員總稱兩制官。

[2]端明殿學士：官名。後唐明宗朝始置，以翰林學士充任，負責誦讀四方書奏。

[3]非舊制也：中華書局本有校勘記：“‘制’原作‘號’，據《五代會要》卷一三改。”

[4]安重誨：人名。應州（今山西應縣）人。五代後唐大臣。傳見本書卷六六、《新五代史》卷二四。

[5]孔循：人名。籍貫不詳。五代後唐大臣。傳見《新五代史》卷四三。

[6]創：《輯本舊史》原作“置”，據《會要》改。

[7]三館：官署合稱。唐代有史館、昭文館、集賢院，掌修史、藏書、校書之事。

[8]任圜：人名。京兆三原（今陝西三原縣）人。五代後唐將領、大臣。傳見本書卷六七、《新五代史》卷二八。

[9]“趙鳳轉侍郎”至“至今爲例”：《輯本舊史》之原輯者案語：“《職官分紀》：晋天福五年，廢端明殿學士，開運元年，桑維翰爲樞密使，復奏置學士。”見《職官分紀》卷一五《端明殿學

士》，亦見《會要》。

同光元年四月，置護鑾書制學士，[1]以尚書倉部員外郎趙鳳爲之。[2]時莊宗初建號，故特立此名，非故事也。二年八月，[3]賜翰林學士承旨、户部尚書盧質論思匡佐功臣，亦非常例也。

[1]護鑾書制學士：官名。五代後唐莊宗同光元年（923）置，爲翰林院學士。因莊宗初建帝號，故特立此名。

[2]尚書倉部員外郎：官名。尚書倉部郎中的副職。從六品上。

[3]二年八月："八月"前原無"二年"。中華書局本有校勘記："'八月'，本書卷三二《唐莊宗紀六》、《五代會要》卷一三繫其事於同光二年八月。"《會要》卷一三翰林院條在"非故事也"與"八月"間尚有"二年七月，以侍省内給事楊彦珞充學士院使"句，而《輯本舊史》卷三二《唐莊宗紀六》明確繫此事於同光二年（924）八月甲戌，故補。

天成三年八月，敕："掌綸之任，擢才以居，或自初命而升，或自顯秩而授，蓋重厥職，靡繫其官，雖事分皆同，而行綴或異，誠由往日未有定規，議官位則上下不恒，論職次則後先未當，宜行顯命，以正近班。今後翰林學士入院，並以先後爲定，惟承旨一員，[1]出自朕意，不計官資先後，在學士之上，仍編入《翰林志》。"[2]

[1]承旨：官名。即翰林學士承旨。爲翰林學士之首。掌拜免將相、號令征伐等詔令的起草。《舊唐書·職官志二·翰林院》：

“例置學士六人，内擇年深德重者一人爲承旨，所以獨承密命故也。”

[2]“天成三年”至“翰林志”：亦見《大典》卷一〇一一五“旨”字韻，“翰林學士承旨”事目。“上下不恒”，《大典》作“上下不常”；“論職次則後先未當”，“未當”，《大典》作“爲當”。

晋天福二年十一月，敕：“新除翰林學士張昭遠，[1]早踐綸闈，[2]久司史筆，[3]曾居憲府，[4]累陟貳卿，[5]今既擢在禁林，[6]所宜別宣班序，其立位宜次崔棁。”[7]

[1]張昭遠：人名。滄州無棣（今山東慶雲縣）人。五代、宋朝官員。傳見《宋史》卷三二六。

[2]綸闈：指中書省。

[3]史筆：指史官。

[4]憲府：御史臺別稱。

[5]貳卿：侍郎的别稱。

[6]禁林：翰林院别稱。

[7]崔棁：人名。深州安平（今河北安平縣）人。五代大臣。傳見本書卷九三、《新五代史》卷五五。 “晋天福”至“崔棁”：“晋天福二年十一月”，《輯本舊史》原作“其年十一月”，中華書局本從之並有校勘記：“《職官分紀》卷一五引《五代職官志》同，《五代會要》卷一三繫其事於天福二年十一月。按本書卷七六《晋高祖紀二》：‘（天福二年十一月）以户部侍郎張昭遠守本官，充翰林學士，仍知制誥。’《舊五代考異》卷五：‘案《宋史·張昭傳》：晋天福二年，宰相桑維翰薦昭爲翰林學士。内署故事，以先後入爲次，不繫官序，特詔昭立位次承旨崔棁。據《宋史》則此敕當在晋天福中，《薛史》繫於唐天成三年後，疑原本有脱誤。’”但未改。張昭即張昭遠，因避漢高祖諱，名去“遠”字。今據《會要》卷

一三翰林院條、《輯本舊史》卷七六、《宋史》卷二六三《張昭傳》改。並按《輯補舊五代史》體例，改“其年”爲“晋天福二年”，另起一條。此條亦見《大典》卷一〇一一五。

開運元年六月，敕：“翰林學士與中書舍人，舊分爲兩制，各置六員，偶自近年，權停内署，況司詔命，必在深嚴，將使從宜，却仍舊貫，宜復置翰林學士院。”[1]

[1]“開運元年六月”至“翰林學士院”：全條亦見《大典》卷一〇一一五“旨”字韻“翰林學士承旨”事目。《大典》在該條後有“蓋宰臣桑維翰秉政，將戾於道，故乃復焉。自此班秩再有倫矣”之語。“開運元年”前《輯本舊史》原有“晋”字，因前條已改正爲晋天福二年（937）十一月，故删。“舊分爲兩制”，中華書局本有校勘記：“‘舊’字原闕，據《五代會要》卷一三補。”

周顯德五年十一月，詔曰：“翰林學士職係禁庭，地居親近，與班行而既異，在朝請以宜殊。起今後當直、下直學士，[1]並宜令逐日起居，[2]其當直學士，仍赴晚朝。”舊制，翰林院學士與常參官五日一度起居，[3]時世宗欲令朝夕謁見，[4]訪以時事，故有是詔。[5]

右内職。

[1]當直：即當值。　下直：指下班。

[2]起居：指每五日臣子隨宰相入内殿朝見皇帝。

[3]常參官：唐制，文官五品以上及兩省供奉官、監察御史、員外郎、太常博士，每日朝參，稱爲常參官。

[4]世宗：即後周皇帝柴榮，邢州堯山（今河北隆堯縣）人。後周太祖郭威養子。954 年至 959 年在位。紀見本書卷一一四至卷一一九、《新五代史》卷一二。

[5]"周顯德"至"是詔"：全條亦見《大典》卷一〇一一五。

後唐天成三年五月，詔曰："開府儀同三司，[1]階之極；太師，[2]官之極；封王，爵之極；上柱國，[3]勳之極。近代已來，文臣官階稍高，便授柱國，歲月未深，便轉上柱國；武資不計何人，初官便授上柱國。官爵非無次第，階勳備有等差，宜自此時，重修舊制。今後凡是加勳，先自武騎尉，[4]經十二轉方授上柱國，永作成規，不令踰越。"[5]雖有是命，竟不革前例。

　　右勳格。

[1]開府儀同三司：官名。曹魏始置，隋、唐時爲散官之最高官階，多授功勳重臣。從一品。

[2]太師：官名。與太傅、太保合稱三師，唐後期、五代多爲大臣、勳貴加官。正一品。

[3]上柱國：官名。北周武帝建德四年（575），置上柱國爲高級勳官。隋唐沿置。五代後唐明宗天成三年（928）詔，今後凡加勳，先自武騎尉經十二轉方授爲上柱國。正二品。

[4]勳之極：《輯本舊史》之影庫本粘籤："原本作'燾之極'，今據《職官分紀》改正。"見《職官分紀》卷四九。　武騎尉：勳官名。唐始置，秩爲第一轉。從七品上。

[5]"後唐"至"不令踰越"：《輯本舊史》卷三九《唐明宗紀五》天成三年（928）五月辛酉條亦載此詔，但祇有"上柱國，勳之極"以下內容。

　　後唐清泰二年秋九月庚申，尚書考功上言：[1]“今年五月，翰林學士承旨程遜所上封事內，[2]請自宰相、百執事、外鎮節度使、刺史，應係公事官，逐年書考，較其優劣。遂檢尋《唐書》、《六典》、《會要》考課，令書考第。”從之。時議者曰：“考績之法，唐堯、三代舊制。西漢以刺史六條察郡守，五曹尚書綜庶績，法尤精察，吏有檢繩。漢末亂離，舊章弛廢。魏武於軍中權制品第，[3]議吏清濁，用人按吏，頓爽前規。隋、唐已來，始著於令。漢代郡守，入爲三公，魏、晋之後，政在中書，左右僕射知政事，午前視禁中，午後視省中，三臺百職，無不統攝。以是論之，宰輔憑何較考。自天寶末，權置使務已後，庶事因循，尚書諸司，漸致有名無實，廢墜已久，未知憑何督責。”程遜所上，亦未詳本源，其時所司雖有舉明，大都諸官亦無考較之事。

　　右較考。

　　[1]尚書考功：官署名。即尚書省吏部考功司。掌考察全國文官的功過善惡，以及謚議等事。其長官爲考功郎中。

　　[2]翰林學士承旨程遜所上封事內：原無“承旨”二字。《輯本舊史》卷四六《唐末帝紀上》清泰元年（934）八月乙亥條載：“以翰林學士、戶部侍郎、知制誥程遜爲學士承旨”，據補。程遜，人名。壽春（今安徽壽縣）人。曾召入翰林充學士，自兵部侍郎、承旨授太常卿。天福年間出使吳越，使還途中溺死。傳見本書卷九六。

　　[3]魏武：即曹操。沛國譙（今安徽亳縣）人。東漢末年政治家。漢獻帝時官至丞相，進爵魏王。曹丕稱帝后尊爲武皇帝。傳見《三國志》卷一。

梁開平元年四月，詔：“開封府司録參軍及六曹掾屬，[1]宜各置一員，兩畿赤縣，置令、簿、尉各一員。”二年十月，省諸道州府六曹掾屬，只留户曹一員，通判六曹。[2]

[1]司録參軍：官名。唐以三京府及鳳翔、成都、河中、江陵、興元、興德六府的録事參軍爲司録參軍，都督府及諸州仍爲録事參軍。掌管各曹文書及糾察等事。

[2]“梁開平”至“通判六曹”：全條亦見《職官分紀》卷三八《司録參軍》引《五代職官志》、卷四一《司户參軍》引《五代職官志》。

後唐同光元年十一月，中書門下奏：“諸寺監各請只置大卿監、少卿監、祭酒、司業各一員，[1]博士兩員，[2]其餘官屬並請權停。惟太常寺事關大禮，[3]大理寺事關刑法，[4]除太常博士外，[5]許更置丞一員。[6]其王府及東宫官屬、司天五官正、奉御之類，[7]凡不急司存，並請未議除授。其諸司郎中、員外郎，應有雙曹處，且置一員，[8]左右散騎常侍、諫議大夫、給事中、起居郎、起居舍人、補闕、拾遺，[9]各置一半。[10]三院御史仍委御史中丞條理申奏。[11]停罷朝官，仍各録名銜，[12]具罷任月日，留在中書，候見任官滿二十五箇月，並據資品，却與除官。”從之。

[1]“諸寺監”至“各一員”：《輯本舊史》原無“少卿監”，中華書局本有校勘記：“以上三字原闕，據本書卷三〇《唐莊宗紀

四》、《五代會要》卷二〇補。" 大卿監、少卿監：唐代統稱各寺、監長官如光禄卿與少府監等爲大卿監，各寺、監副長官如光禄少卿與少府少卿等爲少卿監，總稱爲卿監。 祭酒：官名。即國子祭酒。國子監長官。主管全國教育事務。從三品。 司業：官名。即國子司業。國子監次官。佐國子祭酒掌全國教育事務。從四品下。

[2]博士：官名。自三國魏開始，博士分爲兩類：一是專掌禮儀的太常博士，一是掌訓教的諸博士，如五經博士、國子博士、太學博士等。自正五品至從九品不等。

[3]太常寺：官署名。北齊始置，掌禮樂祭祀活動。隋唐兩代下設郊廟、太廟、諸陵、太樂、鼓吹、太醫、太卜、廩犧等八署，長官爲太常寺卿，正三品。唐高宗龍朔年間曾改稱奉常，武則天光宅年間又曾稱爲司禮，後均復舊。歷代沿置。

[4]大理寺：官署名。唐代中央機構九寺之一。掌詳斷各地奏報獄案。

[5]太常博士：官名。掌撰五禮儀注。大禮時，導引乘輿，贊相祭祀，定誄諡以及守陵廟等。從七品上。

[6]丞：官名。即太常丞。太常卿佐官。從五品下。

[7]束宮官屬：中華書局本有校勘記："'官'字原闕，據本書卷三〇《唐莊宗紀四》、《五代會要》卷二〇補。" 司天五官正：官名。唐乾元三年（760）於司天臺置春、夏、秋、冬、中官正各一人，掌候四方四時天文之變，合稱五官正。元日、冬至、朔望朝會及大禮，各奏方事。正五品上。 奉御：官名。唐代殿中省六局長官。負責皇帝的衣食住行事務。品秩正五品下或從五品上。

[8]且置一員：中華書局本有校勘記："'置'原作'署'，據本書卷三〇《唐莊宗紀四》、《五代會要》卷二〇改。"

[9]起居郎：官名。唐代始置，屬門下省。與中書省起居舍人同掌起居注，記皇帝言行。從六品上。 起居舍人：官名。唐代始置，屬中書省。與門下省起居郎同掌起居注，記皇帝言行。從六品

上。　補闕：官名。唐代諫官。武則天時始置。分爲左右，左補闕隸於門下省，右補闕隸於中書省。掌規諫諷諭，大事可以廷議，小事則上封奏。從七品上。　拾遺：官名。唐武則天於垂拱元年（685）置拾遺，分左右。左拾遺隸門下省，右拾遺隸中書省，與左右補闕共掌諷諫，大事廷議，小事則上封事。從八品上。

[10]各置一半：《輯本舊史》之影庫本粘籤："原本作‘各貫一半’，今從《五代會要》改正。"見《會要》卷二〇。

[11]三院御史：中華書局本有校勘記："‘御史’原作‘侍御史’，據本書卷三〇《唐莊宗紀四》、《五代會要》卷二〇改。"

[12]仍各録名銜：中華書局本有校勘記："‘銜’原作‘氏’，據本書卷三〇《唐莊宗紀》四、《五代會要》卷二〇改。"

　　周顯德五年十二月，詔："兩京五府少尹、司録參軍，先各置兩員，起今後只置一員，六曹判司内只置户曹、法曹各一員，其餘曹官及諸州觀察支使、兩蕃判官並省。"[1]

　　右增減。

[1]"其餘"至"並省"：《輯本舊史》原無"曹官"及"觀察"四字，據《會要》卷二〇《中外加減官條》補。

　　梁開平元年五月，改御食使爲司膳使，[1]小馬坊使爲天驥使，[2]文思院使爲乾文院使，[3]同和院使爲儀鸞院使。[4]其年又改城門郎爲門局郎，[5]避廟諱也。唐同光元年十一月，依舊爲城門郎。[6]

[1]御食使：官名。唐末所置内諸司使之一，掌御膳。後梁開

平元年（907）改爲司膳使。

[2]小馬坊使：官名。唐置小馬坊，爲御馬諸厩之一，以小馬坊使主管。後梁時改小馬坊爲天驥坊，後唐復舊。長興元年（930）改稱右飛龍院，主官稱右飛龍使。

[3]文思院使：官名。文思院長官。掌造宮廷所需之物。唐代置文思院，以宦官爲文思院使。五代後梁時改文思院爲乾文院，文思使改稱乾文院使。後唐時復舊。

[4]同和院使：官名。唐朝內諸司使之一。掌供應皇帝祭祀、朝會、巡幸、宴享和內廷需用的幕帝、帷帳以及有關陳設之物。後梁太祖開平元年改爲儀鸞院使。

[5]城門郎：官名。唐門下省屬官。掌京城、皇城、宮殿諸門的啓開、關閉之政。從六品上。

[6]唐同光元年十一月，依舊爲城門郎："十一月"，《會要》卷一三《城門郎》條同。《輯本舊史》卷三〇《唐莊宗紀四》同光元年（923）十月丙戌條載："天下官名、府號及寺觀門額，曾經改易者，並復舊名。"梁太祖父名誠，嫌名亦避，故改城門郎爲門局郎。

後唐天成元年十一月，詔曰："雄武軍節度使官銜內，宜兼押蕃落使。"[1]二年七月，詔曰："頃因本朝親王遙領方鎮，[2]其在鎮者，遂云副大使知節度事，[3]但年代已深，相沿未改。今天下侯伯並正節旄，惟東、西兩川未落'副大使'字，宜令今後只言節度使。"

[1]雄武軍：方鎮名。治所在秦州（今甘肅天水市）。　押蕃落使：官名。亦稱押蕃使。掌安撫邊地少數民族。唐中期後常由邊地節度使兼任。　"後唐"至"押蕃落使"：《輯本舊史》之原輯者案語："《職官分紀》：長興元年，分飛龍院爲左右院，以小馬坊

爲右飛龍院。”見《職官分紀》卷三九《節度使》。但此案語内容
與本條無涉。

[2]遥領方鎮：中華書局本有校勘記：“‘領方’二字原闕，據
本書卷三八《唐明宗紀四》、《五代會要》卷二四補。”見《會要》
卷二四雜録條、《輯本舊史》卷三八《唐明宗紀四》天成二年
（927）七月戊辰條。

[3]副大使：官名。方鎮中僅次於節度使之使職，如持節，則
位同於節度使。

　　晋天福五年四月丙午，詔曰：“承旨者，承時君之
旨，非近侍重臣，無以稟朕命，宣予言。是以大朝會宰
臣承旨，草制詔學士承旨，若無區别，何表等威。除翰
林承旨外，殿前承旨宜改爲殿直，[1]密院承旨宜改爲承
宣，[2]御史臺、三司、閤門、客省所有承旨，[3]並令别定
其名。”[4]

[1]殿前承旨、殿直：官名。五代後晋改殿前承旨爲殿直，爲
皇帝的侍從官。

[2]密院承旨、承宣：官名。五代後晋改密院承旨爲承宣，以
各衛將軍擔任，主管樞密院承旨司之事。

[3]客省：官署名。掌接待四方奏計及外族使者。長官爲客
省使。

[4]“晋天福”至“定其名”：此條亦見《大典》卷一〇一一
五。“四月”，《會要》卷二四諸使雜録條同，《輯本舊史》卷七九
《晋高祖紀五》作“六月”，《大典》作“五月”。

　　周廣順二年十二月，詔改左右威衛復爲屯衛，[1]避

御名也。

　　右改制。

　　[1]左右威衛：官名。唐置，掌宮禁宿衛。唐代置十六衛，即左右衛、左右驍衛、左右武衛、左右威衛、左右領軍衛、左右金吾衛、左右監門衛、左右千牛衛，各置上將軍，從二品；大將軍，正三品；將軍，從三品。

　　後唐同光二年三月，中書門下奏："糾轄之任，時謂外臺，宰字之官，[1]古稱列爵，如非朝命，是廢國章。近日諸道多是各列官銜，便指州縣，請朝廷之正授，樹藩鎮之私恩，頗亂規程，宜加條制。自今後大鎮節度使，管三州已上者，每年許奏管內官三人；如管三州以下者，許奏管內官二人。仍須有課績尤異，方得上聞。若止於檢慎無瑕，科徵及限，是守常道，只得書考旌嘉，不得特有薦奏。其防禦使每年只許奏一人，[2]若無尤異，不得奏薦。刺史無奏薦之例，不得輒亂規程。"從之。[3]其年八月，中書奏："僞庭之時，諸藩參佐，皆從除授。請今後諸道除節度副使、兩使判官除授外，[4]其餘職員並諸州軍事判官，各任本處奏辟，[5]其軍事判官仍不在奏官之限。[6]所冀招延之禮，皆合於前規；簡辟之間，無聞於濫舉。"從之。

　　[1]宰字之官：《輯本舊史》之影庫本粘籤："原本作'宰寧'，今據《五代會要》改正。"《會要》卷二四諸使雜錄條等均無此記載。

[2]防禦使：官名。唐代始置，設有都防禦使、州防禦使兩種。常由刺史或觀察使兼任，實際上爲唐代後期州或方鎮的軍政長官。

[3]從之：《輯本舊史》原無，據《會要》卷二四諸使雜録條、《輯本舊史》卷三一《唐莊宗紀五》同光二年（924）三月丙午條補。

[4]請今後諸道除節度副使，兩使判官除授外：《輯本舊史》"請"原作"自"，據《輯本舊史》卷三二改。

[5]各任本處奏辟："奏"，中華書局本有校勘記："原作'奉'，據殿本、劉本、本書卷三二《唐莊宗紀六》、《册府》卷六一改。"亦見《輯本舊史》卷三二《唐莊宗紀六》同光二年八月辛巳條、明本《册府》卷六一《帝王部·立制度門》。《會要》卷二五幕府條此句作"並任本道、本州各當辟舉"。

[6]軍事判官：官名。唐中期節度使、觀察使及設團練使、防禦使之州皆置爲幕職，由各使自行辟舉。五代後唐明宗時設刺史之州亦改防禦判官而置，不得兼録事參軍。

長興二年十一月，詔曰："闕員有限，人數常多，須以高低，定其等級。起今後兩使判官罷任後，[1]宜一年外與比擬；書記、支使、防禦團練判官等，[2]二年外與比擬；[3]推巡、防禦團練推官、軍事判官等，[4]並三年後與比擬。仍每遇除授，量與改轉官資，或階勳，或職資。[5]其有殊常勤績者，別議優陞。若有文學智術超邁羣倫，或爲衆所稱，或良知迴舉、察驗的實者，不拘年月之限。"

[1]兩使判官：節度判官、觀察判官連稱。
[2]書記：官名。即掌書記。唐、五代方鎮僚屬，位在判官下。

掌表奏書檄、文辭之事。　支使：官名。唐代節度使、觀察使等屬官，位副使、判官之下，推官之上。掌表奏書檄等。　防禦團練判官：官名。唐中期節度使、觀察使及設團練使、防禦使之州皆置爲幕職，由各使自行辟舉。五代後唐明宗時設刺史之州亦改防禦判官而置，不得兼録事參軍。

[3]二年外與比擬：中華書局本有校勘記："'與比擬'三字原闕，據《册府》卷六三三補。"

[4]推巡、防禦團練推官：官名。唐肅宗以後置，五代沿置。皆爲節度、觀察、團練、防禦等使的屬官。　軍事判官：官名。唐中期節度使、觀察使及設團練使、防禦使之州皆置爲幕職，由各使自行辟舉。五代後唐明宗時設刺史之州亦改防禦判官而置，不得兼録事參軍。

[5]或職資：中華書局本有校勘記："'職資'，本書卷四二《唐明宗紀八》、《册府》卷六三三、《五代會要》卷二五作'職次'。"

　　清泰二年八月，中書門下上言：[1]"前大卿監、五品陞朝官、西班將軍，[2]皆在任許滿二十五月，如衝替已經二十月，[3]即別任用。少卿監，舊例三任四任方入大卿監，五品，三任四任方入少卿監，今後並祇三任，逐任須月限滿無殿責者，便入此官。西班將軍，罷任一年許求官，舊例三任四任方入大將軍，今祇以三任爲限，三任大將軍方入上將軍，並須逐任滿月限，無殿責，或曾任金吾將軍、街使、藩鎮刺史，[4]特敕並不拘此例。諸道除兩使判官外，書記已下任自辟請。應朝官除外任，罷任後一年方許陳乞。諸道賓席未曾陞朝者，若官兼三院御史，即除中下縣令；兼大夫、中丞、秘書

少監、郎中、員外郎，與清資初任陞朝官;[5]檢校官至
尚書、常侍、祕書監、庶子，[6]陞朝便與少卿監。諸州
防禦、團練判、推官，並請本州辟請，[7]中書不更除授。
應出選門官帶三院御史供奉裏行及省銜，[8]罷任後周年，
許陳乞。諸州別駕，[9]不除令錄，仍守本官月限，得替
後一年，許陳乞。長史、司馬，[10]因攝奏正，比未有官
者送名。"[11]從之。

[1]中書門下：官署名。唐代以來爲宰相處理政務的機構。參
見劉後濱《唐代中書門下體制研究——公文形態·政務運行與制度
變遷》，齊魯書社 2004 年版。

[2]大卿監：中華書局本有校勘記："原作'大御監'，據《五
代會要》卷一三、《册府》卷六三三改。"見《會要》卷一三起請
雜錄條、《册府》卷六三三《銓選部·條制門》。《會要》"大卿監"
均作太卿監。 五品陞朝官：又稱朝官、常參官。常朝日可以朝見
皇帝和參加朝廷宴坐的中、高級官員。唐代文官五品以上及兩省供
奉官、監察御史、員外郎、太常博士，每天可以朝見皇帝，即陞朝
官。 西班將軍：唐置十六衛掌宫禁宿衛，各置上將軍、大將軍、
將軍。朝會時，文武依次排列於朝堂東西側，西班即爲武官諸
將軍。

[3]衝替：指貶降官職。

[4]今衹以三任爲限：中華書局本有校勘記："'以三任爲限'
五字原闕，據《五代會要》卷一三、《册府》卷六三三補。" 三
任大將軍方入上將軍：中華書局本有校勘記："此十字原闕，據
《五代會要》卷一三補。" 並須逐任滿月限無殿責：中華書局本
有校勘記："'並須逐任滿月限'七字原闕，據《五代會要》卷一
三、《册府》卷六三三補。" "或曾任金吾將軍"：中華書局本有
校勘記："'軍'字原闕，據《五代會要》卷一三、册府卷六三三

補。" 　街使：官名。掌巡查京城六街。

[5]秘書少監：官名。唐承隋制，置秘書省，設秘書少監二人協助秘書監工作。從四品上。

[6]祕書監：官名。秘書省長官，掌圖書秘記等。從三品。庶子：官名。即太子左右庶子。太子府屬官。掌侍從太子左右，獻納啓奏，宣傳令言。正四品下。

[7]並請本州辟請：中華書局本有校勘記："'辟請'，原作'辟諸'，據《五代會要》卷一三、《冊府》卷六三三改。殿本作'奏辟'。"

[8]供奉裏行：官名。"供奉"即"內供奉"。唐武后長安二年（702）始置，是一種加銜。御史之資淺者，其銜內加"內供奉"字樣，有侍御史內供奉（或稱侍御史裏行使），殿中侍御史內供奉（又稱殿中裏行或殿中裏行使）；門下省的左補闕、左拾遺與中書省的右補闕、右拾遺其資淺者亦加"內供奉"字樣。上述諸內供奉，其設置員額不固定，但不得超過正員額數之半。

[9]別駕：官名。隋唐時期爲府、州上佐之一。名義上爲府、州長官副職，通判列曹事務，但實際上品秩雖高，卻無所職掌，多用以安排貶謫大臣。

[10]長史：官名。州府屬官。協助處理州府公務。正四品上至正六品上。　司馬：官名。即行軍司馬。方鎮屬官。掌軍籍符伍、號令印信，是藩鎮重要的軍政官員。

[11]比未有官者送名：中華書局本有校勘記："'比'字原闕，據《職官分紀》卷四〇引《五代職官志》、《五代會要》卷一三補。"

　　三年五月乙未，[1]詔曰："近以內外臣僚，出入迭處，稍均勞逸，免滯轉遷，應兩使判官、畿赤令長，[2]取郎中、員外、補闕、拾遺、三丞、五博、少列、宮僚，[3]選擇擢任，一則俾藩方侯伯，別耀賓階；次則致朝列人臣，備諳時政。今後或有滿闕，便宜依此施行。”

[1]三年五月乙未：《宋本冊府》卷六三三《銓選部·條制門五》作“四月”。

[2]兩使判官：節度判官、觀察判官連稱。 畿赤令長：唐代京都城內的縣稱赤縣，三京郊外的縣稱畿縣，其下又有望縣、緊縣。此外又根據戶口多寡分爲上、中、中下、下四等。凡列爲赤、畿、望、緊者，不限戶數，均爲上等。縣的長官稱縣令。 應兩使判官畿赤令長：中華書局本有校勘記：“‘應兩使判官’，‘使’原作‘司’，據《五代會要》卷一三、《冊府》卷六三三改。‘畿赤令長’，‘長’字原闕，據《五代會要》卷一三、《冊府》卷六三三補。”

[3]三丞：宗正寺丞、太常寺丞、秘書監丞號稱“三丞”。五博：國子監太學博士、博學博士、律學博士、宗學博士與太常寺博士的合稱。 少列：九寺五監及詹事府等副貳之總稱。 宮僚：太子官屬。

周廣順元年夏五月辛巳，詔：“朝廷設爵命官，求賢取士，或以資敍進，或以科級陞。至有白首窮經，方諧一第；半生守選，始遂一官。是以國無幸民，士不濫進。近年州郡奏薦，多無出身、前官，或因權勢書題，或是衷私請託，既難阻意，便授真恩。遂使躁求僥倖之徒，爭遊捷徑；辛苦孤寒之士，盡泣窮途。將期激濁揚清，所宜循名責實。今後州府不得奏薦無前官及無出身人，如有奇才異行，越衆超羣，亦許具名以聞，便可隨表赴闕，當令有司考試，朕亦親自披詳，斷其否臧，俾之陟黜，庶使人不謬舉，野無遺才。"[1]

[1] "周廣順元年"至"野無遺才"：《宋本册府》卷六三四《銓選部·條制門六》載此條後尚有"冀廣得人，以資從政"八字。

顯德二年六月，詔："兩京、諸道州府留守判官、兩使判官、少尹、防禦團練軍事判官，今後並不得奏薦；其防禦、團練、刺史州各置推官一員。"[1]

右釐革。

[1] "兩京、諸道州府"至"推官一員"："兩京諸道州府"，中華書局本有校勘記："'道'原作'州'，據殿本、孔本、本書卷一一五《周世宗紀二》、《五代會要》卷二五改。"見《會要》卷二五幕府條，亦見《輯本舊史》卷一一五《周世宗紀二》顯德二年（955）六月庚申條。在"今後並不得奏薦"後，兩書均有如隨郡或隨事已歷此職者不在此限或聽奏等語。

晉天福三年十一月，[1]起居郎殷鵬上言：[2] "竊聞《司封格式》，[3]內外文武臣僚纔陞朝籍者，無父母便與追封追贈，[4]父母在即未敍未封。以臣所見，誠爲不可。此則輕生者而重死者，棄今人而録故人，其榮有何？其理安在？又云，父母在，品秩及格者，即以封其母，不加其父，便加邑號，兼曰太君。遂令妻則旁若無夫，子則上若無父，豈有父則賤而母則貴，夫則卑而妻則尊？若謂其父未合加恩，安得其母受賜；若謂以子便合從貴，[5]曷得其父不先封？[6]伏以父尊母卑，天地之道，尊無二上，國、家同體。今母受封父無爵，[7]名教不順，莫大於茲。臣伏乞自今後文武臣僚，父母在，其父已有官爵者，[8]即敘進資品以及格式，或不任祿仕，即可授以致仕或同正官，所貴得以敘封妻室。即父母俱榮，孝子無不逮之感，閨門交映，聖君覃慶賞之恩。噫！荷陛下孝治之風，受陛下榮親之祿者，靜而屈指，不過數人。陛下得以特議舉行，編爲令式，勸天下之爲善，令域中之望風，自然見前代之闕文，成我朝之盛典。況唐長興元年德音內一節：‘應在朝中外臣僚，父母在，並與加恩。’司封不行明制，堅執前文；儻布新恩，兼合舊敕，庶使事君事父，恒遵一體之規；爲子爲臣，不失兩全之義。臣又聞《司封令式》，內外臣僚官階及五品已上者，即與封妻蔭子，固不分於清濁，但祇言其品秩。且諫議大夫、給事中、中書舍人，並是五品，贊善大夫、洗馬、中允、奉御等，[9]亦是五品。若論朝廷之委任，宰臣之擬掄，[10]出入之階資，中外之瞻望，則天壤相懸矣。及其敘封，乃爲一貫，相沿至此，其理甚非。[11]而況北省爲陛下侍從之臣，南宮掌陛下經綸之務，[12]憲臺執陛下紀綱之司，首冠羣僚，總爲三署，當職尤重，責望非輕。此則清列十年，不遂顯榮之願；彼則雜班兩任，便承封廕之恩。事不均平，理宜改革。伏乞自今後應諸司官及五品已上者，[13]即依舊制施行，應三署清望官及六品已上，便與封蔭。清濁既異，品秩宜升，仍下所司，議爲恒式。”從之。

[1]天福三年十一月：中華書局本有校勘記："'三年十一月'，《册府》卷四七六作'二年十二月'。"

[2]殷鵬：人名。魏州大名（今河北大名縣）人。後晋大臣。傳見本書卷八九。

[3]《司封格式》：唐吏部司封司格式。格爲皇帝臨時頒佈的各種單行敕令、指示的彙編，式爲規定的官署公文的程式。

[4]無父母便與追封追贈：中華書局本有校勘記："下一'追'字原闕，據《册府》卷四七六補。"

[5]若謂以子便合從貴：中華書局本有校勘記："'從'字原闕，據《册府》卷四七六補。"

[6]先封：《輯本舊史》之影庫本粘籤："先封，原本脱'封'字，今從《五代會要》增入。"

[7]今母受封父無爵：中華書局本有校勘記："'今母受封'，原作'今授封'，據《册府》卷四七六改。"

[8]其父已有官爵者：中華書局本有校勘記："'父'下原有'母'字，據《册府》卷四七六删。"

[9]贊善大夫：官名。即太子左右贊善大夫。掌規諫太子過失，贊相禮儀等事。正五品。 洗馬：官名。即太子洗馬。太子屬官。掌經籍，出入侍從。從五品。 中允：官名。即太子中允。掌侍從禮儀、駁正啓奏，並監約及通判坊局事；若庶子缺，則監封題，職擬黄門侍郎。正五品。

[10]宰臣之擬掄：中華書局本有校勘記："'擬掄'，原作'擬論'，據《册府》卷四七六改。"

[11]其理甚非：中華書局本有校勘記："'其理'二字原闕，據《册府》卷四七六補。"

[12]北省：指門下省、中書省。 南宫：即南省。指尚書省。

[13]伏乞自今後應諸司官及五品已上者：中華書局本有校勘記："'司'字原闕，據《册府》卷四七六補。"

漢乾祐元年七月，[1]詔：“尚書省集議，內外臣僚，父在，母承子廕敘封追封，合加‘太’字否以聞。”尚書省奏議曰：“今詳前後敕條，凡母皆加‘太’字，存歿並同。此即是父歿母存即敘封進封內加‘太’字，母歿，追封亦加‘太’字，故云存歿並同。若是父在，據敕格無載爲母加‘太’字處。若以近敕，因子貴與父命官，父自有官，即妻從夫品，[2]可以封妻，父在不合以其子加母‘太’字。若雖有因子之官，其品尚卑，未得廕妻，敘封亦不合用子廕之限。”[3]從之。

[1]乾祐：後漢高祖劉知遠、隱帝劉承祐年號（948—950）。北漢亦用此年號。

[2]即妻從夫品：《輯本舊史》之影庫本粘籤：“夫品，原本作‘夫石’，今從《五代會要》改正。”見《會要》卷一四司封條。”

[3]敘封亦不合用子廕之限：《輯本舊史》原無“敘封”二字，據《會要》卷一四補。

周顯德六年冬十二月壬辰，尚書兵部上言：“本司廕補千牛、進馬，[1]在漢乾祐中散失敕文，自來只準《晉編敕》及堂帖施行。伏緣前後不同，請別降敕命。”詔曰：“今後應廕補子孫，宜令逐品許補一人，直候轉品，方得更補，不得於本品內重疊收補。如是所補人有身故、除名、落藩、廢疾及應舉及第內，只許於本品內再補一人。太子進馬、太子千牛，不用收補。詹事依祭酒例施行。[2]兵部尚書、侍郎，舊例不許收補，宜許收補。致仕官歷任中曾任在朝文班三品、武班二品及丞郎給舍已上，[3]金吾大將軍、節度、防禦、團練、留後者，方得補廕。皇廕人，[4]其祖、父曾授著皇朝官秩，方得收補。應合收補人，須是本官親子孫，年貌合格，別無渝濫，方許施行。餘從舊例處分。”

　　右封廕。

　　[1]千牛：東宮武官名。即太子千牛。唐開元中改太子千牛備身、備身左右並爲太子千牛。分置於左右内率府，侍衛太子，各四十四人。從七品上。　進馬：雜任職名。唐置於太子僕寺，員額十一人。掌儀衛之馬，立於馬左，隨馬進退。《舊五代史考異》：“原本作‘進貝’，考《職官分紀》有太子進馬，‘貝’字係傳寫之訛，今改正。”

　　[2]詹事：官名。掌領太子、王府之詹事府，爲太子、王府官屬之長。正三品。

　　[3]給舍：《輯本舊史》之影庫本粘籤：“原本作‘給含’，考《職官分紀》，唐人稱給事中爲“給舍’，今改正。”

　　[4]皇廕人：《輯本舊史》之影庫本粘籤：“案《石林燕語》，五代大臣有累事數朝者，其前朝所得廕澤，及改事新朝，謂之‘皇廕’，今附識於此。”“案：五代大臣有改事新朝，所得廕澤尚可推恩及下者，蓋一時相沿之陋習也，謹附識於此。”

　　梁開平四年四月，敕：“諸州鎮使，官秩無高卑，並在縣令之下。”[1]其年九月，詔曰：“魏博管内刺史，比來州務，並委督郵，[2]遂使曹官擅其威權，州牧同於閑冗，俾循通制，宜塞異端，並宜依河南諸州例，刺史得以專達。”時議者曰：“唐朝憲宗時，[3]烏重胤爲滄州節度使，[4]嘗以河朔六十年能抗拒朝命者，[5]以奪刺史權與縣令職而自作威福耳。若二千石各得其柄，又有鎮兵，雖安、史挾奸，豈能據一壏而叛哉！遂奏以所管德、棣、景三州，[6]各還刺史職分，州兵並隸收管。是後雖幽、鎮、魏三道以河北舊風自相傳襲，[7]唯滄州一道，獨稟命受代，自重胤制置使然也。則梁氏之更張，正合其事矣。"

[1]"梁開平"至"之下"：亦見《宋本冊府》卷一九一《閏位部·立法制門》。

[2]督郵：此處指藩鎮佐吏。

[3]憲宗：即李純，805 年至 820 年在位。唐朝皇帝，唐德宗李适之孫、唐順宗李誦之子。紀見《舊唐書》卷一五、《新唐書》卷七。

[4]烏重胤：人名。張掖（今甘肅張掖市）人。唐後期將領。傳見《舊唐書》卷一六一、《新唐書》卷一七一。　滄州：州名。治所在今河北滄縣舊州鎮。此處指代方鎮橫海軍。

[5]嘗以河朔六十年能抗拒朝命者：中華書局本有校勘記："'六十'，原作'十六'，據《職官分紀》卷四〇引《五代職官志》、《御覽》卷二五五引《五代史梁書》、《冊府》卷一九一、《舊唐書》卷一六一《烏重胤傳》乙正。"

[6]德：州名。治所在安德縣（今山東德州市陵城區）。　棣：州名。治所在今山東惠民縣。　景：州名。治所在今河北東光縣。

[7]幽：州名。治所在今北京市。此處指代方鎮范陽軍。　鎮：州名。治所在今河北正定縣。此處指代方鎮成德軍。　魏：州名。治所在今河北大名縣。此處指代方鎮魏博軍。

後唐長興二年閏五月，[1]詔曰："要道纔行，則千岐共貫；宏綱一舉，則萬目畢張。前王之法制罔殊，百代之科條悉在，無煩改作，各有定規，守程式者心逸日休，率胸臆者心勞日拙。天垂萬象，星辰之分野靡差；地載羣倫，岳瀆之方隅不易。儻各司其局，則皆盡其心。且《律令》、《格式》、《六典》，凡關庶政，互有區分，久不舉行，遂至隳紊。宜準舊制，令百司各於其間錄出本局公事，巨細抄寫，不得漏落纖毫，集成卷軸，仍粉壁書在公廳。[2] 若未有廨署者，文書委官司主掌，仍每有新授官到，令自寫錄一本披尋。或因顧問之時，應對須知次第，無容曠闕，每在執行，使庶僚則守法奉公，宰臣則提綱振領，必當彝倫攸敘。所謂至道不繁，何必期年，然後報政。宜令御史臺遍加告諭催促，限兩月內鈔錄及粉壁書寫須畢，其間或有未可便行，及曾釐革事件，委逐司旋申中書門下，當更參酌，奏覆施行。"其年八月，敕："今後大理寺官員，宜同臺省官例升進，[3] 其法直官，[4] 比禮直官任使。"[5]

[1] 後唐長興二年閏五月：中華書局本有校勘記："'二年'，原作'元年'，據殿本、孔本、本書卷四二《唐明宗紀八》、《五代會要》卷一〇、《册府》卷六六、卷一五五改。影庫本批校：'長興元年，據原本應做二年。''正月'，本書卷四二《唐明宗紀八》、《五代會要》卷一〇、《册府》卷一五五作'閏五月'。"但未改，今據改。

[2] 粉壁：《輯本舊史》之影庫本粘籤："原本作'糊壁'，今從《册府元龜》改正。"見《册府》卷一五五《帝王部·督吏門》。

[3] 臺省官：唐龍朔二年（662）以尚書省爲中臺、門下省爲

東臺、中書省爲西臺，稱三省爲“臺省”，三省官爲“臺省官”。

[4]法直官：官名。原爲唐後期節度使府院掌律令條文的幕僚。五代時法直官參預司法活動，並於大理寺置法直司，設法直官若干。

[5]禮直官：官名。負責禮儀等事。

應順元年春三月戊午，[1]宗正上言：[2]“故事，諸陵有令、丞各一員，近令、丞不俱置，便委本縣令兼之。緣河南、洛陽是京邑，恐兼令、丞不便。”詔特置陵臺令、丞各一員。[3]

右雜録。《永樂大典》卷三千七百九十五。[4]

[1]應順：後唐閔帝李從厚年號（934）。

[2]宗正：官署名。即宗正寺。爲掌管皇室親族屬籍的事務機關。

[3]陵臺令：官名。唐置，掌守陵墓，爲陵臺主官。從五品上。

丞：官名。即陵臺丞。爲陵臺令之貳，與令共掌守衛陵墓。從七品下。

[4]《大典》卷三七九五“官”字韻“五代官”事目。

舊五代史　卷一五〇

地理志^[1]

　　[1]地理志：《輯本舊史》原作“郡縣志”。中華書局本有校勘記：“《通鑑》卷二六四《考異》引作‘薛居正《五代史·地理志》’，卷二六九《考異》引作‘《薛史·地理志》’，《通鑑》卷二六四、卷二六九、卷二九三胡注皆引作‘薛史地理志’，疑當作‘地理志’。”見《通鑑》卷二六四《唐紀八〇》昭宗天復三年（903）二月壬辰條《考異》引薛居正《五代史·地理志》，同卷昭宗天復三年七月壬子條胡注引《薛史·地理志》，《通鑑》卷二六九《後梁紀四》均王乾化四年（914）十二月癸未條胡注引《薛史·地理志》，同卷均王貞明二年（915）八月條《考異》引《薛史·地理志》，《通鑑》卷二九三《後周紀四》世宗顯德三年（956）五月丙申條胡注引《薛史·地理志》，可知《輯本舊史》原誤，應據改。據《大典》凡例正史之志，各從所重者收，如《天文志》入天文。《大典》如整體收入《舊五代史·地理志》，應在“地”字韻，今闕。又，《輯本舊史》之案語：“《郡縣志序》，《永樂大典》原闕。”《地理志》應有序言，今亦闕。

河南道

　　西京河南府　滑州　許州　陝州　青州　兗州　宋州　陳州　曹州　亳州　鄭州　汝州　單州　濟州　濱

州 密州 穎州 濮州 蔡州 萊州

關西道

雍州京兆府 同州 華州 耀州 乾州 隴州 涇
州 原州 鄜州 威州 衍州 武州 良州 府州 雄
州 警州 延州 慶州

河東道

并州太原府 潞州 澤州 晋州 新州 武州 雲
州 應州 絳州 慈州 隰州 遼州 沁州 解州 勝
州 河中府 代州

河北道

魏州大名府 鎮州真定府 滄州 景州 德州 邢
州 磁州 澶州 貝州 相州 泰州 雄州 幽州 新
城縣 定州 博州 莫州 深州 瑞州 静安軍 慎州
霸州 冀州

劍南道

蜀州 漢州 彭州

江南道

黔州　處州　溫州　婺州　湖州　秀州　全州　杭
州　福州　台州　明州　虔州　蘇州　邵州　郴州　建
州　道州　鄂州　潭州　信州　永州　岳州

淮南道

安州　廬州　楚州　壽州　天長縣　鎮淮軍

山南道

襄州　鄧州　唐州　復州　金州　忠州　萬州　夔
州　利州　閬州　果州　朗州　集州　鳳州　商州　隨
州　合州　雄勝軍　郢州

隴右道

秦州　成州　洮州

嶺南道

邕州　恩州　溥州　思唐州　潘州　桂州[1]

[1]《輯本舊史》之案語：“以上見《永樂大典》卷一萬七千
三百八十二。考《薛史》諸志之體，《郡縣志》當是以《開元十道

圖》爲本，惟載五代之改制，其仍唐舊制者則闕焉。《永樂大典》載《薛史》原文，疑有删節，今仍録於卷首，以存其舊。"《大典》卷一七三八二"道"字韻"地理事韻一"。

兩京

東京　開封府，[1]梁開平元年，[2]梁祖初開國，[3]升汴州爲開封府，[4]建名東京，元管開封、浚儀、陳留、雍丘、封丘、尉氏六縣，[5]至是割滑州之酸棗、長垣，鄭州之中牟、陽武，宋州之襄邑，曹州之戴邑，許州之扶溝、鄢陵，陳州之太康九縣隸焉。[6]後唐復降爲汴州，[7]以宣武軍爲額，[8]其陽武、長垣、扶溝、考城等四縣仍且隸汴州，其餘五縣却還本部。晋天福中，[9]復升爲東京，復以前五縣隸之，漢、周並因之。[10]

[1]東京：都城名。東漢、北周、隋、唐皆曾以洛陽爲東京，五代後梁代唐，升汴州爲開封府，建名東都（參見《輯本舊史》卷一）。治所在今河南開封市。後唐同光元年（923），"汴州開封府復爲宣武軍"。後晋天福三年（938），復爲東京。後漢、後周皆因之不改。　開封府：府名，都城。唐爲汴州，後梁開平元年（907）升爲開封府，建都於此。後唐改汴州，後晋、後漢、後周及北宋復升爲開封府，皆都於此，號東京。治所在今河南開封市。

[2]梁：朝代名，此處所指爲五代後梁（907—923）。　開平：後梁太祖朱温年號（907—911）。

[3]梁祖：即後梁太祖朱温，原爲黄巢部將，降唐後賜名朱全忠。宋州碭山（今安徽碭山縣）人。傳見本書卷一至卷七、《新五代史》卷一至卷二。

[4]汴州：州名。北周建德五年（576）改梁州置，隋大業三年（607）廢，義寧元年（617）復置。唐天寶初改陳留郡，乾元初復爲汴州。後梁升爲開封府，後唐復爲汴州，後晉復升爲開封府，後漢、後周同。治所在今河南開封市。

[5]開封：縣名。秦置，北魏廢復置。唐貞觀初廢，延和元年（712）復置，爲汴州（開封府）附郭縣。治所在今河南開封市。　浚儀：縣名。西漢置，西晉廢，北魏復置。爲汴州（開封府）附郭縣。治所在今河南開封市。　陳留：縣名。秦置，西晉廢，隋開皇六年（586）復置。治所在今河南開封市祥符區陳留鎮。　雍丘：縣名。戰國魏置，後晉天福二年（937）改爲杞縣，後漢復爲雍丘，金代復改爲杞縣。治所在今河南杞縣。　封丘：縣名。西漢置，北魏廢復置，北齊廢，隋開皇年間復置。治所在今河南封丘縣。　尉氏：縣名。秦置，北魏廢復置，北齊廢，隋開皇年間復置。治所在今河南尉氏縣。

[6]滑州、酸棗、長垣、鄭州、中牟、陽武、宋州、襄邑、曹州、扶溝、鄢陵、太康：下文有單獨條目，此處不詳細解釋。　戴邑：縣名。東漢改甾縣置考城縣，其後屢廢屢置，隋開皇十八年復置考城縣，五代後梁改名戴邑，後唐復名考城。治所在今河南民權縣東。

[7]唐：朝代名。此處所指爲五代後唐（923—937）。

[8]宣武軍：方鎮名。唐建中二年（781）置，治所在宋州（今河南商丘市睢陽區），興元元年（784）徙治汴州（今河南開封市）。後梁還治宋州，後唐改爲歸德軍。

[9]晉：朝代名，此處所指爲五代後晉（936—947）。　天福：五代後晉高祖石敬瑭年號（936—942）。出帝石重貴沿用至九年（944）。後漢高祖劉知遠繼位後沿用一年，稱天福十二年（947）。

[10]漢：朝代名，此處所指爲五代後漢（947—950）。　周：朝代名，此處所指爲五代後周（951—960）。　“東京”至段末：《御覽》卷一五八《州郡部四·河南道上》東京開封府。《輯本舊

史》卷三〇《唐莊宗紀四》同光元年十二月戊寅條載，"詔改……汴州開封府復爲宣武軍"；同書卷三一《唐莊宗紀五》同光二年二月甲戌條載："詔曰：'汴州元管開封、浚儀、封丘、雍丘、尉氏、陳留六縣，僞庭割許州鄢陵、扶溝、陳州太康、鄭州陽武、中牟、曹州考城等縣屬焉。其陽武、匡城、扶溝、考城四縣，宜令且隸汴州，餘還本部。'"同書卷七七《晋高祖紀三》天福三年十月庚辰條載："汴州宜升爲東京，置開封府。……應舊置開封府時所管屬縣，並可仍舊割屬收管。"

西京 河南府，[1]天寶元年改東都爲東京。[2]梁開平初都汴州，廢西京爲雍州，仍改東京爲西京。唐同光元年復爲東都。[3]晋天福三年又都汴州，此爲西京。自漢、周皆因之。[4]

[1]西京：都城名。東漢、隋、唐皆曾以長安爲西京。五代後梁以開封爲東京，洛陽爲西京。後唐復改洛陽爲東都，後晋又改爲西京，後漢、後周及北宋因之。　河南府：府名。唐開元元年（713）改洛州置。治所在今河南洛陽市。

[2]天寶：唐玄宗李隆基年號（742—756）。　東都：都城名。唐高宗顯慶二年（657），"詔改洛陽宮爲東都"（《舊唐書》卷四《高宗紀》）。光宅元年（684），武則天"改東都爲神都"（《舊唐書》卷六《則天皇后紀》）。唐中宗神龍元年（705），"神都依舊爲東都"（《舊唐書》卷七《中宗睿宗紀》）。唐玄宗天寶元年（742），"東都爲東京"。後梁改爲西京。後唐復爲東都。後晋移都汴州，又改爲西京。後漢、後周、北宋皆因之。治所在今河南洛陽市西工區。

[3]同光：後唐莊宗李存勗年號（923—926）。

[4]"西京"至段末：《太平寰宇記》卷三《河南道三》河南

府一條，亦見《新五代史》卷六〇《職方考三》。《輯本舊史》卷
七七《晋高祖紀三》載，天福三年十月庚辰，"洛京改爲西京"。

新安縣[1]唐天成二年二月，[2]昇爲次赤縣，以奉莊
宗雍陵。[3]

[1]新安縣：縣名。戰國秦置，隋仁壽四年（604）廢，大業
三年（607）改東垣縣復置。治所在今河南新安縣。

[2]天成：後唐明宗李嗣源年號（926—930）。

[3]莊宗雍陵：陵墓名。後唐莊宗李存勖之墓，後晋避諱改爲
伊陵。約在今河南新安縣北冶鎮下板峪村附近的小浪底水庫中。
"新安縣"至段末：據《會要》卷二〇州縣望條補。

　　唐長興三年，[1]中書門下奏："據《十道圖》，舊制
以王者所都之地爲上，本朝都長安，[2]遂以關内道爲
上。[3]今宗廟宫闕，皆在洛陽，[4]請以河南道爲上，[5]關
内道爲第二，河東道第三，[6]河北道第四，[7]劍南道第
五，[8]江南道第六，[9]淮南道第七，[10]山南道第八，[11]隴
右道第九，[12]嶺南道第十。"[13]從之。[14]

[1]長興：後唐明宗李嗣源年號（930—933）。

[2]長安：都城。西漢至隋唐歷代多建都於此，治所在今陝西
西安市。

[3]關内道：唐貞觀元年（627）分天下爲十道，初爲監察區，
治所不定。唐代中後期道與方鎮體系結合，逐漸轉化爲行政區。關
内道爲都城所在，故以關内道爲上。開元二十一年（733），自關内
道劃出京畿道，皆治於長安。後唐都洛陽，故此改以河南道爲上。

按：關内道何時改關西道，史無明文，《會要》卷一六殿中省條記後漢乾祐三年（950）八月敕：“殿中省執擎儀仗，關西道色役人員，地里遐遥，分番勞擾。宜據姓名，并還州縣。”據此則更改時間當在後唐長興三年（932）至後漢乾祐三年之間。參見鄭慶寰《輯本〈舊五代史·地理志〉所收“十道”内容辨析》，《唐史論叢》2016 年第 2 期。

[4]洛陽：都城。東漢至隋唐多都於此，五代後唐亦都於此。治所在今河南洛陽市。

[5]河南道：唐貞觀元年置，貞觀十道之一。開元年間劃出都畿道，治於洛陽，河南道治於汴州（今河南開封市）。

[6]河東道：唐貞觀元年置，貞觀十道之一。開元後治於蒲州（今山西永濟市西南蒲州鎮）。

[7]河北道：唐貞觀元年置，貞觀十道之一。開元後治於魏州（今河北大名縣）。

[8]劍南道：唐貞觀元年置，貞觀十道之一。開元後治於益州（今四川成都市）。

[9]江南道：唐貞觀元年置，貞觀十道之一。開元年間分爲江南東道和江南西道，江南東道治於蘇州（今江蘇蘇州市），江南西道治於洪州（今江西南昌市）。

[10]淮南道：唐貞觀元年置，貞觀十道之一。開元後治於揚州（今江蘇揚州市）。

[11]山南道：唐貞觀元年置，貞觀十道之一。開元年間分爲山東東道和山南西道，山南東道治於襄州（今湖北襄陽市襄城區），山南西道治於梁州（後改興元府，今陝西漢中市）。

[12]隴右道：唐貞觀元年置，貞觀十道之一。開元後治於鄯州（今青海海東市樂都區）。

[13]嶺南道：唐貞觀元年置，貞觀十道之一。開元後治於廣州（今廣東廣州市）。咸通三年（862）分爲嶺南東道和嶺南西道。嶺南東道治於廣州（今廣東廣州市），嶺南西道治於邕州（今廣西南

寧市江南區亭子街一帶）。

[14]“唐長興三年”至段末：《會要》卷二〇州縣分道改置條。亦見《輯本舊史》卷四三《唐明宗紀九》。

十道

河南道

滑州[1]唐光啓二年，[2]改爲宣義軍節度。[3]至唐同光元年，復爲義成軍。[4]

[1]滑州：州名。隋開皇十六年（596）改杞州置，大業二年（606）改兗州，三年改東郡。唐武德元年（618）復爲滑州，天寶元年改靈昌郡，乾元元年復爲滑州。治所在今河南滑縣東南城關鎮（2017 年 12 月改城關街道）。

[2]光啓：唐僖宗李儇年號（885—888）。

[3]宣義軍：方鎮名。唐貞元元年（785）改永平軍爲義成軍，光啓二年（886）改宣義軍，後唐復名義成軍，北宋初廢。治滑州（今河南滑縣城關鎮）。

[4]義成軍：方鎮名。唐貞元元年以永平軍改，光啓二年改宣義軍，後唐同光元年（923）復改義成軍。北宋初廢。治所在今河南滑縣。 “滑州”至段末：《會要》卷二四諸道節度使軍額條。《輯本舊史》卷三〇《唐莊宗紀四》同光元年十二月戊寅條載，改“滑州宣義軍復爲義成軍”。《新五代史》卷六〇《職方考三》載：“唐故曰義成。以避梁王父諱改曰宣義。唐滅梁，復其故。”

酸棗縣、長垣縣[1]梁開平三年二月，割隸汴州。唐同光二年二月，酸棗縣却隸滑州，長垣縣却改爲匡城縣。[2]晉天福三年十月，酸棗縣却割隸開封府。[3]

[1]酸棗縣：縣名。戰國魏置縣，北齊廢。隋開皇年間復置，北宋政和年間改爲延津縣。治所在今河南延津縣小潭鄉東古墙、西古墙、南古墙村一帶。　長垣縣：縣名。秦置縣，北魏太平真君八年（447）廢，景明三年（502）復置。隋開皇十六年（596）改名匡城。後梁改稱長垣，後唐復改匡城。宋初改鶴丘，大中祥符二年（1009）復改長垣。治所在今河南長垣縣。

[2]匡城縣：縣名。隋開皇十六年改長垣縣置，後梁改匡城爲長垣，後唐復爲匡城，北宋初年避諱改爲鶴丘，大中祥符二年復改長垣。治所在今河南長垣縣。

[3]“酸棗縣”至段末：《會要》卷二〇州縣分道改置條，亦見《新五代史》卷六〇《職方考三》。

許州[1]梁開平二年，改爲匡國軍。[2]唐同光元年十月，復爲忠武軍。[3]

[1]許州：州名。北周大定元年（581）改鄭州置，隋大業間改潁川郡，唐武德四年（621）復爲許州。治所在今河南許昌市。

[2]匡國軍：方鎮名。後梁以忠武軍改，後唐時復舊，北宋初廢。治所在許州（今河南許昌市）。

[3]忠武軍：方鎮名。唐貞元十年（794）以陳許節度使爲忠武軍，治許州。天復元年（901）徙治陳州（今河南淮陽縣）。後梁以忠武軍改匡國軍，還治許州，後唐時復爲忠武軍，北宋初廢。治所在許州（今河南許昌市）。　“許州”至段末：《會要》卷二四諸道節度使軍額條。《輯本舊史》卷三〇《唐莊宗紀四》載同光元年（923）十二月戊寅，詔改“許州匡國軍復爲忠武軍”。《新五

代史》卷六〇《職方考三》載："唐故曰忠武。梁改曰匡國。唐滅梁，復曰忠武。"

扶溝縣、鄢陵縣[1]梁開平三年二月，割隸汴州。唐同光二年二月，鄢陵縣却隸許州。天成元年九月，扶溝縣却隸許州。晋天福三年十月，並割屬開封府。[2]

[1]扶溝縣：縣名。西漢置，西晉初廢，後復置。治所在今河南扶溝縣。　鄢陵縣：縣名。西漢置縣，北齊天保中廢，唐武德年間復置。治所在今河南鄢陵縣。

[2]"扶溝縣"至段末：《會要》卷二〇州縣分道改置條。《輯本舊史》卷三七《唐明宗紀三》天成元年（926）九月乙卯條載："詔汴州扶溝縣復隸許州。"

陝州[1]梁開平二年，改爲鎮國軍節度。[2]至唐同光三年，復爲保義軍。[3]

[1]陝州：州名。北魏太和十一年（487）置，十八年廢。東魏復置，隋大業初廢。唐武德元年（618）復置，天寶元年（758）改爲陝郡，乾元元年（758）復爲陝州。治所在今河南三門峽市陝州區。

[2]鎮國軍：方鎮名。後梁改保義軍爲鎮國軍，後唐復舊。治所在陝州（今河南三門峽市陝州區）。

[3]保義軍：方鎮名。唐龍紀元年（889）以陝虢節度使爲保義軍，後梁改鎮國軍，後唐復爲保義軍，北宋初廢。治陝州。"陝州"至段末：《會要》卷二四諸道節度使軍額條。《輯本舊史》卷三〇《莊宗紀四》載同光元年（923）十二月戊寅，改"陝府鎮

國軍復爲保義軍"。《新五代史》卷六〇《職方考三》載："唐故曰保義，梁改曰鎮國，後唐復曰保義。"

青州[1]晋開運元年十二月，[2]降爲防禦州，與登、萊、淄三州並屬京，[3]以楊光遠叛命初平故也。[4]至漢天福十二年六月，[5]復舊爲平盧軍節度。[6]

[1]青州：州名。古九州之一，西漢十三刺史部之一，東漢後期開始成爲政區。南燕置青州，隋大業三年（607）改爲北海郡，唐復爲青州。天寶初改北海郡，乾元初復爲青州。治所在今山東青州市。

[2]開運：後晋出帝石重貴年號（944—946）。

[3]登：州名。唐武則天如意元年（692）置，天寶元年（742）改東牟郡，乾元元年（758）復改登州。治所在今山東蓬萊市。　萊：州名。隋開皇五年（585）置，大業初改爲東萊郡。唐武德四年（621）復爲萊州，天寶元年改東萊郡，乾元元年復爲萊州。治所在今山東萊州市。　淄：州名。隋開皇十六年置，大業初廢。唐武德元年復置，天寶元年改淄川郡，乾元元年復爲淄州。治所在今山東淄博市淄川區。

[4]楊光遠：人名。沙陀部人，五代將領。傳見本書卷九七、《新五代史》卷五一。

[5]天福：五代後晋高祖石敬瑭年號（936—942）。出帝石重貴沿用至九年（944）。後漢高祖劉知遠繼位後沿用一年，稱天福十二年（947）。

[6]平盧軍：方鎮名，唐開元七年（719）升平盧軍使置，治所在營州（今遼寧朝陽市）。上元二年（762）移治青州，號淄青平盧節度使。後梁復稱平盧，後晋廢，後漢復置，北宋初廢。治所在青州（今山東青州市）。　"青州"至段末：《會要》卷二四諸

道節度使軍額條。青州降爲防禦使額，亦見《輯本舊史》卷八三《晋少帝紀三》開運元年（944）閏十二月丙戌條。青州復爲節鎮，亦見《輯本舊史》卷一〇〇《漢高祖紀下》天福十二年（947）六月己巳條。

兗州[1]周廣順二年五月，[2]降爲防禦州，以慕容彦超叛命初平故也。[3]

　[1]兗州：州名。古九州之一，西漢十三刺史部之一，東漢晚期成爲政區。隋大業二年（606）改爲魯州，唐武德五年（622）復爲兗州。治所在今山東濟寧市兗州區。

　[2]廣順：後周太祖郭威年號（951—953）。

　[3]慕容彦超：人名。沙陀部人。後漢高祖劉知遠異母弟。五代將領。傳見本書卷一三〇、《新五代史》卷五三。　“兗州”至段末：《會要》卷二四諸道節度使軍額條，亦見《輯本舊史》卷一一二《周太祖紀三》廣順二年（952）五月癸未條，作“詔兗州降爲防禦州，仍爲望州”。

宋州[1]梁開平三年五月，升爲宣武軍節度，[2]割亳、輝、潁三州隸之。[3]至唐同光元年，改爲歸德軍。[4]

　[1]宋州：州名。隋開皇十六年（596）置，大業三年（608）改爲梁郡。唐武德四年（621）復爲宋州，天寶元年（742）改睢陽郡，乾元元年（758）復爲宋州。治所在今河南商丘市睢陽區。

　[2]宣武軍：方鎮名。唐建中二年（781）置，治所在宋州，興元元年（784）徙治汴州。後梁還治宋州。後唐改爲歸德軍。治宋州（今河南商丘市睢陽區）。

　[3]亳：州名。北周改南兗州置，隋大業三年改爲譙郡，唐武

德時復爲亳州，天寶元年又改譙郡，乾元元年復爲亳州。治所在今安徽亳州市譙城區。　輝：州名。唐光化二年（899）改單州置，治所在碭山縣（今安徽碭山縣），三年徙治單父縣（今山東單縣南）。後唐同光二年（924）復改單州。治所在今山東單縣南。潁：州名。北魏孝昌年間置，北齊廢。唐武德六年（623）改信州爲潁州。治所在今安徽阜陽市。

[4]歸德軍：方鎮名，後梁徙宣武軍治宋州，後唐改爲歸德軍，北宋初廢。治所在宋州（今河南商丘市睢陽區）。　“宋州”至段末：《會要》卷二四諸道節度使軍額條，亦見《通鑑》卷二六七《後梁紀二》太祖開平四年（910）四月丁卯條胡注引《薛史》、《新五代史》卷六〇《職方考三》。《輯本舊史》卷三〇《唐莊宗紀四》同光元年十二月戊寅，改“宋州宣武軍爲歸德軍”。

襄邑縣[1]梁開平三年二月，割隸汴州。唐同光二年二月，却隸宋州。晋天福三年十月，復割隸開封府。[2]

[1]襄邑縣：縣名。秦置，南朝宋廢。北魏復置，北齊廢。隋開皇十六年（596）復置。治所在今河南睢縣。
[2]“襄邑縣”至段末：《會要》卷二〇州縣分道改置條。

陳州[1]晋開運二年十月，升爲鎮安軍節度。至漢天福十二年六月，降爲刺史。周廣順元年正月，升爲防禦州。二年七月，復升爲鎮安軍節度，[2]以潁州隸之。[3]

[1]陳州：州名。北周改信州置，隋大業初改爲淮陽郡，唐武德元年（618）改陳州，天寶元年（742）改淮陽郡，乾元元年（758）復改陳州。治所在今河南淮陽縣。

[2]鎮安軍：方鎮名。後晋開運二年（945）置，後漢降爲州。後周廣順二年（952）復置，北宋初廢。治陳州。

[3]“陳州”至段末：《會要》卷二四諸道節度使軍額條，亦見《新五代史》卷六〇《職方考三》。陳州升爲節鎮，以鎮安軍爲軍額，亦見《輯本舊史》卷八四《晋少帝紀四》開運二年十月癸巳條。陳州依舊爲郡，亦見《輯本舊史》卷一〇〇《漢高祖紀下》天福十二年（947）六月己巳條。陳州復升爲節鎮，亦見《輯本舊史》卷一一二《周太祖紀三》廣順二年七月丁卯條。《輯本舊史》卷八〇《晋高祖紀六》載，天福六年七月庚申，陳州曾升爲防禦使額。

太康縣[1]梁開平三年二月，割隸汴州。唐同光二年二月，復隸陳州。晋天福三年十月，却屬開封府。[2]

[1]太康縣：縣名。秦置陽夏縣，隋開皇七年（587）改爲太康縣。治所在今河南太康縣。

[2]“太康縣”至段末：《會要》卷二〇州縣分道改置條。

曹州[1]晋開運二年十月，升爲威信軍節度。[2]至漢天福十二年六月，降爲刺史。至周廣順二年七月，復升爲彰信軍節度，[3]以單州隸之。[4]

[1]曹州：州名。北周改西兗州置，隋大業初改濟陰郡，唐武德初復爲曹州，天寶元年（742）改濟陰郡，乾元元年（758）復爲曹州。治所在今山東曹縣西北六十里。

[2]威信軍：方鎮名。後晋開運二年（945）升曹州爲威信軍節度，後漢天福十二年（947）復爲曹州，後周升置彰信軍。治所

在曹州（今山東曹縣西北六十里）。

[3]彰信軍：方鎮名。後周升曹州置彰信軍。治曹州。

[4]“曹州”至段末：《會要》卷二四諸道節度使軍額條，亦見《新五代史》卷六〇《職方考三》。晋天福三年十月，曹州改爲防禦州，見《輯本舊史》卷七七《晋高祖紀三》十月庚辰條。曹州升爲節鎮，以威信軍爲軍額，亦見《輯本舊史》卷八四《晋少帝紀四》開運二年九月戊申條；曹州依舊爲郡，亦見同書卷一〇〇《漢高祖紀下》天福十二年六月己巳條；曹州復升爲節鎮，亦見同書卷一一二《周太祖紀三》廣順二年（952）七月丁卯條。

戴邑縣[1]梁開平三年二月，割隸汴州。唐同光二年二月，復爲考城縣。[2]

[1]戴邑縣：縣名。後梁改考城縣置，後唐復舊。治所在今河南民權縣東。

[2]考城縣：縣名，東漢章帝改甾縣置，西晋初廢，後復置。北齊廢，隋開皇十八年（598）復置。後梁改爲戴邑，後唐復名考城。治所在今河南民權縣東。　“戴邑縣”至段末：《會要》卷二〇州縣分道改置條。

亳州[1]梁開平二年升爲防禦州，唐爲團練州，晋復爲防禦州。[2]

[1]亳州：州名。北周改南兗州置亳州，隋大業三年（607）改爲譙郡，唐武德時復爲亳州，天寶元年（742）又改譙郡，乾元元年（758）復爲亳州。治所在今安徽亳州市譙城區。

[2]“亳州”至段末：《太平寰宇記》卷一二《河南道一二》亳州條。《輯本舊史》卷七八《晋高祖紀四》載，天福四年（939）

八月"壬子，升亳州爲防禦使額，依舊隸宋州"。

夷父縣[1] 梁龍德元年三月壬寅，[2]改亳州焦夷縣爲夷父縣。[3]

[1]夷父縣：縣名。後梁龍德元年（921）改焦夷縣置，後唐復爲城父縣。治所在今安徽亳州市譙城區城父鎮。

[2]龍德：後梁末帝朱友貞年號（921—923）。

[3]焦夷縣：縣名。西漢置城父縣，唐末避朱全忠父諱改爲焦夷，後梁龍德元年又改爲夷父縣，後唐復爲城父縣。治所在今安徽亳州市譙城區城父鎮。　"夷父縣"至段末：《輯本舊史》卷一〇《梁末帝紀下》。《太平寰宇記》卷一二《河南道一二》亳州條載，城父縣，"唐末避梁王諱改爲焦夷。後唐同光元年復舊名"。

鄭州[1]

中牟縣、陽武縣[2] 梁開平三年二月，割隸汴州。唐同光二年敕："中牟縣却隸鄭州。"晉天福三年十月，中牟縣却割屬開封府。[3]

[1]鄭州：州名。隋開皇三年（583）改滎州置，大業三年（607）改滎陽郡。唐武德間復爲鄭州。治所在今河南鄭州市。

[2]中牟縣：縣名。西漢置，隋開皇初避諱改内牟，十八年改圃田縣。唐武德三年（620）復改中牟。治所在今河南中牟縣東。

陽武縣：縣名。秦置縣。治所在今河南原陽縣。

[3]"鄭州"至段末：《會要》卷二〇州縣分道改置條。

汝州[1]梁開平四年改爲防禦州。[2]

[1]汝州：州名。隋大業二年（606）改伊州置，三年改襄城郡，唐貞觀八年（634）復置汝州。治所在今河南汝州市。

[2]"汝州"至段末：《太平寰宇記》卷八《河南道八》汝州條。

葉縣、襄城縣[1]唐同光二年十二月，租庸使奏："二縣元屬汝州，今隸許州，伏緣最鄰京畿，户口全少，伏乞却割隸汝州。"從之。[2]

[1]葉縣：縣名。戰國楚置。南朝宋廢，北魏復置。治所在今河南葉縣葉邑鎮。　襄城縣：縣名。戰國楚置。治所在今河南襄城縣。

[2]"葉縣"至段末：《會要》卷二〇州縣分道改置條，亦見《新五代史》卷六〇《職方考三》。《輯本舊史》卷三二《唐莊宗紀六》載後唐同光三年（925）二月"辛未，許州上言：'襄城、葉縣準敕割隸汝州，其扶溝等縣請却隸當州。'"

臨汝縣[1]周顯德三年三月廢。[2]

[1]臨汝縣：縣名。唐先天元年（912）置，後周顯德三年（956）廢。治所在今河南汝州市西北五十里臨汝鎮。

[2]顯德：後周太祖郭威、世宗柴榮、恭帝柴宗訓年號（954—960）。　"臨汝縣"至段末：《會要》卷二〇州縣分道改置條。

單州[1]本單父縣，[2]梁爲輝州，[3]唐同光二年復舊，隸宋州。周廣順中，割隸曹州。[4]

[1]單州：州名。唐光化二年（899）置輝州，治碭山縣（今安徽碭山縣）。《新唐書》卷三八《地理志二》："光化二年，朱全忠以碭山、虞城、單父、曹州之成武表置輝州。"次年徙治單父縣（《舊唐書》卷二〇上《昭宗紀》朱全忠奏："本貫宋州碭山縣，蒙恩升爲輝州，其地卑濕，難葺廬舍，請移輝州治所于單父縣。"從之。）後唐同光二年（924）改爲單州。治所在今山東單縣南。

[2]單父縣：縣名。秦置，西晉廢。隋開皇六年（586）復置。治所在今山東單縣。

[3]輝州：州名。治所在今山東單縣。按：唐光化二年置輝州，治碭山縣（今安徽碭山縣）。次年徙治單父縣（今山東單縣）。後唐同光二年復爲單州。

[4]"單州"至段末：《太平御覽》卷一五九《州郡部五》河南道中條。《輯本舊史》卷三二《唐莊宗紀六》同光二年六月己丑，"詔改輝州爲單州"；《通鑑》卷二八三《後晉紀四》齊王天福八年（943）十一月條胡注引薛居正《五代史》云："同光二年六月，改輝州爲單州。"《太平寰宇記》卷一四《河南道一四》單州載："朱梁開平初于單父縣置輝州。後唐同光二年改輝州爲單州。"《新五代史》卷六〇《職方考三》曰："唐末以宋州之碭山，梁太祖鄉里也，爲置輝州，已而徙治單父。後唐滅梁，改輝州爲單州。"

楚丘縣[1]梁開平四年四月，割隸宋州。[2]

[1]楚丘縣：縣名。隋開皇六年（586）改己氏縣置，明洪武初廢。治所在今山東曹縣安蔡樓鎮楚天集。

[2]"楚丘縣"至段末：《會要》卷二〇州縣分道改置條，亦見《新五代史》卷六〇《職方考三》。

碭山縣[1]唐同光二年二月敕："碭山縣，僞梁創爲輝州，併單州後，理所于輝州。今宜却屬單州，其輝州依舊爲碭山縣。"[2]

[1]碭山縣：縣名。隋開皇十八年（598）改安陽縣置，唐光化二年（899）爲輝州治，次年輝州徙治單父，碭山仍自爲縣。治所在今安徽碭山縣。

[2]"碭山縣"至段末：《會要》卷二〇州縣分道改置條。

濟州[1]周廣順二年九月，以鄆州鉅野升爲州，[2]其地望爲上，割兗州任城、中都，[3]單州金鄉等縣隸之。[4]至其年十二月，又割鄆州鄆城縣隸之。[5]中都縣却隸鄆州。[6]

[1]濟州：州名。後周廣順二年（952）分鄆州置。治所在今山東巨野縣。

[2]鄆州：州名。隋開皇十年（590）置，大業初改東平郡。唐武德初復改鄆州。治所初在萬安縣，唐貞觀中移治須昌縣。治所在今山東東平縣西北東平湖內。　鉅野：縣名。西漢置縣，北齊省。隋開皇十六年復置。治所在今山東巨野縣。

[3]兗州：州名。先秦九州之一，西漢爲十三刺史部之一，東漢末期成爲政區。隋大業二年改爲魯州，唐武德五年復爲兗州。治所在今山東濟寧市兗州區。　任城：縣名。秦置，南朝宋廢，北魏復置。治所在今山東濟寧市。　中都：縣名。唐天寶元年以平陸縣改，金貞元元年改爲汶陽縣。治所在今山東汶上縣。

[4]金鄉：縣名。東漢置，原治所在今山東嘉祥縣南四十里阿城埠，北魏移至今山東金鄉縣。

[5]鄆城：縣名。隋開皇十八年改萬安縣置，唐天祐二年（905）又改萬安縣，後唐復名鄆城，治所在今山東鄆城縣張營鎮一帶。參見山東地名研究所編《山東省地名志》第一卷，山東省地圖出版社1999年版，第1607頁。

[6]"濟州"至段末：《會要》卷二〇州縣分道改置條，《輯本舊史》卷一一二《周太祖紀三》載："廣順二年十月己亥升鉅野縣爲濟州。"亦可參見《新五代史》卷六〇《職方考三》。《太平寰宇記》卷一四《河南道一四》濟州載爲："周高祖廣順二年九月平兗州，迴至鉅野，因詔于此復置濟州，仍割兗州之任城金鄉、鄆州之中都等縣隸之，其年十二月又割鄆州鄆城縣隸之，中都却入鄆州。"

濱州[1]周顯德三年六月，以贍國軍升爲州，[2]其地望爲上，直屬京。割棣州勃海、蒲臺兩縣隸之。[3]

[1]濱州：州名。後周顯德三年（956）置。治所在今山東濱州市濱城區市中街道。

[2]贍國軍：軍名，準州級政區，屬鄆州天平軍節度使。參見李曉杰《中國行政區劃通史（五代十國卷）》，復旦大學出版社2017年版，第1110頁。唐垂拱四年（688）置渤海縣，後唐時在此置榷鹽務，後漢於渤海縣置贍國軍，後周顯德三年升爲濱州。

[3]棣州：州名。隋開皇六年（586）置，大業二年（606）改滄州，後又改渤海郡，唐武德四年復改棣州，尋廢。貞觀十七年（643）又置。治所初在今山東惠民縣辛店鎮先棣州村，五代初因河患徙治南舊州城（惠民縣清河鎮古城馬村）。　勃海：縣名，又作渤海。唐垂拱四年置。治所在今山東濱州市濱城區濱北街道。　蒲臺：縣名。隋開皇十六年置，唐貞觀六年廢，七年復置。治所在今山東濱州市濱城區市中街道。　"濱州"至段末：《會要》卷二〇州縣分道改置條，亦見《通鑑》卷二九四《後周紀五》世宗顯德

六年五月己酉條胡注引《薛史》、《新五代史》卷六〇《職方考三》。《輯本舊史》卷一一六《周世宗紀三》載，顯德三年六月"戊子，升贍國軍爲濱州"。

密州[1]

輔唐縣[2]梁開平二年，改爲安丘，[3]唐同光元年，復舊名。晋天福七年，改爲膠西，[4]避廟諱也。[5]

　　[1]密州：州名。隋開皇五年（585）改膠州置，大業初改高密郡。唐武德間改密州，天寶元年（742）又改高密郡，乾元元年（758）復改密州。治所在今山東諸城市。
　　[2]輔唐縣：縣名，唐乾元二年改安丘縣置，後梁改爲安丘。後唐復改爲輔唐。後晋改爲膠西。北宋復名安丘。治所在今山東安丘市。
　　[3]安丘：縣名。西漢置。北齊廢。隋大業二年（606）改牟山縣復置，唐乾元二年改輔唐縣，後梁開平二年（908）改安丘，後唐同光元年（923）復名輔唐，後晋天福七年（942）改爲膠西，宋初復名安丘。治所在今山東安丘市。
　　[4]膠西：縣名。後晋天福七年改輔唐縣置，宋初改名安丘。治所在今山東安丘市。按：後晋高祖名石敬瑭，唐、瑭同音避諱。
　　[5]"密州"至段末：《通鑑》卷二六四《唐紀八〇》昭宗天復三年（903）七月壬子條胡注引《薛史・地理志》。《會要》卷二〇州縣分道改置條載："密州輔唐縣，梁開平二年八月，改爲安丘縣。後唐同光元年十月，後改爲輔唐縣。晋天福七年七月，改爲膠西縣，避國諱也。"

膠源縣[1]梁龍德元年三月壬寅，改密州漢諸縣爲膠源縣，[2]從中書舍人馬縞請也。[3]

[1]膠源縣：縣名。後梁龍德元年（921）改漢諸縣置，其沿革不詳。治所在今山東諸城市。

[2]漢諸縣：縣名。即唐密州治諸城縣。按此處不記諸城而曰漢諸，爲避諱故。《續山東考古録》卷一七《青州府下》載："朱温父名誠，縣兼犯姓名，故稱漢諸縣。"約後唐時復改爲諸城，治所在今山東諸城市。

[3]馬縞：人名。籍貫無考。五代大臣。傳見本書卷七一、《新五代史》卷五五。　"膠源縣"至段末：《輯本舊史》卷一〇《梁末帝紀下》。

潁州[1]漢初升爲防禦州，廣順二年復爲團練州。[2]

[1]潁州：州名。北魏孝昌三年（527）置，北齊廢。唐武德六年（623）改信州復置潁州。天寶初改爲汝陰郡，乾元初復爲潁州。治所在今安徽阜陽市。

[2]"潁州"至段末：《太平寰宇記》卷一一一《河南道一一》潁州條。

濮州[1]

濮陽縣[2]晉天福三年十一月癸亥，割濮州濮陽縣隸澶州。[3]

[1]濮州：州名。隋開皇十六年（596）改濮陽郡置，大業初廢。唐武德四年（621）復置，天寶初改爲濮陽郡，乾元初復爲濮

州。治所在今山東鄄城縣舊城鎮。

[2]濮陽縣：縣名。秦置。原治所在今河南濮陽縣東南二十里高城村，後晉天福四年（939）徙治德勝城（今河南濮陽市東南五里）。

[3]澶州：州名。唐武德八年置，貞觀元年（627）廢，大曆七年（772）復置。原治所在頓丘縣（今河南清豐縣西南），後晉天福四年移治德勝城（今河南濮陽市東南五里），後周徙治今河南濮陽市。 "濮州"至段末：《輯本舊史》卷七七《晋高祖紀三》補。

蔡州[1]漢初升爲防禦州。[2]

[1]蔡州：州名。隋大業二年（606）改溱州置，三年改爲汝南郡。唐武德四年（621）改爲豫州，寶應元年（762）復改蔡州。治所在今河南汝南縣。

[2]"蔡州"至段末：據《太平寰宇記》卷一一《河南道一一》蔡州條。

萊州[1]晋天福五年十月甲辰，升爲防禦使額。[2]開運元年七月壬午，降爲刺史州。[3]

[1]萊州：州名。隋開皇五年（585）改光州置，大業初改東萊郡。唐武德四年（621）復爲萊州，天寶元年（742）改東萊郡，乾元元年（758）復爲萊州。治所在今山東萊州市。

[2]晋天福五年十月甲辰，升爲防禦使額：《輯本舊史》卷七九《晋高祖紀五》。

[3]開運元年七月壬午，降爲刺史州：《輯本舊史》卷八三《晋少帝紀三》。

關西道

雍州

京兆府[1]唐故上都,[2]昭宗遷洛,[3]廢爲佑國軍。[4]
梁初改京兆府曰大安,[5]佑國軍曰永平。[6]唐滅梁,復爲
西京。晋廢爲晋昌軍。[7]漢改曰永興,[8]周因之。[9]

[1]雍州:州名。《禹貢》九州之一,漢代初爲監察區,東漢
後期逐漸轉化爲行政區,建安十八年（213）移治長安。隋大業間
廢爲京兆郡,唐武德元年（618）復改雍州,開元元年（713）改
爲京兆府。　京兆府:府名。唐開元元年改雍州置,後梁改爲大安
府,後唐復爲京兆府。治所在今陝西西安市。

[2]唐:朝代名。此處指李淵所建之唐朝（618—907）。

[3]昭宗:皇帝名。即唐昭宗李曄,888年至904年在位。
洛:地名,即洛陽。唐昭宗天祐元年（904）,被朱温脅迫遷都
洛陽。

[4]佑國軍:方鎮名。唐文德元年（888）置,初治於河南府,
天祐元年徙治京兆府。後梁改爲永平軍。治所在今陝西西安市。

[5]大安:府名。後梁改京兆府爲大安府,後唐復改爲京兆府。
治所在今陝西西安市。

[6]永平:即永平軍。方鎮名。後梁改佑國軍置,後晋改爲晋
昌軍,治所在今陝西西安市。

[7]晋昌軍:方鎮名。後晋改永平軍置,後漢改爲永興軍。治
所在今陝西西安市。

[8]永興:即永興軍。方鎮名。後漢改晋昌軍置,後周因之。
治所在今陝西西安市。

[9]"雍州京兆府"至段末:《新五代史》卷六〇《職方考
三》。《輯本舊史》卷三〇《唐莊宗紀四》同光元年（923）十二月

載，"詔改僞梁永平軍大安府復爲西京京兆府"；同書卷七七《晉高祖紀三》天福三年（938）十月載："雍京改爲晉昌軍。"《太平寰宇記》卷二五《關西道一》雍州一載："朱梁開平元年都汴，改此爲佑國軍，府爲大安府；二年改爲永平軍。後唐同光初復爲西京京兆府。晉天福中改爲晉昌軍。漢乾祐初改爲永興軍，其京兆府仍舊。"

奉先縣[1]梁開平三年二月，割隷同州，唐同光三年二月，却隷京兆府。[2]

[1]奉先縣：縣名。唐開元四年（716）改蒲城縣置，以奉祀睿宗陵墓故名。北宋開寶四年（971）復名蒲城縣。

[2]"奉先縣"至段末：《會要》卷二〇州縣分道改置條。

武功縣、好時縣[1]唐長興元年五月敕："倂臨等四鄉，却隷京兆府。"[2]

[1]武功縣：縣名。戰國秦置，北魏廢，北周復置。治所在今陝西武功縣西北武功鎮。 好時縣：縣名。秦置縣，東漢廢。西晉元康中復置，北周時廢入漠西縣。隋開皇十八年（598），改漠西爲好時，大業中復廢。唐武德二年（619）復置。治所在今陝西永壽縣店頭鎮好時河村。

[2]"武功縣"至段末：《會要》卷二〇州縣分道改置條。《太平寰宇記》卷二七《關西道三》雍州三條載："後唐同光中割屬鳳翔，長興元年却復京兆。"

萬年縣[1]梁開平元年改爲大年縣。[2]唐同光元年復舊名。[3]

[1]萬年縣：縣名。西漢置，隋改大興縣，唐武德元年（618）
復名萬年。天寶七載（748）改爲咸寧，乾元元年（758）復名萬
年，後梁改爲大年，後唐復名萬年。治所在今陝西西安市。

[2]大年縣：縣名。後梁開平元年（907）改萬年縣置，後唐
復名萬年。治所在今陝西西安市。

[3]“萬年縣”至段末：《太平寰宇記》卷二五《關西道一》
雍州一條。

長安縣[1]梁開平元年改爲大安縣。[2]唐同光三年復
舊名。[3]

[1]長安縣：西漢置，後梁改大安，後唐復名長安。治所在今
陝西西安市。

[2]大安縣：縣名。後梁改長安爲大安，後唐復名長安。治所
在今陝西西安市。

[3]“長安縣”至段末：《太平寰宇記》卷二五《關西道一》
雍州一條。

乾祐縣[1]漢乾祐二年又屬京兆，[2]便以年號名縣。[3]

[1]乾祐縣：縣名。後漢乾祐二年（949）改乾元縣置。治所
在今陝西柞水縣。

[2]乾祐：後漢高祖劉知遠、隱帝劉承祐年號（948—950）。
北漢亦用此年號。

[3]“乾祐縣”至段末：《太平寰宇記》卷二七《關西道三》

雍州三條。

同州[1] 唐故曰匡國,[2] 梁改曰忠武,[3] 唐復曰匡國。[4]

[1]同州：州名。西魏改華州置，隋大業三年（607）廢，唐武德元年（618）復置。治所在今陝西大荔縣。

[2]匡國：即匡國軍。方鎮名。唐乾寧二年（895）升同州置匡國軍節度，天祐三年（906）廢。後梁復置，改名忠武軍，後唐復名匡國軍，北宋初廢。治所在同州（今陝西大荔縣）。

[3]忠武：即忠武軍。方鎮名。後梁置，後唐改爲匡國軍。治所在同州（今陝西大荔縣）。

[4]"同州"至段末：《新五代史》卷六〇《職方考三》。《太平寰宇記》卷二八《關西道四》同州條載："本匡國軍節度使，梁改爲忠武軍。後唐同光初復舊。周顯德六年降爲刺史。"

郃陽縣[1] 梁割隸河中府。[2] 唐天成元年復舊。[3]

[1]郃陽縣：縣名。西漢置，唐屬同州。治所在今陝西合陽縣。

[2]河中府：府名。唐開元八年（720）升蒲州置，同年改蒲州。乾元三年（760）復置。治所在蒲州（今山西永濟市蒲州鎮）。

[3]"郃陽縣"至段末：《太平寰宇記》卷二八《關西道四》同州條。《輯本舊史》卷三六《唐明宗紀二》載，天成元年（926）七月甲子，詔割郃陽屬同州。

澄城縣[1] 梁割屬河中府。唐同光三年復舊。[2]

［1］澄城縣：縣名。北魏太平真君七年（446）置。唐屬同州，後梁改屬河中府，後唐復屬同州。治所在今陝西澄城縣。

［2］"澄城縣"至段末：《太平寰宇記》卷二八《關西道四》同州條。

韓城縣[1]梁割屬河中府。唐天成元年復舊。[2]

［1］韓城縣：縣名。隋開皇十八年（598）置。唐屬同州，後梁改屬河中府，後唐復屬同州。治所在今陝西韓城市金城街道城古村。

［2］"韓城縣"至段末：《太平寰宇記》卷二八《關西道四》同州條。《輯本舊史》卷三六《唐明宗紀二》載，天成元年（555）七月甲子，詔割韓城屬同州。

華州[1]初爲感化軍，[2]至唐同光元年，改爲鎮國軍。[3]至周顯德元年八月，降爲刺史，直屬京。[4]

［1］華州：州名。西魏改東雍州置，隋大業初廢，唐初復置。有唐一代名稱變化複雜：垂拱元年（685）改爲太州，神龍元年（705）復；天寶元年（742）改華陰郡，乾元元年（758）復爲華州；上元元年（760）又改太州，寶應元年（762）復爲華州；乾寧四年（897）升德興府，光化三年（900）復爲華州。治所在今陝西渭南市華州區。

［2］感化軍：方鎮名。後梁置，後唐改爲鎮國軍。治所在華州（今陝西渭南市華州區）。

［3］鎮國軍：方鎮名。唐上元二年置，廣德元年（763）廢，光化元年復置，三年又廢。後梁復置，更名感化軍，後唐改爲鎮國軍，北宋初廢。治華州。

[4]"華州"至段末：《會要》卷二四諸道節度使軍額條。《輯本舊史》卷三〇《唐莊宗紀四》載同光元年（923）十二月戊寅，詔改"華州感化軍爲鎮國軍"；《輯本舊史》卷一一四《周世宗紀一》載，顯德元年（954）八月"己巳，華州鎮國軍宜停，依舊爲郡"。《通鑑》卷二六四《唐紀八〇》昭宗天復三年（903）二月壬辰條胡注引薛居正《五代史·地理志》："華州，梁爲感化軍。"《新五代史》卷六〇《職方考三》曰："華州，唐故曰鎮國，梁改曰感化，後唐復曰鎮國。"

洛南縣[1]唐同光三年六月，河中府奏："韓城、郃陽、澄城縣，僞梁割屬當府。其澄城縣，今請却屬同州，韓城、郃陽縣且屬當府。"從之。天成元年七月敕："韓城、郃陽二縣，却割隸同州。"[2]

[1]洛南縣：縣名。隋開皇五年（585）改拒陽縣置。治所在今陝西洛南縣。

[2]"洛南縣"至段末：《會要》卷二〇州縣分道改置條，亦見《新五代史》卷六〇《職方考三》。

渭南縣[1]周顯德三年，自京兆割隸華州。[2]

[1]渭南縣：縣名。十六國前秦置，後廢。西魏復置。治所在今陝西渭南市。

[2]"渭南縣"至段末：《太平寰宇記》卷二九《關西道五》華州條。《新五代史》卷六〇《職方考三》載："故屬京兆，周改隸華州。"

耀州[1]梁貞明元年十二月，[2]改爲崇州，[3]升爲静勝
軍節度。[4]至唐同光元年，改爲順義軍。[5]至二年三月，
降爲團練州。至周顯德二年，降爲刺史，直屬京。[6]

　　[1]耀州：州名。唐天祐三年（906）置。後梁改稱崇州，後
唐復改爲耀州。治所在今陝西銅川市耀州區。
　　[2]貞明：後梁末帝朱友貞年號（915—921）。
　　[3]崇州：州名。五代後梁改耀州置，後唐復爲耀州。治所在
今陝西銅川市耀州區。
　　[4]静勝軍：方鎮名。唐天祐三年置義勝軍，後梁貞明元年
（915）改静勝軍，後唐改爲順義軍。治所在耀州（今陝西銅川市
耀州區）。
　　[5]順義軍：方鎮名。後唐同光元年（923）改静勝軍爲順義
軍。治所在耀州（今陝西銅川市耀州區）。
　　[6]“耀州”至段末：《會要》卷二四諸道節度使軍額條。《太
平御覽》卷一六四《州郡部一〇》關西道條載：“耀州，本京兆府
華原縣，唐末李茂貞據鳳翔借行墨制，建爲耀州。以義勝爲軍額，
命温韜爲節度使。”亦見《新五代史》卷六〇《職方考三》。《輯本
舊史》卷八《梁末帝紀上》載，李茂貞以華原爲耀州，貞明元年
（915）十二月乙未，末帝詔升華原縣爲崇州静勝軍；同書卷三〇
《唐莊宗紀四》載，同光元年十二月，“耀州静勝軍復爲順義軍”；
同書卷三二《唐莊宗紀六》載，同光三年四月戊寅，“以耀州爲團
練州，其順義軍額宜停”。

　　富平縣[1]唐同光初割屬耀州。[2]

　　[1]富平縣：縣名。秦置，初治在今寧夏吴忠市西南黄河東岸，
東漢永和年間内遷至今陝西富平縣一帶。唐末屬鼎州，後梁屬裕

州，後唐改屬耀州。治所在今陝西富平縣東華街道舊縣村。

［2］"富平縣"至段末：《太平寰宇記》卷三一《關西道七》耀州條。

三原縣[1]唐割屬耀州。[2]

［1］三原縣：縣名。北魏太平真君七年（446）置。唐武德四年（621）廢，六年復置，貞觀元年（627）廢，又改華池縣爲三原縣，治所在今陝西三原縣魯橋鎮（據郭聲波《中國行政區劃通史・唐代卷》，復旦大學出版社2017年版，第52頁）。

［2］"三原縣"至段末：《太平寰宇記》卷三一《關西道七》耀州條。

雲陽縣[1]唐同光初割屬耀州。[2]

［1］雲陽縣：縣名。北魏太和十一年（487）置，唐貞觀元年（627）改名池陽，八年復名。治所在今陝西涇陽縣云陽鎮。

［2］"雲陽縣"至段末：《太平寰宇記》卷三一《關西道七》耀州條。

同官縣[1]梁開平三年三月，割隸同州。唐同光三年七月，割隸耀州。[2]

［1］同官縣：縣名。北周建德四年（575）改銅官縣置。治所在今陝西銅川市王益區王益街道高坪村附近（《銅川年鑒2001》第34頁）。

［2］"同官縣"至段末：《會要》卷二〇州縣分道改置條，亦

見《新五代史》卷六〇《職方考三》。

美原縣[1]唐同光三年七月，割隸耀州。[2]

[1]美原縣：縣名。唐咸亨二年（671）置，天祐三年（906）置爲鼎州，後梁改爲裕州，後唐復爲美原縣。治所在今陝西富平縣美原鎮。

[2]"美原縣"至段末：《會要》卷二〇州縣分道改置條，亦見《新五代史》卷六〇《職方考三》。《輯本舊史》卷八《梁末帝紀上》載，李茂貞以美原爲鼎州，貞明元年（915）十二月乙未，末帝以美原縣爲裕州。

乾州[1]本唐之奉天縣也，[2]唐末李茂貞建之爲州。[3]後因之不改。[4]

[1]乾州：州名。唐乾寧元年（894）以奉天縣置乾州。治所在今陝西乾縣。

[2]奉天縣：縣名。唐文明元年（684）置。《元和郡縣志》卷一："高宗天皇大帝乾陵所在，因名曰奉天。"乾寧元年爲乾州治。治所在今陝西乾縣。

[3]李茂貞：人名。深州博野（今河北蠡縣）人。本名宋文通，唐僖宗賜姓名李茂貞。唐末五代藩鎮，稱岐王。傳見本書卷一三二、《新五代史》卷四〇。

[4]"乾州"至段末：《太平御覽》卷一六四《州郡部一〇》關西道條，亦見《新五代史》卷六〇《職方考三》。《太平寰宇記》卷三一《關西道七》乾州條載："本京兆奉天縣，唐末李茂貞建爲乾州。乾寧中，以覃王出鎮，建爲威勝軍，割奉天、好畤、武功、盩厔、醴泉等五縣，以隸焉。至莊宗同光年中改爲刺史，屬鳳翔，

其武功、醴泉二縣還京兆府，盩厔入鳳翔，只領奉天、好時二縣。至明宗天成三年又割好時還京兆府，只領奉天一縣。”

隴州[1]

汧陽縣、汧源縣、吳山縣[2]唐長興元年五月，依舊割隸隴州。[3]

[1]隴州：州名。西魏改東秦州置，北周廢後置，隋大業三年（607）廢。唐武德元年（618）改隴東郡復置，天寶元年（742）改汧陽郡，乾元元年（758）復改隴州。治所在今陝西隴縣。

[2]汧陽縣：縣名。北周天和五年（570）置縣，治所在今陝西千陽縣西北五里。　汧源縣：縣名。隋開皇五年（585）改汧陰縣置，爲隴州治所。治所在今陝西隴縣。　吳山縣：縣名。隋開皇十八年改長蛇縣置，大業中廢，義寧元年（617）復置。唐貞觀元年（627）復名吳山，上元二年（675）改名華山縣，後復舊名。治所在今陝西寶雞市陳倉區縣功鎮。

[3]“隴州”至段末：《會要》卷二〇州縣分道改置條。

涇州[1]

平涼縣[2]唐清泰三年正月，[3]涇州奏：“平涼縣自吐蕃陷渭州，[4]權于平涼縣爲渭州理所，遂罷平涼縣。又有安國、耀武兩鎮，[5]兼屬平涼，其賦租節目，並無縣管。今請却置平涼縣，管安國、耀武兩鎮人户。”從之。[6]

[1] 涇州：州名。北魏置，隋大業三年（607）改爲安定郡。唐初復名涇州，天寶元年（742）改安定郡，至德元載（756）改保定郡，乾元元年（758）復爲涇州。治所在今甘肅涇川縣北五里（涇河北岸）。

[2] 平涼縣：縣名。北周置。唐末廢，後唐清泰三年（936）復置。治所在今甘肅平涼市（《中國歷史地圖集》第5册"唐時期·關内道"），一説唐時移治今市西三十五里（史爲樂《中國歷史地名大辭典》，中國社會科學出版社2017年版，第707頁）。

[3] 清泰：後唐末帝李從珂年號（934—936）。

[4] 渭州：州名。北魏置，原治所在今甘肅隴西縣東南五里。唐寶應年間陷於吐蕃，元和年間於平涼縣别置行渭州。《太平寰宇記》卷一五一載，元和三年（808），涇原節度使朱忠亮奏移行原州於臨涇縣，行渭州於平涼縣。廣明年間又陷於吐蕃，大中五年（851）收復，中和四年（884）於平涼縣復置渭州，廢平涼縣。後唐清泰三年，復立平涼縣，爲渭州附郭縣。治所在今甘肅平涼市。

[5] 安國：鎮名，即唐胡谷堡。在今甘肅平涼市崆峒區安國鎮一帶。 耀武：鎮名。無考。

[6] "涇州"至段末：《會要》卷二〇州縣分道改置條。

原州[1]

臨涇縣[2] 唐清泰三年二月，原州刺史翟建奏：[3]"本州自陷吐蕃，權于臨涇縣爲理所，臨涇元屬涇州，刺史只管捕盜，其人户即涇州管縣，既無屬縣，刺舉何施？伏乞割臨涇屬當州。"從之。[4]

[1] 原州：州名。北魏置，隋大業間改平涼郡，唐初復爲原州。天寶元年（742）改平涼郡，乾元元年（758）復爲原州。治所原

在今寧夏固原市，安史亂後没入吐蕃，治所屢遷，廣明後治於臨涇縣。即今甘肅鎮原縣。

　　[2]臨涇縣：縣名。隋大業間改湫谷縣置，治所在今甘肅鎮原縣。原屬涇州，唐元和三年（808）權置原州於此。《太平寰宇記》卷一五一載，元和三年，涇原節度使朱忠亮奏移行原州於臨涇縣。後唐清泰三年（936）改屬原州。元初廢。

　　[3]翟建：人名。《新五代史》卷六《唐本紀第五》載，（同光四年）三月，“博州守將翟建自稱刺史”。餘無記載，未知是否同一人。待考。

　　[4]“臨涇縣”至段末：《會要》卷二〇州縣分道改置條，亦見《新五代史》卷六〇《職方考三》。

蕭關縣[1]周顯德五年廢入潘原縣。[2]

　　[1]蕭關縣：縣名。唐神龍間以他樓縣改置。治所在今寧夏海原縣李旺鎮北側。安史之亂後没入吐蕃。大中年間收復，置武州。中和年間復陷，與武州皆僑治於潘原縣。後周顯德五年（958）廢入潘原。

　　[2]潘原縣：縣名。唐天寶元年（742）以陰槃縣改。大曆年間省入良原縣，中和四年（884）復置，武州及蕭關縣僑於此。治所在今甘肅平涼市崆峒區四十鋪鎮曹灣村一帶。參見《中華人民共和國地名詞典——甘肅省》，商務印書館 1994 年版，第 109 頁。“蕭關縣”至段末：《太平寰宇記》卷三三《關西道九》原州條。

鄜州[1]

鄜城縣[2]梁開平三年四月，改爲昭化縣。[3]唐同光元年十月，復爲鄜城縣。[4]

[1]鄜州：州名。西魏改北華州置。隋大業中改鄜城郡，唐初復爲鄜州。天寶元年（742）改洛交郡，乾元元年（758）復爲鄜州。治所在今陝西富縣。

[2]鄜城縣：縣名。隋大業元年（605）改敷城縣置，唐末李茂貞建爲翟州，後梁開平三年（909）改爲禧州，又改其縣爲昭化縣（參見《太平寰宇記》卷三五）。後唐同光元年（923）復名鄜城縣。治所在今陝西洛川縣土基鎮鄜城村。

[3]昭化縣：縣名。後梁開平三年（909）改鄜城縣置，後唐復改爲鄜城縣。治所在今陝西洛川縣土基鎮鄜城村。

[4]“鄜州”至段末：《會要》卷二〇州縣分道改置條，亦見《太平寰宇記》卷三五《關西道一一》鄜州條、《新五代史》卷六〇《職方考三》。

咸寧縣[1]周顯德三年三月十日廢。[2]

[1]咸寧縣：縣名。隋開皇十八年（598）改太平縣置，屬丹州，後周顯德三年（956）廢。治所在今陝西宜川縣壺口鎮官莊村（據郭聲波《中國行政區劃通史·唐代卷》，復旦大學出版社2017年版，第98頁）。

[2]“咸寧縣”至段末：《會要》卷二〇州縣分道改置條。

威州[1]晉天福四年五月敕：“靈州方渠鎮宜升爲威州，[2]隸靈武，[3]仍割寧州木波、馬嶺二鎮隸之。”[4]周廣順二年三月改爲環州，[5]顯德四年九月，降爲通遠軍。[6]

[1]威州：州名。後晉天福四年（939）置，後周廣順二年

（952）因避諱改爲環州，後又降爲通遠軍。治所在今甘肅環縣。

[2]靈州：州名。北魏孝昌中置，隋大業三年（607）改靈武郡，唐武德元年（618）又改靈州。天寶元年（742）復爲靈武郡，乾元元年（758）又改靈州。治所在今寧夏吳忠市北。　方渠：鎮名。無考。

[3]靈武：此時無靈武之行政設置，此處當指駐於靈州的朔方節度使。

[4]寧州：州名。西魏改豳州置，隋大業間改北地郡，唐武德元年復爲寧州。天寶元年改彭原郡，乾元元年復爲寧州。治所在今甘肅寧縣。　木波：鎮名。今地無考。　馬嶺：鎮名。今地無考。

[5]環州：州名。後周廣順二年改威州置，顯德四年（957）降爲通遠軍，北宋復爲環州。治所在今甘肅環縣。

[6]通遠軍：軍名。準州級政區，屬靈州朔方節度使管轄（參見李曉杰《中國行政區劃通史（五代十國卷）》，復旦大學出版社2017年版，第1112頁）。後周顯德四年降環州爲通遠軍，北宋淳化五年（994）復爲環州。治所在今甘肅環縣。　“威州”至段末：《會要》卷二〇州縣分道改置條，亦見《通鑑》卷二八五《後晉紀六》齊王開運三年（946）六月條胡注引《薛史》、《新五代史》卷六〇《職方考三》。《會要》卷二四載：“晉天福四年五月，改舊威州爲清遠軍”，顯德二年七月，“廢環州爲通遠軍”；《輯本舊史》卷七八《晉高祖紀四》載，天福四年（939）五月乙巳，“升靈州方渠鎮爲威州，隸於靈武，改舊威州爲清邊軍”。

衍州[1]周顯德五年六月，廢爲定平鎮，[2]隸邠州。[3]

[1]衍州：州名。唐末以定平縣置衍州，後周顯德五年（958）廢。治所在今甘肅寧縣中村鎮政平村。

[2]定平鎮：當爲定平縣。縣名。唐武德二年（619）分定安

縣置，唐末爲衍州治。後周顯德五年屬邠州，尋屬寧州。元至元間省入寧州，治所在今甘肅寧縣中村鎮政平村。

[3]邠州：州名。唐開元十三年（725）改豳州置，天寶元年（742）改爲新平郡，乾元元年（758）復爲邠州。治所在今陝西彬縣。　　"衍州"至段末：《會要》卷二〇州縣分道改置條。《輯本舊史》卷一一八《周世宗紀五》載，顯德五年閏七月"壬子，廢衍州爲定平縣"。

武州[1]周顯德五年六月，廢爲潘源縣，[2]隸渭州。[3]

[1]武州：州名。唐大中五年（851）置，原治在蕭關縣（今寧夏海原縣李旺鎮北一帶）。中和四年（884）僑治於潘原縣，治所在今甘肅平涼市崆峒區四十鋪鎮曹灣村一帶。參見《中華人民共和國地名詞典——甘肅省》，第 109 頁。

[2]潘源縣：縣名。當爲潘原縣。

[3]渭州：州名。北魏置，原治所在今甘肅隴西縣東南五里。唐寶應陷於吐蕃，元和間於平涼縣別置行渭州。《太平寰宇記》卷一五一載，元和三年（808），涇原節度使朱忠亮奏移行原州於臨涇縣，行渭州於平涼縣。廣明年間又陷於吐蕃，大中五年收復，中和四年於平涼縣復置渭州，廢平涼縣。後唐清泰三年（936），復立平涼縣，爲渭州附郭縣。治所在今甘肅平涼市。　　"武州"至段末：《會要》卷二〇州縣分道改置條。《輯本舊史》卷一一八《世宗紀五》載，顯德五年（958）閏七月"壬子，廢武州爲潘原縣"。

府州[1]漢天福十二年，升爲永安軍節度。[2]至乾祐三年四月，降爲團練州。至周顯德元年五月，復舊軍額。[3]

［1］府州：州名。後梁乾化元年（911）置，金廢，元初復置，後又廢。治所在今陝西府谷縣。

［2］永安軍：方鎮名。後漢天福十二年（947）升府州置，乾祐三年（950）降，後周復置。治所在府州（今陝西府谷縣）。

［3］"府州"至段末：《會要》卷二四諸道節度使軍額條，詳見《太平寰宇記》卷三八《關西道一四》府州條。《通鑑》卷二八六《後漢紀一》高祖天福十二年四月甲子條胡注引《薛史》曰："升府州爲永安軍，析振武之勝州并沿河五鎮以隸之。"《新五代史》卷六〇《職方考三》載："府州，晉置永安軍，漢罷之，周復。"《輯本舊史》卷八二《晋少帝紀二》載，開運元年（944）六月戊午，"升府州爲團練使額"；同書卷九九《漢高祖紀上》載，天福十二年四月甲子，"升府州爲節鎮，加永安軍額"；同書卷一〇三《漢隱帝紀下》載，乾祐三年四月癸未，"府州永安軍額宜停，命降爲團練州"；同書卷一一四《周世宗紀一》載，顯德元年（954）五月辛丑，"升府州爲節鎮，以永安軍爲軍額"。

雄州[1]晋天福七年四月，降雄州爲昌化軍。[2]

［1］雄州：州名。唐中葉置，五代因之，後晋天福七年（942）降爲昌化軍。治所原在今寧夏中寧縣西北石空堡附近。《新唐書》卷三七《地理志一》："在靈州西南一百八十里。中和元年徙治承天堡，爲行州。"

［2］昌化軍：軍名，縣級政區，屬靈州朔方軍節度使管轄（參見《中國行政區劃通史（五代十國卷）》，第1114頁）。後晋天福七年（942）降雄州爲昌化軍。治所在今寧夏中寧縣附近。　"雄州"至段末：《會要》卷二四軍條。《輯本舊史》卷八〇《晋高祖紀六》天福七年四月戊辰條載："廢雄州爲昌化軍，其軍使委本道差補。"

警州[1]晋天福七年四月，降警州爲威肅軍。[2]

[1]警州：州名。唐景福元年（892）改定遠縣置，後晋降爲威肅軍。治所在今寧夏平羅縣姚伏鎮。

[2]威肅軍：軍名，縣級政區，屬靈州朔方軍節度使管轄（參見《中國行政區劃通史（五代十國卷）》，第1114頁）。後晋天福七年（942）降警州置，北宋廢爲定遠鎮。治所在今寧夏平羅縣姚伏鎮。　“警州”至段末：《會要》卷二四諸道節度使軍額條。《輯本舊史》卷八〇《晋高祖紀六》天福七年四月戊辰條載：“廢……警州爲威肅軍，其軍使委本道差補。”

延州[1]唐同光元年十二月戊寅，詔改延州爲彰武軍。[2]

[1]延州：州名。西魏改東夏州置，隋大業三年（607）改延安郡。唐武德元年（618）復改延州，天寶元年（742）改延安郡，乾元元年（758）復爲延州。治所在今陝西延安市延河東岸。

[2]彰武軍：方鎮名。唐中和三年（883）在延州置保塞軍，光化元年（898）改寧塞軍，同年又改衞國軍。後梁改忠義軍，後唐改爲彰武軍。治所在延州（今陝西延安市延河東岸）。　“延州”至段末：《輯本舊史》卷三〇《唐莊宗紀四》同光元年（923）十二月戊寅條。

慶州[1]唐天成二年十一月庚申，詔升慶州爲防禦使。[2]

[1]慶州：州名。隋開皇十六年（596）置，大業三年（607）

改弘化郡，唐武德元年（618）復名慶州，天寶元年（742）改安化郡，至德元載（756）改順化郡，乾元元年（758）復爲慶州。治所在今甘肅慶城縣。

［2］“慶州”至段末：《輯本舊史》卷三八《唐明宗紀四》天成二年（927）十一月庚申條。《輯本舊史》誤“防禦使”爲“防禦所”，據《宋本册府》卷四九四《邦計部·山澤門二》改。

河東道

并州

太原府[1]唐建北都，其軍仍曰河東。[2]

［1］并州：州名。漢武帝時設并州刺史部，爲監察區。東漢時并州刺史駐太原郡晋陽縣，東漢後期逐漸轉化爲行政區。隋大業三年（607）罷州爲太原郡，唐武德元年（618）改爲并州，長壽元年條（692）升并州爲北都。開元十一年（723）升爲太原府。天寶元年（742）改北都爲北京，唐肅宗上元二年（761）罷北京，三年復北都。後唐同光元年（923）四月，升太原府爲西京，十一月又改爲北都。同光三年，改北都爲北京。治所在今山西太原市晋源區。

［2］河東：方鎮名。唐置。後唐同光元年，改稱西京留守，後迭爲北都留守、北京留守。治所在今山西太原市晋源區。　“并州太原府”至段末：《新五代史》卷六〇《職方考三》。《輯本舊史》卷三二《唐莊宗紀六》載，同光三年三月辛酉，詔本朝以并州爲北都。《太平寰宇記》卷四〇《河東道一》并州條載：“唐同光元年，莊宗即位于魏州，改太原爲西京，以鎮州爲北都；三年改太原爲北京。後爲僞漢所據。”

潞州[1]梁龍德三年,[2]改爲匡義軍節度,[3]以李繼韜歸順故也。[4]唐同光元年，復爲安義軍。[5]至長興元年三月,[6]復舊名昭義軍。[7]

[1]潞州：州名。北周時設。隋大業三年（607）改爲上黨郡。唐武德元年（618）改爲潞州，天寶元年（742）改爲上黨郡，乾元元年（758）復爲潞州。治所在今山西長治市。

[2]龍德：後梁末帝朱友貞年號（921—923）。

[3]匡義軍：方鎮名。本唐昭義軍。天祐十九年（922），晋王李存勗改昭義軍爲安義軍，屬後梁後改爲匡義軍。治所在今山西長治市。

[4]李繼韜：人名。汾州太谷（今山西晋中市太谷區）人，五代將領。傳見本書卷五二、《新五代史》卷三六。

[5]安義軍：方鎮名。後唐同光元年（923），復匡義軍爲安義軍。治所在今山西長治市。

[6]長興：後唐明宗李嗣源年號（930—933）。

[7]昭義軍：方鎮名。後唐長興元年（930），復安義軍爲昭義軍。治所在今山西長治市。　　“潞州”至段末：《會要》卷二四諸道節度使軍額條，亦見《輯本舊史》卷一〇《梁末帝紀下》、《輯本舊史》卷三〇《唐莊宗紀四》、《太平寰宇記》卷四五《河東道六》潞州條。《新五代史》卷六〇《職方考三》載：“潞州，唐故曰昭義。梁末帝時屬梁，改曰匡義，歲餘，唐滅梁，改曰安義。晋復曰昭義。”

澤州[1]梁開平元年六月，割隸河陽,[2]四年二月，却隸潞州。[3]

[1]澤州：州名。東魏、北齊時爲建州，《隋書·地理志》謂

隋開皇初改爲澤州，《元和郡縣圖志》謂北周時改。大業三年（607）改爲長平郡，唐武德元年（618）復置澤州，天寶元年（742）改爲高平郡，乾元元年（758）復爲澤州。治所在今山西澤州縣。

［2］河陽：方鎮名。唐德宗建中二年（781）置河陽三城節度使。治所在今河南孟州市南。

［3］"澤州"至段末：《會要》卷二〇州縣分道改置條。

晋州[1]梁開平四年四月，升爲定昌軍節度，[2]以絳、沁二州隸之。[3]至唐同光元年，改爲建雄軍。[4]

［1］晋州：州名。北魏置，隋大業三年（607）改爲臨汾郡。唐武德元年（618）復爲晋州，天寶元年（742）改爲平陽郡，乾元元年（758）復爲晋州。治所在今山西臨汾市。

［2］定昌軍：方鎮名。後梁開平四年（910）置，治晋州，貞明三年（917）六月改爲建寧軍節度使，後唐同光元年（923）十二月，改建寧軍節度使爲建雄軍節度使，治所在今山西臨汾市。

［3］絳：州名。北周明帝時改東雍州爲絳州，大業三年改爲絳郡，唐武德元年復爲絳州，天寶元年改爲絳郡，乾元元年復爲絳州，治所在今山西新絳縣。　沁：州名。隋開皇十八年（598）置，大業初州廢，義寧元年（617）設義寧郡，唐武德元年改爲沁州，天寶元年改爲陽城郡，乾元元年復爲沁州。治所在今山西沁源縣。

［4］建雄軍：方鎮名。後唐同光元年十二月，改建寧軍節度使爲建雄軍節度使，治晋州，治所在今山西臨汾市。　"晋州"至段末：《會要》卷二四諸道節度使軍額條。《輯本舊史》卷三〇《唐莊宗紀四》載，同光元年十二月戊寅，改"晋州爲建雄軍"。《新五代史》卷六〇《職方考三》載："晋州，故屬護國軍節度。梁開平四年置定昌軍，貞明三年改曰建寧。唐改曰建雄。"

新州[1]唐同光二年，升爲威塞軍節度，[2]以嬀、儒、武三州隸之。[3]

[1]新州：州名。唐僖宗光啓年間置，後晋天福三年（938）屬契丹。治所在今河北涿鹿縣。

[2]威塞軍：方鎮名。後唐莊宗同光二年（924），升幽州盧龍節度使所轄新州爲威塞軍節度使，後晋天福三年屬契丹。治新州（今河北涿鹿縣）。

[3]嬀：州名。唐武德七年（624）平高開道，改其燕州爲北燕州。貞觀八年（634），改爲嬀州，後晋天福三年屬契丹。治所在今河北懷來縣東南。　儒：州名。唐末置。後晋天福三年屬契丹。治所在今北京市延慶區。　武：州名。唐末置。後唐長興元年（930）四月改爲毅州，後晋天福三年屬契丹。治所在今河北張家口市宣化區。　“新州”至段末：《會要》卷二四諸道節度使軍額條。《輯本舊史》卷三二《唐莊宗紀六》載，同光二年七月庚申，“升新州爲威塞軍節度使，以嬀、儒、武等州爲屬郡”；但《新五代史》卷六〇《職方考三》載爲“唐同光元年置威塞軍”。

武州唐長興元年四月庚申，詔改新州管内武州爲毅州。[1]

[1]“武州”至段末：《輯本舊史》卷四一《唐明宗紀七》長興元年（930）四月庚申條補。

雲州[1]唐同光二年七月，復爲大同軍節度，[2]以應州隸之。[3]

[1]雲州：州名。唐初置，天寶元年（742）改爲雲中郡，乾元元年（758）復爲雲州，後晉天福三年（938）屬契丹，治所在今山西大同市。

[2]大同軍：方鎮名。天祐五年（908），晉王李克用析河東節度使置大同軍節度使，旋廢。天祐十二年復置，十九年又廢。同光元年（923）復置。後晉天福三年屬契丹。治雲州（今山西大同市）。

[3]"雲州"至段末：《會要》卷二四諸道節度使軍額條。《輯本舊史》卷三二《唐莊宗紀六》載，同光二年七月庚申，"以應州爲雲州屬郡"。

應州[1]唐天成元年七月，升爲彰國軍節度，[2]以興唐軍爲寰州以隸之。[3]

[1]應州：州名。唐天祐四年（904）置，後唐天成元年（926）在應州置彰國軍節度使，後晉天福三年（938）屬契丹，治所在今山西應縣。

[2]彰國軍：方鎮名。後唐天成元年置，後晉天福三年屬契丹，治應州（今山西應縣）。

[3]寰州：州名。後唐明宗天成元年置，後晉天福三年屬契丹，治所在今山西朔州市東北。　　"應州"至段末：《會要》卷二四諸道節度使軍額條。《新五代史》卷六〇《職方考三》載："應州，故屬大同軍節度。唐明宗即位，以其應州人也，乃置彰國軍。"《輯本舊史》卷四一《唐明宗紀七》載，長興元年（930）四月庚申"詔改鳳翔管內應州爲匡州"。

絳州　梁開平四年四月，割隸晉州。唐同光二年六月，却割屬河中府。[1]晉天福五年正月辛卯，升絳州爲防禦州。[2]

　　[1]河中府：府名。北周明帝置蒲州，隋大業三年（607）改爲河東郡。唐武德元年（618）復爲蒲州，開元九年（721），升蒲州爲河中府，置中都。同年復爲蒲州，罷中都。天寶元年（742）改爲河東郡，乾元元年（758）復爲蒲州。治所在今山西永濟市蒲州鎮。　　"絳州"至"却割屬河中府"：《會要》卷二〇州縣分道改置條。

　　[2]晋天福五年正月辛卯，升絳州爲防禦州：《輯本舊史》卷七九《高祖紀五》天福五年（940）正月辛卯條。

稷山縣[1]唐同光二年正月，割隸絳州。[2]

　　[1]稷山縣：縣名。北魏孝文帝時設縣，名爲高涼縣，屬高涼郡，隋開皇三年（583）郡廢，縣屬絳州，十八年改爲稷山縣。唐光化元年（898），改隸河中府。後唐同光二年（924），復屬絳州。治所在今山西稷山縣。

　　[2]"稷山縣"至段末：《會要》卷二〇州縣分道改置條，亦見《輯本舊史》卷三一《唐莊宗紀五》同光二年正月辛酉條、《太平寰宇記》卷四七《河東道八》絳州條、《新五代史》卷六〇《職方考三》。

慈州[1]唐同光二年六月，割隸晋州。[2]

　　[1]慈州：州名。東魏置南汾州，北周改爲汾州，北齊改爲南汾州，北周平齊後，改爲西汾州，旋改稱南汾州。隋開皇十六年（596）改爲耿州，後復爲汾州，大業初改爲文成郡。唐武德元年（618）改爲汾州，三年改爲南汾州，貞觀八年（634）改爲慈州，

天寶元年（742）改爲文成郡，乾元元年（758）復爲慈州。治所在今山西吉縣吉昌鎮。慈州原屬河東節度使，後唐同光二年，別屬晉州建雄軍節度使，故此處曰“割隸晉州”。

〔2〕“慈州”至段末：《會要》卷二〇州縣分道改置條。

仵城縣[1]周顯德三年三月降。[2]

〔1〕仵城縣：縣名。北魏置，本名京軍縣，孝文帝時改爲仵城（又作五城、伍城），屬五城郡。隋開皇三年（583）郡廢，屬南汾州（後改耿州、汾州與文成郡，唐時先後改爲汾州、南汾州、慈州、文成郡和慈州）。後周顯德三年（956）縣廢入吉鄉。治所在今山西吉縣吉昌鎮北。

〔2〕“仵城縣”至段末：《會要》卷二〇州縣分道改置條。《新五代史》卷六〇《職方考三》載：“慈州仵城、呂香，周廢。”

呂香縣[1]周顯德三年三月降。[2]

〔1〕呂香縣：縣名。北魏置，隋開皇十六年（596）省入仵城縣，義寧元年（617）又析仵城置平昌。貞觀元年（627），改爲呂香縣（隸屬州郡沿革與仵城同）。後周顯德三年（956）縣廢入鄉寧。治所在今山西鄉寧縣西南。

〔2〕“呂香縣”至段末：《會要》卷二〇州縣分道改置條。《新五代史》卷六〇《職方考三》載：“慈州仵城、呂香，周廢。”《太平寰宇記》卷四八《河東道九》慈州條載：“周顯德三年併入鄉寧縣。”

隰州[1]唐同光二年六月，割隸晉州。[2]

[1]隰州：州名。北魏太和八年（484）置，隋大業三年（607）改爲龍泉郡。唐武德元年（618）改爲隰州，天寶元年（742）改爲大寧郡，乾元元年（758）復爲隰州。治所在今山西隰縣。隰州原屬河東節度使，後唐同光二年（924），別屬晉州建雄軍節度使，故此處曰“割隸晉州”。

[2]“隰州”至段末：《會要》卷二〇州縣分道改置條。

遼州[1]梁開平三年，以兗州管内有沂州，[2]其儀州復爲遼州。[3]晋天福五年三月癸酉，割遼州爲昭義屬郡。[4]六年七月己巳，仍割遼州却隸河東。[5]

[1]遼州：州名。隋開皇十六年（596）置遼州，大業二年（606）省。唐武德三年（620）復置遼州，八年改爲箕州，先天元年（712）改爲儀州，天寶元年（742）改爲樂平郡，乾元元年（758）復爲儀州，中和三年（883）又改爲遼州，天復元年（901），朱全忠復改爲儀州。後梁開平三年（909）改爲遼州（按《輯本舊史》卷二六《武皇紀》，天復元年，遼州刺史張鄂以城降朱全忠，而晋王李克用旋即收復，所以此後兩次改名很可能係朱全忠一方爲之，而李克用很有可能收復之後仍沿用遼州舊名）。治所在今山西左權縣。

[2]沂州：州名。北魏莊帝置北徐州，北周武帝改置沂州，隋大業三年改爲瑯邪郡。武德二年入唐，復爲沂州，天寶元年改爲瑯邪郡，乾元元年復爲沂州。治所在今山東臨沂市。

[3]“遼州”至“其儀州復爲遼州”：《太平寰宇記》卷四四《河東道五》遼州條。《會要》卷二〇州縣分道改置條載：“梁開平三年閏八月敕：‘兗州管内已有沂州，其儀州改爲遼州。’”

[4]晋天福五年三月癸酉，割遼州爲昭義屬郡：《輯本舊史》卷七九《晋高祖紀五》。

[5]六年七月己巳，仍割遼州却隸河東：《輯本舊史》卷八○《晋高祖紀六》。

沁州晋天福五年三月癸酉，割遼、沁二州爲昭義（治潞州）屬郡。六年七月己巳，仍割遼、沁二州却隸河東。[1]

[1]"沁州"至段末：據《輯本舊史》卷七九《晋高祖紀五》天福五年（940）三月癸酉條、同書卷八○《晋高祖紀六》天福六年七月己巳條補。

解州[1]漢乾祐元年九月，升解縣爲州，割河中府聞喜、安邑、解三縣爲屬邑。[2]

[1]解州：州名。後漢乾祐元年（948）九月，析河中府解、聞喜、安邑三縣置解州。治所在今山西運城市鹽湖區解州鎮。聞喜縣，縣名。漢置，唐武德元年（618）屬絳州，天寶元年（742）隸絳郡，乾元元年（758）仍屬絳州，大和元年（827）改屬河中府。後漢乾祐元年別屬解州。治所在今山西聞喜縣。安邑縣，縣名。戰國魏置，秦漢屬河東郡，隋開皇三年（583）隸蒲州，十六年改屬虞州，大業三年（607）屬河東郡。唐武德元年復屬虞州，貞觀十七年（643）虞州廢，別屬蒲州。開元九年（721）屬河中府，同年旋復屬蒲州。天寶元年屬河東郡，至德二載（757）改縣名爲虞邑。乾元元年仍屬蒲州，三年別屬陝州，大曆四年（769）復縣名爲安邑，元和三年（808）復屬河中府。後漢乾祐元年別屬解州。治所在今山西運城市鹽湖區安邑街道。解縣，縣名。漢置，北魏改置南解縣，北周迭改爲綏化縣與虞鄉縣。隋開皇三年隸蒲

州，十六年改屬虞州，大業三年屬河東郡。唐武德元年復屬虞州，改爲解縣。貞觀十七年廢入蒲州虞鄉縣，二十二年復置解縣，屬蒲州，開元九年屬河中府，同年旋復屬蒲州。天寶元年屬河東郡，乾元元年還屬蒲州，乾元三年隸河中府。後漢乾祐元年置解州，爲州治。治所在今山西運城市鹽湖區解州鎮。

[2]"解州"至段末：《會要》卷二〇州縣分道改置條，亦見《新五代史》卷六〇《職方考三》。《輯本舊史》卷一〇一《漢隱帝紀上》載，乾祐元年九月壬申，"詔升河中府解縣爲解州"。

勝州 唐清泰三年閏十一月丁巳，以岢嵐軍爲勝州。[1]

[1]岢嵐軍：軍名。本唐嵐谷縣，屬嵐州。後唐同光元年（923），升嵐谷縣爲岢嵐軍，仍隸嵐州。《輯本舊史》中此次以岢嵐軍設置勝州，此後未見記載，北宋時仍爲岢嵐軍，所以勝州很可能在後晉時廢，仍爲岢嵐軍。治所在今山西岢嵐縣。　"勝州"至段末：《輯本舊史》卷四八《唐末帝紀下》。

河中府

稷山縣 唐同光二年正月，割隸絳州。[1]

[1]"稷山縣"至段末：《會要》卷二〇州縣分道改置條，亦見《輯本舊史》卷三一《唐莊宗紀五》同光二年（924）正月辛酉條。

代州[1] 周顯德元年五月丁丑，升爲節鎮，以静塞軍爲額。[2]

　　[1]代州：州名。本爲北周肆州，隋開皇五年（585），改爲代州，大業三年（607）改爲雁門郡。武德元年（618），劉武周改爲代州，唐仍之，天寶元年（742）改爲雁門郡，乾元元年（758）復爲代州。治所在今山西代縣。

　　[2]靜塞軍：方鎮名。後周顯德元年（958）五月，在新得自北漢之代州置靜塞軍節度使，旋復爲北漢所取，治代州（今山西代縣）。　“代州”至段末：《輯本舊史》卷一一四《周世宗紀一》。

河北道

魏州

大名府[1]唐同光元年升爲東京興唐府，三年改爲鄴都。晋天福初改爲廣晋府。漢乾祐元年改爲大名府。周顯德元年依舊爲天雄軍節度使，[2]其大名府額仍列在京兆府之下。[3]

　　[1]魏州：州名。北周大象二年（580）置，隋大業三年（607）改爲武陽郡，隋末李密改爲魏州，唐龍朔二年（662）改爲冀州都督府，咸亨三年（672）改爲魏州，天寶元年（742）改爲魏郡，平定安史之亂後，復爲魏州。後唐同光元年（923）四月，升爲東京興唐府，三年改東京留守爲鄴都留守，天成四年（929）降鄴都爲興唐府。後晋天福二年（937），改爲廣晋府。後晋乾祐元年（948）三月，改爲大名府。治所在今河北大名縣東北。

　　[2]天雄軍：方鎮名。唐廣德元年（763），置魏博等州都防禦使，同年升爲魏博節度使，二年改爲天雄軍節度使，同年復爲魏博

節度使，天祐元年（904）改爲天雄軍節度使。後唐同光元年四月，升爲東京留守，三年改爲鄴都留守。天成四年降鄴都留守爲興唐府，恢復天雄軍節度使。後晉天福三年，復升爲鄴都留守，開運二年（945）復爲天雄軍節度使。後周廣順元年（951），設鄴都留守，顯德元年（954）廢鄴都留守，復稱天雄軍節度使。治所在今河北大名縣東北。

〔3〕“魏州大名府”至段末：《太平寰宇記》卷五四《河北道三》魏州條。亦見《新五代史》卷六〇《職方考三》。《輯本舊史》卷二九《唐莊宗紀三》載，同光元年四月，“詔升魏州爲東京興唐府，改元城縣爲興唐縣，貴鄉縣爲廣晉縣”。同書卷七六《晉高祖紀二》載，天福二年九月乙丑，“改興唐府爲廣晉府，興唐縣爲廣晉縣”；同書卷八三《晉少帝紀三》載，開運二年四月丁亥（丁亥爲二十四日，一說爲己丑，二十二日），“詔鄴都依舊爲天雄軍”；同書卷一〇一《漢隱帝紀上》載，乾祐元年（948）三月丙寅“詔改廣晉府爲大名府”；同書卷一一三《周太祖紀四》載，顯德元年正月戊寅，“詔廢鄴都依舊爲天雄軍，大名府在京兆府之下”。

大名縣[1]唐改爲廣晉縣，漢乾祐初改爲大名。[2]

〔1〕大名縣：縣名。本爲貴鄉縣，東魏置，北周、隋唐仍之，後唐同光元年（923）四月，改爲廣晉縣。後晉乾祐元年（948）三月，改爲大名縣。治所在今河北大名縣東北。

〔2〕“大名縣”至段末：《太平寰宇記》卷五四《河北道三》魏州條。

元城縣[1]唐改爲興唐縣，晉復爲元城。[2]

〔1〕元城縣：縣名。本漢舊縣，北齊廢入貴鄉，隋開皇六年

（586）復置，唐貞觀十七年（643）併入貴鄉，聖曆二年（699）復置元城縣，隸魏州，開元十三年（725）徙治郭下，與貴鄉縣同城而治。後唐同光元年（923）四月，改爲興唐縣。後晉天福二年（937）復爲元城縣。治所在今河北大名縣東北。

〔2〕"元城縣"至段末：《太平寰宇記》卷五四《河北道三》魏州條。

鎮州[1]唐同光元年四月，改爲北京，至十一月，却復爲成德軍。[2]晉天福七年正月，改爲順國軍節度，改常山爲恒山郡，應軍額館驛帶常山名者，並改爲恒山，以安重榮叛命初平故也。至漢天福十二年八月，却并復爲成德軍。[3]

[1]鎮州：州名。北周置恒州，隋大業三年（607）改爲恒山郡，九年罷郡，義寧元年（617）復置。唐武德元年（618）改爲恒州，天寶元年（742）改爲常山郡，十五載改爲平山郡，至德二載（757）復爲常山郡，乾元元年（758）復爲恒州，元和十五年（820）改爲鎮州。後唐同光元年（923）四月升爲北都真定府，十一月仍爲鎮州。後晉天福七年（942）正月改爲恒州。天福十二年八月，劉知遠復爲鎮州。治所在今河北正定縣。

[2]成德軍：方鎮名。唐寶應元年（762）改史氏所置之恒陽節度使爲成德軍節度使，建中三年（782）降爲恒冀都團練觀察使。興元元年（784）復升爲成德軍節度使，天祐二年（905）改爲武順軍節度使。後唐同光元年四月升爲北都真定府，十一月廢北都，仍爲成德軍節度使。後晉天福七年正月，改成德軍爲順國軍，天福十二年八月，劉知遠復順國軍爲成德軍。治鎮州，治所在今河北正定縣。　"鎮州"至"却復爲成德軍"：《會要》卷二〇州縣分道改置條，但"成德軍"誤爲"成德縣"，五代無成德縣，且節度使

駐所何故會降爲縣，今據《輯本舊史》卷二九《唐莊宗紀三》同光元年四月條、《太平寰宇記》卷六一《河北道一〇》鎮州條、《新五代史》卷六〇《職方考》改。

[3]"晋天福七年正月"至段末：《會要》卷二四諸道節度使軍額條，亦見《太平寰宇記》卷六一《河北道一〇》鎮州條、《新五代史》卷六〇《職方考三》。《輯本舊史》卷八〇《晋高祖紀六》載，天福七年正月"癸亥，改鎮州爲恒州，成德軍爲順國軍"；同書卷一〇〇《漢高祖紀下》載，天福十二年八月"辛卯，詔恒州復爲鎮州，順國軍復爲成德軍"。

行唐縣[1]梁開平二年改爲彰武縣，唐同光初復舊。晋改爲永昌縣，漢復舊名。[2]

[1]行唐縣：縣名。漢置南行唐縣，北魏改爲行唐縣。後梁開平二年（908）改爲彰武縣，後唐同光元年（923）復爲行唐縣，後晋天福元年（936）改爲永昌縣，後漢復爲行唐。治所在今河北行唐縣。

[2]"行唐縣"至段末：《太平寰宇記》卷六一《河北道一〇》鎮州條。

滄州，[1]梁乾化二年三月，改爲順化軍節度，[2]以張萬進歸順故也。至唐同光元年，改爲橫海軍。[3]

[1]滄州：州名。隋大業三年（607），改滄州爲渤海郡，隋亡後復爲滄州，唐天寶元年（742）改爲景城郡，乾元元年復爲滄州。治所在今河北滄縣舊州鎮。

[2]順化軍：方鎮名。唐置。後梁乾化二年（912）三月，改義昌軍節度使爲順化軍節度使，天祐十三年（916），晋王改順化軍

節度使爲横海軍節度使。治滄州（今河北滄縣舊州鎮）。

[3]“滄州”至段末：《會要》卷二四諸道節度使軍額條。

長蘆縣、乾符縣[1] 周顯德三年十月，併入清池縣。[2]

[1]長蘆縣：縣名。北周大象二年（580）置，隋初屬瀛洲，開皇十六年（596）爲景州治，大業三年（607）隸河間郡，唐屬滄州。開元十六年（728），徙治永濟渠東。治所在今河北滄州市運河區南陳屯鄉。　乾符縣：縣名。本隋魯城縣，隸渤海郡，唐乾符元年（875），改爲乾符縣，屬滄州。後周顯德三年，廢入清池縣。治所在今河北青縣東。

[2]“長蘆縣”至段末：《會要》卷二〇州縣分道改置條，亦見《新五代史》卷六〇《職方考三》。

無棣縣[1] 周顯德五年，改爲保順軍。[2]

[1]無棣縣：縣名。隋代隸渤海郡，唐武德元年（618）屬滄州，貞觀元年（627）廢入陽信縣，八年析陽信復置無棣，仍屬滄州，天寶元年（742）改屬景城郡，乾元元年改隸滄州，大和二年（828）割屬棣州，後復屬滄州。治所在今山東慶雲縣常家鎮于家店村。參見郭聲波《中國行政區劃通史（唐代卷）》，復旦大學出版社2012年版，第268頁。

[2]“無棣縣”至段末：《會要》卷二〇州縣分道改置條。

弓高縣[1] 周顯德六年二月，并入東光縣。[2]

[1]弓高縣：縣名。隋隸平原郡，唐武德元年（618）隸德州，四年割屬觀州爲州治，貞觀十七年（643）觀州廢，改屬滄州，天寶元年（742）改屬景城郡，乾元元年改隸滄州，貞元五年（789）割隸景州爲州治，長慶元年（821）廢景州，歸屬滄州，二年再立景州，弓高爲景州州治。大和四年（830），再廢景州，復隸滄州。景福元年又立景州，割弓高爲州治。後周顯德二年（955），景州廢爲定遠軍，弓高改屬滄州。六年二月，縣廢入東光。治所在今河北東光縣西北。

[2]“弓高縣”至段末：《會要》卷二〇州縣分道改置條。

景州[1]唐故治弓高。周顯德二年廢爲定遠軍，割其屬安陵縣屬德州，廢弓高縣入東光縣，爲定遠軍治所。[2]

[1]景州：州名。唐武德四年（621），析德州、冀州置觀州，治弓高，貞觀十七年（643）州廢。貞元五年（789），析滄州復置景州，治弓高。長慶元年（821）廢，二年復立，大和四年（830）廢，景福元年（892）又立。後周顯德三年（956），廢景州爲定遠軍。治所在今河北東光縣。

[2]“景州”至段末：《新五代史》卷六〇《職方考三》。《會要》卷二四軍條載於顯德二年六月，《輯本舊史》卷一一五《周世宗紀二》載於顯德二年六月辛酉。

德州[1]晉天福五年十一月，移就長河縣爲理所。[2]

[1]德州：州名。本隋平原郡，隋末李密改爲德州，唐天寶元年（742）改爲平原郡，上元元年（760）復爲德州，治安德縣，治所在今山東德州市陵城區。後晉天福五年（940）十一月，徙治

長河縣，治所在今山東德州市。

[2]“德州”至段末：《會要》卷二〇州縣分道改置條，亦見《輯本舊史》卷七九《晉高祖紀五》天福五年十一月癸未條，并云“大水故也”。

邢州[1]梁建保義軍，[2]唐同光元年改爲安國軍。[3]

[1]邢州：州名。隋開皇十六年（596）置，大業三年（607）改爲襄國郡。隋末李密改爲邢州，唐天寶元年（742）改爲巨鹿郡，後於寶應元年（762）改爲邢州。治所在今河北邢臺市。

[2]保義軍：方鎮名。後梁開平二年（908）置保義軍節度使，治邢州。後唐改爲安國軍節度使。治所在今河北邢臺市。

[3]“邢州”至段末：《通鑑》卷二六九《後梁紀四》均王貞明二年（916）八月條《考異》引《薛史·地理志》。《會要》卷二四諸道節度使軍額條載：“梁開平二年六月，建爲保義軍節度，割洺、惠二州隸之。至唐同光元年，改爲安國軍。”亦見《太平寰宇記》卷五九《河北道八》邢州條、《新五代史》卷六〇《職方考三》。

澶州[1]晉天福三年十一月初，升爲防禦，隸相州，移理所于德勝渡。至九年八月，升爲節度，號鎮寧軍，[2]以濮州隸之。[3]

[1]澶州：州名。唐武德二年（619）置，同年州廢。四年復置，貞觀元年（627）廢。大曆七年（772）復置，治頓丘縣，隸魏博節度使。後晉天福三年（938）十一月，將州治及附郭頓丘縣治所徙至德勝渡。治所在今河南濮陽市。

[2]鎮寧軍：方鎮名。後晉天福九年置，治澶州（今河南濮

陽市）。

[3]"澶州"至段末：《會要》卷二四諸道節度使軍額條，亦見《太平寰宇記》卷五七《河北道六》澶州條、《新五代史》卷六〇《職方考三》。《輯本舊史》卷七七《唐高祖紀三》載，天福三年十一月辛亥，"澶州仍升爲防禦州，移於德勝口爲治所"；同書卷八三《晋少帝紀三》載，開運元年（944）八月"癸亥，升澶州爲節鎮，以鎮寧爲軍額，割濮州爲屬郡"。天福九年（944）即開運元年，七月朔改元開運。

臨河縣[1]晋天福九年隸澶州。[2]

[1]臨河縣：縣名。隋開皇六年（586）置，屬衛州，十六年割屬黎州，大業二年（606）復屬衛州，三年改屬汲郡。隋末復屬衛州，唐武德二年（619）割隸黎州，貞觀十七年（643）黎州廢，別屬相州，天寶元年（742）屬鄴郡，寶應元年（762）屬相州。天祐三年（906），割隸魏州。後唐同光元年（923）四月，屬東京興唐府，三年改屬鄴都留守，天成四年（929）隸興唐府。後晋天福二年（937），改隸廣晋府，九年割屬澶州。

[2]"臨河縣"至段末：《太平寰宇記》卷五七《河北道六》澶州條。

貝州[1]晋天福三年十二月，升爲永清軍節度,[2]以博、冀二州隸之。至周顯德元年十月，降爲防禦州。[3]

[1]貝州：州名。北周建德六年（579）置，隋大業三年（607）改爲清河郡。隋末李密復爲貝州，唐天寶元年（742）改爲清河郡，後於寶應元年（762）復爲貝州。治所在今河北清河縣西北。

[2]永清軍：方鎮名。後晉天福三年（938）十二月，以鄴都留守所轄之貝、博二州與成德軍節度使所轄之冀州爲永清軍節度使，治貝州。後周顯德元年（954）十月廢。治所在今河北清河縣西北。

[3]"貝州"至段末：《會要》卷二四諸道節度使軍額條。《輯本舊史》卷七六《晉高祖紀二》載，天福二年七月辛酉，"升貝州爲防禦使額"；同書卷七七《晉高祖紀三》載，天福三年十一月辛亥，"升貝州爲永清軍，置節度觀察使，以博、冀二州爲屬郡"；同書卷一一四《周世宗紀一》載，顯德元年十月己酉，詔貝州依舊爲防禦州，其軍額停。

相州[1]梁貞明元年三月，魏博節度使楊師厚薨，乃割相州建節度，尋軍亂，以地歸唐莊宗，却爲屬郡，隸魏州。至晉天福三年十一月，復升爲彰德軍節度，[2]以澶、衛二州隸之。[3]

[1]相州：州名。北魏置，東魏改爲司州，北周復爲相州，隋大業三年（607）改稱魏郡。隋末李密復爲相州，唐天寶元年（742）改爲鄴郡，寶應元年（762）復爲相州。治所在今河南安陽市。

[2]彰德軍：方鎮名。後晉天福三年（938）十一月置，治相州（今河南安陽市）。

[3]"相州"至段末：《會要》卷二四諸道節度使軍額條。《輯本舊史》卷八《梁末帝紀上》貞明元年（915）三月載，"魏博節度使楊師厚薨，輟視朝三日……詔曰：其相州宜建節度爲昭德軍，以澶、衛兩州爲屬郡，以張筠爲相州節度使"。同書卷七七《晉高祖紀三》載，天福三年十一月辛亥，"升相州爲彰德軍，置節度觀察使，以澶、衛二州爲屬郡"。《新五代史》卷六〇《職方考三》

載："相州，故屬天雄軍節度。梁末帝分置昭德軍，而天雄軍亂，遂入于晋。莊宗滅梁，復屬天雄。晋高祖置彰德軍。"

永定縣[1] 梁開平中改爲長平，唐同光初復爲永定。[2]

[1]永定縣：縣名。本隋堯城縣，唐天祐三年（906），避朱全忠父親嫌名，改爲永定縣。後梁開平三年（909）正月，改名長平縣。後唐同光元年（923）復稱永定縣。治所在今河南安陽市東。

[2]"永定縣"至段末：《太平寰宇記》卷五五河北道四相州條。

泰州[1] 唐天成三年三月，升奉化軍爲泰州，以清苑縣爲理所。[2]至晋開運二年九月，移就滿城縣。[3]至周廣順二年二月，廢州，其滿城縣割隸易州。[4]

[1]泰州：州名。後唐天成三年（928）三月，升奉化軍爲泰州，割莫州清苑縣來屬，爲州治，治所在今河北保定市清苑區。清泰元年（934）州廢。後晋開運元年（944）攻取契丹之泰州，九月，州治徙至滿城縣，在今河北保定市滿城區。後周廣順二年（952）廢泰州，滿城縣別屬易州。

[2]清苑縣：縣名。本隋故縣，屬河間郡，唐武德元年（618）屬瀛州，景雲二年（711）別屬鄚州。治所在今河北保定市清苑區。

[3]滿城縣：縣名。本爲永樂縣，隋屬上谷郡，入唐屬易州。天寶元年（742），改爲滿城縣。治所在今河北保定市滿城區。

[4]易州：州名。隋開皇元年（581）置，大業三年（607）改爲上谷郡。唐武德元年改爲易州，天寶元年改爲上谷郡，乾元元年

（758）改爲易州。治所在今河北易縣。　　“泰州”至段末：《會要》卷二〇州縣分道改置條。《輯本舊史》卷八四《晋少帝紀四》載，開運二年九月“甲寅，移泰州理所於滿城縣”。

雄州[1]周顯德六年五月，以瓦橋關爲雄州，割容城、歸義二縣隸之。[2]地望爲中州，時初平關南故也。[3]

[1]雄州：州名。後周顯德六年（959）五月，以涿州瓦橋關置雄州，轄容城與歸義二縣，治歸義縣（今河北雄縣）。

[2]容城：縣名。本爲隋遒縣，屬上谷郡，唐武德元年（618）屬易州。聖曆二年（699）改名全忠縣，天寶元年（742）改爲容城縣。治所在今河北容城縣北。　　歸義：縣名。唐武德五年割瀛州鄚縣置。治所在今河北雄縣西北。後周顯德六年，以從遼所奪回的歸義縣地置歸義縣，爲雄州治，治所在今河北雄縣。

[3]“雄州”至段末：《會要》卷二〇州縣分道改置條，亦見《輯本舊史》卷一一九《周世宗紀六》顯德六年五月己卯條、《太平寰宇記》卷六七《河北道一六》雄州條、《新五代史》卷六〇《職方考三》。

幽州[1]

[1]幽州：州名。漢武帝置幽州刺史部，東漢末逐漸成爲行政區劃。隋大業三年（607）改爲涿郡，唐武德元年（618）復爲幽州，天寶元年（742）改爲范陽郡，乾元元年（758）復爲幽州。後晋天福三年（938）屬契丹。治所在今北京市。

北平縣[1]唐長興三年八月，改爲燕平縣。[2]

[1]北平縣：縣名。本隋故縣，屬高陽郡，唐武德元年（618）隸定州。萬歲通天二年（697），改爲徇忠縣。神龍元年（705）又爲北平縣。後唐長興三年（932）改爲燕平縣。治所在今河北順平縣。

[2]"北平縣"至段末：《會要》卷二〇州縣分道改置條。

新城縣[1]唐天成四年，析范陽縣置。[2]

[1]新城縣：縣名。唐大和六年（832）析范陽縣置，屬涿州。治所在今河北新城縣東南。

[2]"新城縣"至段末：《太平寰宇記》卷七〇《河北道一九》涿州條。

定州[1]

[1]定州：州名。北魏皇始二年（397）置安州，天興三年（399）改爲定州。隋大業三年（607）改爲博陵郡，九年又改爲高陽郡。隋末復爲定州，唐天寶元年（742）改爲博陵郡，乾元元年（758）復爲定州。治所在今河北定州市。

唐縣[1]梁開平三年改爲中山縣，唐同光初復舊。晋改爲博陵縣，漢初復舊。[2]

[1]唐縣：縣名。本隋故縣，屬高陽郡。唐武德元年（618）屬定州。後梁開平三年（909）更名中山縣。後唐同光元年（923）復爲唐縣。後晋天福元年（936）改爲博陵縣。後漢初復爲唐縣。治所在今河北唐縣西南。

[2]“唐縣”至段末：《太平寰宇記》卷六二《河北道一一》
定州條。

博州[1]

[1]博州：州名。唐武德四年（621）析魏州、莘州、貝州置，
治聊城縣。天寶元年（742）改爲博平郡，寶應元年（762）復爲
博州。治所在今山東聊城市東南。

武水縣[1]周顯德三年十月，併入聊城縣。[2]

[1]武水縣：縣名。本隋故縣，屬武陽郡，隋末屬魏州，武德
四年（621）別屬博州。後周顯德三年（956）縣廢入聊城。治所
在今山東聊城市西南。
[2]“武水縣”至段末：《會要》卷二〇州縣分道改置條，亦
見《太平寰宇記》卷五四《河北道三》博州條、《新五代史》卷
六〇《職方考》。

堂邑縣[1]晋改爲河清縣，後復舊。[2]

[1]堂邑縣：縣名。本隋故縣，屬武陽郡，隋末屬魏州，武德
四年（621）別屬博州。後晋天福元年（936）十一月改爲河清縣，
後漢初仍爲堂邑如舊。治所在今山東聊城市西北。
[2]“堂邑縣”至段末：《太平寰宇記》卷五四《河北道三》
博州條。

高唐縣[1]梁開平二年改爲魚丘縣，唐同光初復舊。

晋改爲齊城縣，漢復舊。[2]

[1]高唐縣：縣名。本隋故縣，屬武陽郡，隋末屬魏州，唐武德四年（621）別屬博州。後梁開平二年（908）改爲魚丘縣，後唐同光元年（923）復爲高唐，後晉天福元年（936）十一月改爲齊城縣，後漢初仍爲高唐如舊。治所在今山東高唐縣。

[2]"高唐縣"至段末：《太平寰宇記》卷五四《河北道三》博州條。

莫州[1]

[1]莫州：州名。唐景雲二年（711），析瀛州與幽州置鄚州，開元十三年（725）改爲莫州。天寶元年（742）改爲文安郡，乾元元年（758）復爲莫州。後晉天福三年（938）入契丹，後周顯德六年（959）收復。治所在今河北任丘市鄚州鎮。

文安縣 周顯德六年，因置霸州，割莫州之文安隸焉。[1]

[1]"文安縣"至段末：《太平寰宇記》卷六七《河北道一六》霸州條，亦見《新五代史》卷六〇《職方考三》。文安沿革見後。

深州[1]

[1]深州：州名。唐武德元年（618），竇建德置，治安平縣。四年入唐，徙治饒陽縣。貞觀十七年（643）州廢，先天二年（713）復置，天寶元年（742）改爲饒陽郡，乾元元年（758）復

稱深州。長慶元年（821）徙治於陸澤縣。治所在今河北深州市。

博野縣[1]　周顯德四年五月，割隸定州。[2]

[1]博野縣：縣名。本隋舊縣，隸河間郡，唐武德元年（618）屬瀛州，四年別屬蒲州，五年別屬蠡州，八年州廢復屬蒲州，九年仍別屬蠡州。貞觀元年（627）州廢，屬瀛州。永泰元年（765）別屬深州，元和十年（817）還屬瀛州，景福二年（893）再次別屬深州。後周顯德四年（957）別屬定州。治所在今河北蠡縣。

[2]“博野縣”至段末：《會要》卷二〇州縣分道改置條，亦見《新五代史》卷六〇《職方考三》。

静安軍[1]　周顯德二年三月，以李晏口爲静安軍。[2]

[1]静安軍：軍名。後周顯德二年（955）三月置，尋廢。治所在今河北深州市南。

[2]“静安軍”至段末：《會要》卷二四軍補，《會要》並有小注：“李晏口當契丹入寇之路，築城屯軍爲邊防，人甚賴之。”亦見《輯本舊史》卷一一五《周世宗紀二》顯德二年三月辛未條。

慎州　唐長興四年十一月庚辰，改慎州懷化軍爲昭化軍。[1]

[1]“慎州”至段末：《輯本舊史》卷四四《唐明宗紀十》。

霸州[1]　晋天福初陷虜庭。周顯德六年收復，因置霸州并永清縣，仍割莫州之文安、瀛洲之大城二縣

隸焉。[2]

[1]霸州：州名。後周顯德六年（959）於益津關置霸州及附郭永清縣。治所在今河北霸州市。

[2]瀛州：州名。北魏太和十一年（487）置，隋大業三年（607）改爲河間郡，唐武德元年（618），竇建德改爲瀛州，天寶元年（742）復爲河間郡，乾元元年（758）復爲瀛洲。治所在今河北河間市。　“霸州”至段末：《太平寰宇記》卷六七《河北道一六》霸州條。《輯本舊史》卷一一九《周世宗紀六》載，顯德六年五月己酉，“以益津關爲霸州”。

永清縣[1]周顯德六年收復三關，遂于益津關建霸州，仍置永清縣。[2]

[1]永清縣：縣名。後周顯德六年（959）於益津關置霸州及附郭永清縣。治所在今河北霸州市。

[2]“永清縣”至段末：《太平寰宇記》卷六七《河北道一六》霸州條。

文安縣[1]周改屬霸州。[2]

[1]文安縣：縣名。隋舊縣，屬河間郡，唐武德元年（618）屬瀛州，景雲二年（711）別屬鄭州。開元十三年（725）隸莫州，天寶元年（742）隸文安郡，乾元元年（758）復屬莫州，二年又隸文安郡，寶應二年（763）還隸莫州。後周顯德六年（959）置霸州，屬之。治所在今河北文安縣。

[2]“文安縣”至段末：《太平寰宇記》卷六七《河北道一六》

霸州條。

大城縣[1]周顯德六年割隸霸州。[2]

[1]大城縣：縣名。本爲隋平舒縣，屬河間郡，唐武德元年（618）屬瀛州。五代時改爲大城縣，後周顯德六年（959）別屬霸州。治所在今河北大城縣。

[2]"大城縣"至段末：《太平寰宇記》卷六七《河北道一六》霸州條。

冀州[1]晋開運元年四月丁巳，升爲防禦使額。[2]

[1]冀州：州名。《禹貢》九州之一。漢武帝置冀州刺史部，爲監察區，東漢後期逐漸成爲政區。隋大業三年（607）改冀州爲信都郡，唐武德元年（618）改爲冀州，治信都縣。龍朔二年（662）改爲魏州都督府，咸亨三年（672）復稱冀州。天寶元年（742）改爲信都郡，乾元元年（758）復爲冀州。治所在今河北冀州市。

[2]"冀州"至段末：《輯本舊史》卷八二《晋少帝紀二》。

劍南道

蜀州[1]

[1]蜀州：州名。唐垂拱二年（686）析益州置，治晋原縣，天寶元年（742）改爲唐安郡，至德二載（757），惡安氏姓名，改爲唐興郡，乾元元年（758）復爲蜀州。治所在今四川崇州市。

唐興縣[1]梁開平二年八月，改爲陶胡縣。唐同光元年十月，復爲唐興縣。[2]

[1]唐興縣：縣名。唐武德元年（618）析新津縣置唐隆縣，屬益州，垂拱二年（686）割屬蜀州，長壽二年（693）改爲武隆縣，神龍元年（705）復稱唐隆，先天元年（712）避唐玄宗諱改爲唐安縣，天寶元年（742）改隸唐安郡，至德二載（757），惡安氏姓名，改名爲唐興縣，乾元元年（758）復屬蜀州。治所在今四川崇州市東南。

[2]“唐興縣”至段末：《會要》卷二〇州縣分道改置條。

永康縣[1]僞蜀廣政十二年割郭信等八鄉，[2]就橫渠鎮置徵税院，至十六年改爲永康縣，以便于民。[3]

[1]永康縣：縣名。後蜀廣政十六年（953），析青城縣置。治所在今四川崇州市西北。

[2]廣政：後蜀孟昶年號（938—965）。

[3]“永康縣”至段末：《太平寰宇記》卷七五劍南西道四蜀州條。

彭州[1]

[1]彭州：州名。唐武德三年（620）析益州置濛州，治九隴縣。貞觀二年（628）州廢入益州，垂拱二年（686）析益州置彭州，治九隴縣。天寶元年（742）改爲濛陽郡，乾元元年（758）復爲彭州。治所在今四川彭州市。

唐昌縣[1]梁開平二年八月，改爲歸化縣。唐同光元年，復爲唐昌縣。[2]

[1]唐昌縣：縣名。唐儀鳳二年（677），析郫、導江、九隴三縣之地置，屬益州。垂拱二年（686）割隸彭州，長壽二年（693）改爲周昌縣，神龍二年（706）復爲唐昌。天寶元年（742）屬濛陽郡，乾元元年（758）復屬彭州。治所在今四川成都市郫都區唐昌鎮。

[2]“唐昌縣”至段末：《會要》卷二〇州縣分道改置條。

江南道

處州[1]

[1]處州：州名。隋開皇九年（589）置處州，十二年改爲括州，大業三年（607）改爲永嘉郡。唐武德二年（619），沈法興改爲括州，天寶元年（742）改爲縉雲郡，乾元元年（758）復爲括州，大曆十四年（779）避德宗嫌名改爲處州。治所在今浙江麗水市東南。

松陽縣[1]梁開平四年五月，改爲長松縣。[2]

[1]松陽縣：縣名。隋屬永嘉縣，唐武德二年（619）屬括州，四年以該縣置松州，八年州廢復屬括州。天寶元年（742）屬縉雲郡，乾元元年（758）復屬括州，十四年屬處州。吳越天寶三年（910）改稱長松縣，後晉天福四年（939）改爲白龍縣。治所在今浙江松陽縣城西屛街道。參見郭聲波《中國行政區劃通史（唐代

卷）》，第 516 頁。

　　［2］"松陽縣"至段末：《會要》卷二〇州縣分道改置條，亦見《新五代史》卷六〇《職方考三》。

白龍縣　梁開平四年改爲長松縣，又改爲白龍縣。[1]

　　［1］"白龍縣"至段末：《太平寰宇記》卷九九《江南東道一一》處州條。

温州[1]晋天福四年五月，升爲静海軍節度，[2]從兩浙錢元瓘奏也。[3]

　　［1］温州：州名。唐武德五年（622），析括州置東嘉州，治永嘉縣，貞觀元年（627）州廢入括州。唐高宗上元二年（675）復析括州置温州，治永嘉縣。天寶元年（742）改爲永嘉郡，乾元元年（758）復爲温州。治所在今浙江温州市。
　　［2］静海軍：方鎮名。後晋天福四年（939）五月，析吳越之鎮東軍節度使所轄温州置。治所在今浙江温州市。
　　［3］錢元瓘：人名。吳越國君，錢鏐第五子。932 年至 941 年在位。傳見本書卷一三三。　　"温州"至段末：《會要》卷二四諸道節度使軍額條，亦見《輯本舊史》卷七八《晋高祖紀四》天福四年五月辛亥條、《太平寰宇記》卷九九《江南東道一一》温州條。

婺州[1]晋天福四年，昇爲武勝軍節度使。[2]

[1]婺州：州名。隋平陳後置婺州，大業三年（607）改爲東陽郡。唐武德二年（619），沈法興改爲婺州，天寶元年（742）改爲東陽郡，乾元元年（758）復爲婺州。後晉天福四年（939）九月，析越州鎮東軍節度使置武勝軍節度使，治婺州，治所在今浙江金華市。

[2]武勝軍：方鎮名。後晉天福四年九月，析越州鎮東軍節度使置武勝軍節度使，治婺州（今浙江金華市）。　“婺州”至段末：《太平寰宇記》卷九七《江南東道九》婺州條，亦見《輯本舊史》卷七八《晋高祖紀四》天福四年九月癸酉條。

湖州[1]周顯德六年二月，升爲宣德軍節度，[2]從兩浙錢弘俶奏也。[3]

[1]湖州：州名。隋仁壽年間置湖州，治烏程縣，大業初州廢。唐武德四年（621）復以烏程縣置湖州，天寶元年（742）改爲吳興郡，乾元元年（758）復爲湖州。治所在今浙江湖州市。

[2]宣德軍：方鎮名。後周顯德六年（959）二月，割杭州鎮海軍所轄湖州置宣德軍節度使。治所在今浙江湖州市。

[3]錢弘俶：人名。吳越國君，錢元瓘之子。948年至978年在位。傳見本書卷一三三。　“湖州”至段末：《會要》卷二四諸道節度使軍額條，亦見《輯本舊史》卷一一九《周世宗紀六》顯德六年二月丙戌條。

秀州[1]晋天福三年十月，兩浙錢元瓘奏，以杭州嘉興縣置州。[2]

[1]秀州：州名。後晉天福三年（938），吳越析杭州置秀州，治嘉興縣。治所在今浙江嘉興市。

[2]“秀州”至段末：《會要》卷二〇州縣分道改置條，亦見
《輯本舊史》卷七七《晋高祖紀三》天福三年十月條、《新五代史》
卷六〇《職方考三》。

全州[1]晋天福四年四月，湖南馬希範奏，以湘川縣
置州，仍置清湘縣，并割灌陽縣隸之。[2]

[1]全州：州名。後晋天福四年（939）四月，析永州置全州，
治湘川縣，改稱清湘縣。治所在今廣西全州縣。

[2]“全州”至段末：《會要》卷二〇州縣分道改置條，亦見
《太平寰宇記》卷一一六《江南西道一四》全州條、《新五代史》
卷六〇《職方考三》。《輯本舊史》卷七八《晋高祖紀四》天福四
年四月戊子，“改湘川縣爲全州，從馬希範之奏也”。

清湘縣[1]唐時，節度使馬殷改爲清湘縣，以地扼桂
嶺之路。晋天福四年割入全州。[2]

[1]清湘縣：縣名。本隋零陵郡湘源縣，唐武德元年（618）
屬永州，後唐天成元年（757）改爲湘川縣，後晋天福四年（939）
四月，改稱清湘縣，爲新置之全州州治。治所在今廣西全州縣
西南。

[2]“清湘縣”至段末：《太平寰宇記》卷一一六《江南西道
一四》全州條。

杭州[1]

[1]杭州：州名。隋平陳置杭州，大業三年（607）改爲餘杭

郡。唐武德二年（619），沈法興改爲杭州，天寶元年（742）改爲餘杭郡，乾元元年（758）復改爲杭州。吴越天寶元年（908），升杭州爲大都督府，又稱西府。治所在今浙江杭州市。

臨安縣[1]梁開平二年正月，改爲安國縣。[2]

[1]臨安縣：縣名。唐武德七年（624）析餘杭縣置臨水縣，別屬潛州，次年州廢，臨水縣廢入餘杭。垂拱四年（688），析餘杭、於潛復置臨安縣，屬杭州，天寶元年（742）屬餘杭郡，乾元元年復屬杭州。治所在今浙江杭州市臨安區錦北街道。參見郭聲波《中國行政區劃通史（唐代卷）》，第491頁。

[2]"臨安縣"至段末：《會要》卷二〇州縣分道改置條。

錢塘縣[1]晉天福初改爲錢江縣，尋復舊。[2]

[1]錢塘縣：縣名。本漢錢唐縣，隋代歷屬杭州、餘杭郡。唐武德元年（618）爲杭州治，四年改稱錢塘縣。天寶元年（742）爲餘杭郡治，乾元元年（758）復爲杭州治。治所在今浙江杭州市。

[2]"錢塘縣"至段末：《太平寰宇記》卷九三《江南東道五》杭州條。

昌化縣[1]梁改爲金昌縣，唐同光初復舊。晉改爲横山縣，後復舊。[2]

[1]昌化縣：縣名。武周萬歲通天元年（696），析杭州紫溪縣置武隆縣，聖曆元年（698）改爲武崇縣，三年廢入紫溪。長安四年（704）復析紫溪縣置武崇縣，屬杭州。神龍元年（705）改爲

唐山縣，天寶元年（742）屬餘杭郡，乾元元年（758）復隸杭州。大曆二年（767）廢入於潛縣，長慶元年（821）復析於潛縣置唐山縣，爲杭州屬縣。吳越天寶元年（908）八月，改爲吳昌縣，三年改稱金昌縣，寶大元年（924）復爲唐山縣。後晉天福七年（942），改唐山縣爲橫山縣。治所在今浙江杭州臨安區昌化鎮。

[2]"昌化縣"至段末：《太平寰宇記》卷九三《江南東道五》杭州條。

福州[1]

[1]福州：州名。隋平陳後改豐州爲泉州，大業初改爲閩州，三年（607）改爲建安郡。唐武德二年（619），沈法興改爲建州，六年割所轄閩縣置泉州，景雲二年（711）改爲閩州，開元十三年（725）改爲福州，天寶元年（742）改爲長樂郡，乾元元年（758）復爲福州。閩龍啓元年（933），改福州爲長樂府，天德二年（944）正月以長樂府爲南都，三年三月南都長樂府復爲福州。治所在今福建福州市。

閩清縣[1]梁乾化元年十月，移就梅溪場置。[2]

[1]閩清縣：縣名。唐咸通二年（861），析福州候官縣置梅溪縣，治梅溪場，後梁乾化元年（911）改爲閩清縣。治所在今福建閩清縣。

[2]"閩清縣"至段末：《會要》卷二〇州縣分道改置條，亦見《新五代史》卷六〇《職方考三》，云"王審知於梅溪場置"。

福唐縣[1]晉天福初改爲南臺縣，蓋以江名縣也，後

復舊。[2]

[1]福唐縣：縣名。唐聖曆二年（699），析泉州長樂縣置萬安縣，景雲二年（711）屬閩州，開元十三年（725）屬福州，天寶元年（742）屬長樂郡，改爲福唐縣。乾元元年（758）復隸福州。治所在今福建福清市玉屏街道。參見郭聲波《中國行政區劃通史（唐代卷）》，第522頁。

[2]"福唐縣"至段末：《通鑑》卷二九三《後周紀四》世宗顯德三年（956）五月丙申條胡注引《薛史・地理志》。

台州[1]

[1]台州：州名。唐武德四年（621）割括州臨海縣置海州，次年改爲台州。天寶元年（742）改爲臨海郡，乾元元年（758）復爲台州。治所在今浙江台州市。

天台縣[1]唐上元二年改爲唐興縣，梁改爲天台縣，唐同光初復舊。晉天福初改爲台興縣。[2]

[1]天台縣：縣名。唐武德四年（621）析海州臨海縣置始豐縣，五年隸台州，八年廢入臨海縣。貞觀八年（634）復置始豐縣，隸台州。天寶元年（742）隸臨海郡，乾元元年（758）屬台州。吳越天寶元年（908），唐興縣改爲天台縣，寶大元年（924）復爲唐興縣，後晉天福二年（937）改爲台興縣。治所在今浙江天台縣。

[2]"天台縣"至段末：《太平寰宇記》卷九八《江南東道一〇》台州條補。

明州[1]

[1]明州：州名。唐武德四年（621）析越州置鄞州，治句章縣，八年州廢入越州，改句章縣爲鄮縣。開元二十六年（738），割越州置明州，治鄮縣。天寶元年（742）改爲餘姚郡，乾元元年（758）復爲明州。治所在今浙江寧波市。

望海縣[1]梁開平三年閏八月，兩浙奏置。[2]

[1]望海縣：縣名。吳越天寶二年（909），析鄮縣置望海縣，屬明州，尋改爲定海縣。治所在今浙江寧波市鎮海區。

[2]"望海縣"至段末：《會要》卷二〇州縣分道改置條，《新五代史》卷六〇《職方考三》云"錢鏐置"。

虔州[1]唐長興二年八月，升爲昭信軍節度。[2]

[1]虔州：州名。隋開皇九年（589）置虔州，大業三年（607）改爲南康郡。隋末林士弘復爲虔州。唐天寶元年（742），改爲南康郡，乾元元年（758）復爲虔州。治所在今江西贛州市。

[2]昭信軍：方鎮名。後唐長興二年（931）八月，升虔州爲昭信軍節度使，以武平軍節度使馬希振任，但虔州不在後唐與馬楚控制範圍内，應屬遥領。　"虔州"至段末：《會要》卷二四諸道節度使軍額條，亦見《輯本舊史》卷四二《唐明宗紀八》長興三年（932）八月辛酉（《輯本舊史》誤爲辛丑）條。

蘇州[1]唐同光三年升蘇州爲中吳軍。[2]

[1] 蘇州：州名。隋平陳，改陳所置吳州爲蘇州，大業初復爲吳州，三年（607）改爲吳郡。唐武德二年（619），沈法興改爲蘇州。天寶元年（742）改爲吳郡，乾元元年（758）仍爲蘇州。吳越天寶元年（908）升蘇州爲中吳府（蘇州府），後梁貞明元年（915）復爲蘇州。治所在今江蘇蘇州市。

[2] 中吳軍：方鎮名。後梁貞明元年（915），析杭州鎮海軍節度使置中吳軍節度使，治蘇州（今江蘇蘇州市）。 "蘇州"至段末：《通鑑》卷二七八《後唐紀七》明宗長興四年（933）七月丁亥條胡注引《薛史》補。

吳江縣[1]梁開平三年閏八月，兩浙奏，於吳松江置縣。[2]

[1] 吳江縣：縣名。吳越天寶二年（909），析吳縣置吳江縣，屬中吳府（蘇州府），後梁貞明元年（915）隸蘇州。治所在今江蘇蘇州市吳江區。

[2] "吳江縣"至段末：《會要》卷二〇州縣分道改置條，亦見《太平寰宇記》卷九一《江南東道三》蘇州條，《新五代史》卷六〇《職方考三》云"錢鏐置"。

邵州[1]晋天福初改爲敏州，避廟諱。漢初仍舊。[2]

[1] 邵州：州名。唐武德元年（618），蕭梁析潭州置建州，治邵陽縣，四年入唐，改爲南梁州。貞觀十年（636），改爲邵州。天寶元年（742）改爲邵陽郡，乾元元年（758）仍爲邵州。後晋天福三年（938）五月，改稱敏州，後漢天福十二年（947）仍爲邵州如舊。治所在今湖南邵陽市。

[2] "邵州"至段末：《太平寰宇記》卷一一五《江南西道一

三》邵州條。

郴州[1]晉天福初改爲敦州，避廟諱。漢初復舊名。[2]

[1]郴州：州名。隋平陳後置郴州，大業三年（607）改爲桂陽郡。唐武德元年（618），蕭梁復爲郴州，唐天寶元年（742）改爲桂陽郡，乾元元年（758）復爲郴州。後晉天福三年（938）五月改爲敦州，後漢天福十二年（947）仍爲郴州如舊。治所在今湖南郴州市。

[2]“郴州”至段末：《太平寰宇記》卷一一七《江南西道一五》郴州條。

郴縣[1]晉天福初改爲敦化，漢初復舊。[2]

[1]郴縣：縣名。本漢舊縣，隋代歷屬郴州、桂陽郡。唐武德元年（618）屬郴州，天寶元年（742）屬桂陽郡，乾元元年（758）屬郴州。後晉天福三年（938）五月改爲敦化縣，屬敦州，後漢天福十二年（947）仍爲郴縣，屬郴州如舊。治所在今湖南郴州市。

[2]“郴縣”至段末：《太平寰宇記》卷一一七《江南西道一五》郴州條。

建州[1]

[1]建州：州名。隋平陳後改豐州爲泉州，大業初改爲閩州，三年（607）改爲建安郡。唐武德二年（619），沈法興改爲建州，

四年，徙建州治所至建安縣，天寶元年（742）改爲建安郡，乾元元年（758）復爲建州。治所在今福建建甌市。中華書局本有校勘記："《通鑑》卷二八九胡注引《薛史》曰：'李景保大三年，以延平爲劍州，析建州之劍浦、汀州之沙縣隸焉。'按此則係《舊五代史》佚文，清人失輯，姑附於此。"

邵武縣[1]晋天福初改爲昭武縣，漢初復舊。[2]

[1]邵武縣：縣名。本爲孫吳所置，隋平陳後廢，開皇十二年（592）復置，屬建州，次年別屬撫州，大業三年（607）屬臨川郡。隋末屬撫州，唐武德七年（624）別屬建州，天寶元年（742）屬建安郡，乾元元年（758）屬建州。後晋天福初年改爲昭武縣，後漢初復爲邵武如舊。治所在今福建邵武市。

[2]"邵武縣"至段末：《太平寰宇記》卷一〇一《江南東道一三五》邵武軍條。

歸化縣[1]僞唐保大三年升爲場，[2]周顯德五年改爲縣，屬建州。[3]

[1]歸化縣：縣名。南唐保大三年（943）改歸化鎮爲歸化場，後周顯德五年（958）升爲歸化縣。治所在今福建泰寧縣。

[2]保大：五代南唐元宗李璟年號（943—957）。

[3]"歸化縣"至段末：《太平寰宇記》卷一〇一《江南東道一三五》邵武軍條。

道州[1]

[1]道州：州名。唐武德四年（621），析永州置營州，五年改爲南營州，貞觀八年（634）改爲道州，十七年州廢入永州。唐高宗上元二年（675）復析永州置道州，天寶元年（742）改爲江華郡，乾元元年（758）復爲道州。治所在今湖南道縣。

寧遠縣[1]梁改爲延昌縣，唐同光初復舊。晉天福初改爲延喜縣，後復舊。[2]

[1]寧遠縣：縣名。唐武德元年（618）置，屬永州，四年別屬營州，改爲唐興縣，五年屬南營州。貞觀八年（634）屬道州，十七年道州廢，復屬永州。唐高宗上元二年（675）又割屬道州，長壽二年（693）改爲武盛縣，神龍元年（705）復爲唐興縣。天寶元年（742）改爲延唐縣，隸江華郡。乾元元年（758）復屬道州。後梁開平元年（907），改稱延昌縣，後唐同光二年（924）復爲延唐縣，後晉天福七年（942）又改稱延喜縣，後漢天福十二年（947）仍爲延唐縣如舊。北宋乾德三年（965）改爲寧遠縣。所以此處“寧遠”，很可能是北宋追溯之語。治所在今湖南寧遠縣。

[2]“寧遠縣”至段末：《太平寰宇記》卷一一六《江南西道一四》道州條。

鄂州[1]

[1]鄂州：州名。隋平陳後改郢州爲鄂州，大業三年（607）改爲江夏郡。唐武德元年（618），蕭銑改爲鄂州，天寶元年（742）改爲江夏郡，乾元元年（758）復爲鄂州。治所在今湖北武漢市武昌區。

漢陽縣[1]顯德五年，以鄂州漢陽縣爲漢陽軍。[2]

[1]漢陽縣：縣名。隋開皇時期置漢津縣，屬復州，大業二年（606）改爲漢陽縣，三年屬沔陽郡。唐武德二年（619）取漢陽縣，隸沔州爲州治。天寶元年（742）屬漢陽郡，爲郡治，乾元元年（758）復屬沔州。建中二年（780）州廢，改屬黃州。四年又析置沔州，爲州治。寶曆二年（826），州廢，別屬鄂州。南唐交泰元年（958）三月，割屬後周。後周顯德五年（958），改漢陽縣爲漢陽軍。治所在今湖北武漢市漢陽區。

[2]“漢陽縣”至段末：《會要》卷二四軍條，亦見《新五代史》卷六〇《職方考三》。

信州[1]唐長興元年四月庚申，詔改信州爲晏州。[2]

[1]信州：州名。唐乾元元年（758）析饒州、衢州置，治上饒縣（今江西上饒市）。

[2]“信州”至段末：《輯本舊史》卷四一《唐明宗紀七》。

淮南道

安州[1]唐同光元年，改爲安遠軍節度。[2]至晉天福五年七月，降爲防禦使，所管新州割隸許州，以李金全叛命故也。[3]至漢天福十二年六月，復爲安遠軍節度。至周顯德元年十月，又降爲防禦州。[4]

[1]安州：州名。南朝梁置南司州，西魏置安州，北周改爲郧州，隋大業三年（607）改爲安陸郡，隋末周法明改爲安州，入唐

後仍之，天寶元年（742）改爲安陸郡，乾元元年（758）復爲安州。治所在今湖北安陸市。

　　[2]安遠軍：方鎮名。本爲後梁宣威軍節度使，後唐同光元年（923）十二月改爲安遠軍節度使。後晉天福五年（940）廢，降安州爲防禦州。後漢天福十二年（947）六月復置安遠軍節度使。後周顯德元年（954）十月又廢。治所在今湖北安陸市。

　　[3]李金全：人名。其先出於吐谷渾族，早年爲後唐明宗李嗣源“小竪”，驍勇善戰，因功升遷。後晉時封安遠軍節度使，後投奔南唐。傳見本書卷九七、《新五代史》卷四八。

　　[4]“安州”至段末：《會要》卷二四諸道節度使軍額條。“復爲安遠軍節度”，原誤爲“復爲安懷軍節度”，據《輯本舊史》卷三〇《莊宗紀四》、《太平寰宇記》卷一三二《淮南道一〇》安州條、《新五代史》卷六〇《職方考三》改。《新五代史》在“唐改曰安遠”前有“梁置宣威軍”之語。“降安州爲防禦使額，以申州隸許州”，亦見《輯本舊史》卷七九《晉高祖紀五》天福五年七月甲子條；安州復爲節鎮，亦見同書卷一〇〇《漢高祖紀下》天福十二年六月己巳條；安州依舊爲防禦州，其軍額停，見同書卷一一四《周世宗紀一》顯德元年十月己酉條。

應城縣[1]梁開平元年爲國諱改爲應陽縣。唐同光元年復舊名。[2]

　　[1]應城縣：縣名。西魏置，隋大業二年（606）改爲應陽縣，唐武德四年（921）復爲應城，元和三年（808）省入雲夢縣，大和二年（828）析雲夢縣復置。後梁天祐二年（905）改爲應陽縣（據《舊唐書》卷二〇《昭宗紀》與《新唐書》卷四一《地理志五》），後唐同光元年（923）復爲應城縣。治所在今湖北應城縣。

　　[2]“應城縣”至段末：《太平寰宇記》卷一三二《淮南道

一〇》安州條。

盧州[1]唐爲昭順軍節度，周顯德五年改爲保信軍。[2]

[1]盧州：州名。本爲隋盧江郡，唐武德二年（619）改爲盧州，天寶元年（742）改爲盧江郡，乾元元年（758）復爲盧州。天祐十四年（917），吳王割揚州淮南節度使所領盧州置盧州都團練觀察使，治盧州。武義元年（919），升爲德勝軍節度使。南唐交泰元年（958）三月，盧州與舒州獻給後周，同年（後周顯德五年）三月，後周改南唐所獻德勝軍節度使爲保信軍節度使。治所在今安徽合肥市。

[2]“盧州”至段末：《太平寰宇記》卷一二六《淮南道四》盧州條。《輯本舊史》卷四二《唐明宗紀八》載，長興二年閏五月“癸巳（《輯本舊史》誤作癸丑），升盧州爲昭順軍”，《通鑑》卷二九三《後周紀四》世宗顯德四年（957）三月辛亥條胡注引《薛史》載爲“閏五月己丑”。《輯本舊史》卷一一八《周世宗紀五》載，顯德五年三月“壬寅，改盧州軍額爲保信軍”。

楚州[1]唐天成三年閏八月，升爲順化軍節度。[2]周顯德五年平淮南，降爲防禦州。[3]

[1]楚州：州名。隋開皇元年（581）置楚州，大業初州廢，隋末，李密置楚州，唐武德四年（621）歸唐，改爲東楚州，八年改爲楚州，天寶元年（742）改爲淮陰郡，乾元元年（758）復爲楚州。治所在今江蘇淮安市。

[2]順化軍：方鎮名。後唐天成三年（928）閏八月升楚州爲順化軍節度使，但楚州當時屬吳，故此次政區調整應屬於遙改。

"楚州"至"升爲順化軍節度"：《會要》卷二四諸道節度使軍額條，亦見《輯本舊史》卷三九《唐明宗紀五》天成三年閏八月乙卯條。

[3]周顯德五年平淮南，降爲防禦州：《太平寰宇記》卷一二四《淮南道二》楚州條。

壽州[1]唐天成三年十月，升爲忠正軍節度。[2]周顯德四年，移于潁州下蔡縣，[3]仍以下蔡縣爲倚郭，以舊壽州爲壽春縣。[4]

[1]壽州：州名。北魏置揚州。南朝梁改爲南豫州，東魏改爲揚州，南朝陳改爲豫州，北周改爲揚州，隋開皇九年（589）改爲壽州，大業初改州爲淮南郡。唐武德二年（619）改爲壽州，天寶元年（742）改爲壽春郡，乾元元年（758）復爲壽州。治所在今安徽壽縣。後周顯德四年（957），徙州治於下蔡，治所在今安徽鳳台縣。

[2]忠正軍：方鎮名。南唐在壽州設清淮軍節度使，治所在今安徽壽縣。後周顯德四年攻取壽州，改爲忠正軍節度使，治所在今安徽鳳台縣。　"壽州"至"升爲忠正軍節度"：《會要》卷二四諸道節度使軍額條，亦見《輯本舊史》卷三九《唐明宗紀五》天成三年（928）十月甲子條、《新五代史》卷六〇《職方考三》。《通鑑》卷二九三《後周紀四》世宗顯德四年三月辛亥條胡注引《薛史》載"唐明宗天成二年，詔昇壽州爲忠正軍"。

[3]下蔡縣：縣名。本隋舊縣，屬汝陰郡，唐武德二年屬信州，四年別屬渦州，八年改屬潁州。後周顯德四年三月，攻下南唐壽州，下蔡別屬之，徙壽州州治於下蔡。治所在今安徽鳳台縣。

[4]壽春縣：縣名。本隋舊縣，屬淮南郡，唐武德二年屬壽州，爲州治。治所在今安徽壽縣。　"周顯德四年"至段末：《會要》

卷二〇州縣分道改置條，亦見《輯本舊史》卷一一七《周世宗紀四》顯德四年三月庚戌條云：“詔移壽州於下蔡，以故壽州爲壽春縣。”《太平寰宇記》卷一二九《淮南道七》壽州條載：“唐天成三年爲順化軍節度。周顯德三年平淮南，降爲防禦州，舊理壽春縣，仍移于潁州之下蔡縣爲理所。”

盛唐縣[1]梁開平二年八月，改爲灊山縣。唐同光元年十月，復爲盛唐。[2]

[1]盛唐縣：縣名。南朝梁置岳安縣，隋開皇初改爲霍山縣，屬廬江郡。唐貞觀元年（627）改屬壽州，神功元年（697）改爲武昌縣，神龍元年（705）復爲霍山縣，開元二十七年（739）改爲盛唐縣。治所在今安徽六安市。

[2]“盛唐縣”至段末：《會要》卷二〇州縣分道改置條。《太平寰宇記》卷一二九《淮南道七》壽州條載爲六安縣，“梁改爲灊山縣，唐同光初復舊。晉天福中改爲來化縣，後復舊”。

天長縣[1]故屬揚州。南唐以天長爲軍，周復故。[2]

[1]天長縣：縣名。唐武德七年（624）析六合縣置石梁縣，貞觀元年（627）縣廢，天寶元年（742）置千秋縣，七載改爲天長縣，隸江都郡，乾元元年（758）復隸揚州。南唐昇元六年（942），於天長縣置建武軍，領天長一縣。中興元年（後周顯德五年，958）正月，升建武軍爲雄州，二月，後周攻占雄州，改爲天長軍。治所在今安徽天長市。

[2]“天長縣”至段末：《新五代史》卷六〇《職方考三》。

鎮淮軍[1]周顯德三年五月壬辰，以渦口爲鎮淮軍。[2]

[1]鎮淮軍：軍名。後周顯德三年（956）五月置。治所在今安徽蚌埠市西北。

[2]“鎮淮軍”至段末：《輯本舊史》卷一一六《周世宗紀三》。

山南道

襄州[1]晉天福七年，降爲防禦州，直屬京，所管均、房二州割隸鄧州，[2]以安從進叛命初平故也。[3]至漢天福十二年六月，復舊爲山南東道使。[4]

[1]襄州：州名。本爲南朝雍州，西魏改爲襄州，大業初改爲襄陽郡。唐武德二年（619）改爲襄州，天寶元年（742）改爲襄陽郡，乾元元年（758）復爲襄州。治所在今湖北襄陽市。

[2]均：州名。隋開皇三年（583）改北周豐州爲均州，治武當縣，大業初廢入淅陽郡。唐武德元年復置均州，治武當縣。天寶元年改爲武當郡，乾元元年復爲均州。治所在今湖北丹江口市均縣鎮東。　房：州名。北周置遷州，隋大業初改爲房州，三年改爲房陵郡。唐武德元年改爲遷州，貞觀十年（636）改爲後房州，天寶元年改爲房陵郡，乾元元年復爲房州。治所在今湖北房縣。

[3]安從進：人名。其先索葛部人。本爲後唐將領，清泰年間，李從珂任其爲山南東道節度使。後晉建立後，加同中書門下平章事，後起兵反晉，敗亡。傳見本書卷九八、《新五代史》卷五一。

[4]“襄州”至段末：《會要》卷二四諸道節度使軍額條，亦見《輯本舊史》卷八一《晉少帝紀一》天福七年（942）九月戊子條、同書卷一〇〇《漢高祖紀下》天福十二年六月己巳條、《新五

代史》卷六〇《職方考三》。

鄀縣[1] 梁龍德元年，改鄀縣爲沿夏縣。[2]

[1]鄀縣：縣名。治所在今湖北宜城市。

[2]“鄀縣”至段末：《輯本舊史》卷一〇《梁末帝紀下》顯德元年（956）三月壬寅條。

樂鄉縣[1] 周顯德六年二月，併入宜城。[2]

[1]樂鄉縣：縣名。東晋置，隋開皇三年（583）屬郢州，大業初改屬竟陵郡，唐武德二年（619）改屬都州，爲州治。貞觀八年（634），都州廢，改屬襄州。後周顯德六年（959）二月，併入宜城縣。治所在今湖北宜城市南。

[2]宜城：縣名。本爲率道縣，蕭梁所置，唐天寶七載（748）改爲宜城縣。治所在今湖北宜城市西北。　“樂城縣”至段末：《會要》卷二〇州縣分道改置條，亦見《新五代史》卷六〇《職方考三》。《太平寰宇記》卷一四五《山南東道四》襄州條作“周顯德二年併入宜城縣”。

鄧州[1] 梁開平三年五月，升爲宣化軍節度，[2]割泌、隨、復、郢四州隸之，與襄州分江心爲界。至唐同光元年，改爲威勝軍。周廣順二年三月，改爲武勝軍，避諱也。[3]

[1]鄧州：州名。隋初爲荆州，治穰縣。開皇七年（587）改置鄧州，大業初州廢，分爲南陽、淯陽二郡。唐武德二年（619）

入唐，改爲鄧州，治穰縣。天寶元年（742）改爲南陽郡，乾元元年（758）復爲鄧州。治所在今河南鄧州市。

　　[2]宣化軍：方鎮名。後梁開平三年（909）五月，升山南東道節度使所領登州爲宣化軍節度使，轄原山南東道節度使所領泌、隨、復、鄧四州。後唐同光元年（923）十二月，改爲威勝軍節度使。後周廣順二年（952）三月，改爲武勝軍節度使。治所在今河南鄧州市。

　　[3]“鄧州”至段末：《會要》卷二四諸道節度使軍額條，亦見《輯本舊史》卷三〇《唐莊宗紀四》同光元年十二月戊寅條。《新五代史》卷六〇《職方考三》載：“鄧州，故屬山南東道節度。梁破趙匡凝，分鄧州置宣化軍。唐改曰威勝，周改曰武勝。”

臨湍縣[1]漢乾祐元年正月，改爲臨瀨縣，避廟諱也。[2]

　　[1]臨湍縣：縣名。北魏置新城縣，後改爲臨湍，隋開皇初改回新城。唐武德二年（619）以此縣置酈州，八年州廢，改屬鄧州。後漢乾祐元年（948）正月，改爲臨瀨縣。治所在今河南內鄉縣東南。

　　[2]“臨湍縣”至段末：《會要》卷二〇州縣分道改置條，亦見《新五代史》卷六〇《職方考三》。

菊潭縣、向城縣[1]周顯德三年三月廢。[2]

　　[1]菊潭縣：縣名。隋開皇三年（583）置，屬鄧州。唐武德二年（619），以縣置弘州，四年州縣俱廢。開元二十四年（736），復置菊潭縣，屬鄧州。後周顯德三年（956）三月，廢入臨瀨。治所在今河南西峽縣丹水鎮石盆崗古城。參見郭聲波《中國行政區劃通史（唐代卷）》，第823頁。　向城縣：縣名。本隋舊縣，隸淯

陽郡。唐武德二年，屬北澧州。三年置淯州，爲州治。八年廢淯州，復屬北澧州，同年又改北澧州爲魯州，屬之，九年州廢，改屬鄧州。聖曆元年（698）改爲武清縣，神龍元年（705）復爲向城縣，天寶元年（742）屬南陽郡，乾元元年（758）仍屬鄧州。後周顯德三年廢。治所在今河南南召縣東南皇路店鎮。（參見史爲樂主編《中國歷史地名大辭典》（增訂本），中國社會科學出版社2017年版，第1092頁）

〔2〕"菊潭縣"至段末：《會要》卷二〇《州縣分道改置》補。《太平寰宇記》卷一四五《山南東道一》鄧州條作菊潭縣"周顯德五年併入臨瀨縣"，向城縣"周顯德三年廢入臨瀨"。

唐州[1]州城舊治比陽，[2]唐末移于泌陽。[3]梁改爲泌州，唐同光初復舊名。晋又改爲泌州。漢初復舊名。[4]

〔1〕唐州：州名。北魏置東荆州，西魏改爲淮州，隋開皇五年（585）改爲顯州，大業初改爲淮安郡。唐武德二年（619）改顯州，治比陽縣。貞觀九年（635）改爲唐州，天寶元年（742）改爲淮安郡，乾元元年（758）改爲唐州，天祐三年（906）改爲泌州，徙治泌陽縣。後唐同光元年（923）十月，復爲唐州。治所在今河南唐河縣。

〔2〕比陽：縣名。北魏陽平縣，隋開皇七年改爲饒良，大業初改爲比陽。治所在今河南泌陽縣。

〔3〕泌陽：縣名。北魏置。隋開皇三年屬昌州，大業初改屬春陵郡。唐武德二年復屬昌州，三年屬宛州，四年屬湖州。貞觀元年，州郡俱廢。開元十三年（725）復置，屬唐州。天寶元年，改爲泌陽縣，屬淮安郡，乾元元年屬唐州，天祐三年屬泌州，爲州治。治所在今河南唐河縣。

〔4〕"唐州"至段末：《太平寰宇記》卷一四二《山南東道一》

唐州條。《輯本舊史》卷八一《晋少帝紀一》載，天福七年九月戊子，"升泌州爲團練使額"。

慈丘縣[1]周顯德三年三月廢。[2]

[1]慈丘縣：縣名。北魏置江夏縣，屬江夏郡，隋開皇三年（583）廢江夏郡，縣屬淮州，十八年改爲慈丘縣。唐武德二年（619）屬顯州，貞觀九年（635）屬唐州，天寶元年（742）屬淮安郡，乾元元年（758）屬唐州，天祐三年（906）屬泌州。後周顯德三年（956），廢入比陽縣。治所在今河南泌陽縣東北。

[2]"慈丘縣"至段末：《會要》卷二〇州縣分道改置條，亦見《新五代史》卷六〇《職方考三》。

復州[1]梁乾化二年十一月，割隷荆南。唐天成二年五月，却隷襄州。晋天福五年七月，直屬京，升爲防禦。[2]

[1]復州：州名。北周時設置，大業初改爲沔州，三年（607）改爲沔陽郡。唐武德二年（619），蕭梁政權改爲復州，唐天寶元年（742）改爲竟陵郡，乾元元年（758）復爲復州。後晋天福元年（936）徙治景陵。治所在今湖北天門市。

[2]"復州"至段末：《會要》卷二〇州縣分道改置條。《輯本舊史》卷三二《唐莊宗紀六》載，同光二年（924）五月辛酉，"詔割復州爲荆南屬郡"；同書卷七九《晋高祖紀五》，天福五年八月辛丑，"升復、郢二郡爲防禦使額"。

景陵縣[1]本漢竟陵縣，晋天福初改爲景陵縣。[2]

[1]景陵縣：縣名。兩漢有竟陵縣，西魏廢入霄城，北周改爲竟陵，隋開皇三年（583）後屬復州，大業初改屬沔州，大業三年（607）改屬沔陽郡。唐武德二年（619）改屬復州，天寶元年（742）改屬竟陵郡，乾元元年（758）改屬復州。後晉天福元年（936）改爲景陵縣。治所在今湖北天門市。

[2]“景陵縣”至段末：《太平寰宇記》卷一四四《山南東道三》復州條，亦見《新五代史》卷六〇《職方考三》。

金州[1]晉天福四年五月，升爲懷德軍節度。[2]至漢天福十二年，復降爲防禦州。[3]

[1]金州：州名。本蕭梁南梁州，西魏改爲東梁州，後改爲金州。隋大業三年（607），改爲西城郡。唐武德元年（618）復爲金州，天寶元年（742）改爲安康郡，至德二載（757）改爲漢陰郡，乾元元年（758）復爲金州。治所在今陝西安康市。

[2]懷德軍：方鎮名。後晉天福四年（939），置懷德軍節度使，轄金州。開運元年（944）七月，節度使廢，金州降爲防禦州。治所在今陝西安康市。

[3]“金州”至段末：據《會要》卷二四諸道節度使軍額條。《新五代史》卷六〇《職方考三》載：“唐末入於蜀，至晉高祖時，又置懷德軍，尋薨。”升金州爲節鎮，以懷德軍爲使額，亦見《輯本舊史》卷七八《晉高祖紀四》天福四年五月乙卯條。《輯本舊史》卷八三《晉少帝紀三》載，開運元年七月壬午，“降金州爲防禦州”。《太平寰宇記》卷一四一《山南西道九》金州條作“晉天福四年升爲懷德軍節度使，九年降爲防禦州”。

夔州[1]唐天成二年七月，升爲寧江軍節度。[2]

[1]夔州：州名。南朝蕭梁普通四年（523）六月置信州，隋大業三年（607）改爲巴東郡，唐武德元年（618）復爲信州，二年改爲夔州，天寶元年（742）改爲雲安郡，乾元元年（758）仍爲夔州。治所在今重慶市奉節縣東。

[2]寧江軍：方鎮名，後唐天成二年（927）七月，置寧江軍節度使，治夔州，轄夔、忠、萬三州，治所在今重慶市奉節縣東。

“夔州”至段末：《會要》卷二四諸道節度使軍額條，亦見《輯本舊史》卷三八《唐明宗紀四》天成二年七月丙寅條。

利州[1]僞蜀改爲昭武節度，[2]唐平蜀因而不改。[3]

[1]利州：州名。北魏置益州。蕭梁改爲黎州，西周復爲益州，又改爲利州，隋大業三年（607）改爲義城郡。唐武德元年（618）復爲利州，天寶元年（742）改爲義昌郡，乾元元年（758）復爲利州。治所在今四川廣元市。

[2]昭武：方鎮名。唐乾寧四年（897）置，治利州，天復二年（902）罷鎮，三年改爲利州節度使，天祐三年（906）王建改爲利閬節度使，旋降爲利州都團練觀察使。前蜀通正元年（916）又置昭武軍節度使，仍置利州，治所在今四川廣元市。

[3]“利州”至段末：《太平寰宇記》卷一三五《山南西道三》利州條。

閬州[1]唐天成四年十月，升爲保寧軍節度。[2]

[1]閬州：州名。西魏廢帝三年（554），改南梁州爲隆州，隋大業三年（607）改爲巴西郡。唐武德元年（618）復爲隆州，先天元年（712）避玄宗諱改爲閬州，天寶元年（742）改爲閬中郡，乾元元年（758）仍爲閬州。治所在今四川閬中市。

[2]保寧軍：方鎮名。後唐天成四年（929）析昭武軍置，治閬州，治所在今四川閬中市。　"閬州"至段末：《會要》卷二四諸道節度使軍額條，亦見《輯本舊史》卷四〇《唐明宗紀六》天成四年十月辛亥條。

果州[1]唐天成二年五月，隸利州。[2]

[1]果州：州名。唐武德四年（621），析隆州置果州，治南充縣。天寶元年（742）改爲南充郡，乾元元年（758）仍爲果州。治所在今四川南充市。

[2]"果州"至段末：《會要》卷二〇州縣分道改置條。《輯本舊史》卷三八《唐明宗紀四》載，天成二年（727）五月癸亥，"割果州屬郡"。

朗州[1]唐同光元年，朗州武順軍復爲武貞軍。[2]

[1]朗州：州名。南朝梁置武州，隋平陳後，於開皇九年（589）改爲辰州，又改爲嵩州，十六年改爲朗州，大業三年（607）改爲武陵郡。唐武德二年（619）歸唐，改爲朗州，天寶元年（742）改爲武陵郡，乾元元年（758）仍爲朗州。治所在今湖南常德市。

[2]武貞軍：方鎮名。本爲唐武貞軍節度使，馬楚改爲永順軍節度使，又改爲武順軍，後唐同光元年（923）十二月，又改爲武貞軍。長興元年（930）前後，又復爲武平軍節度使。治朗州，治所在今湖南常德市。　"朗州"至段末：《輯本舊史》卷三〇《唐莊宗紀四》同光元年十二月戊寅條補。

鳳州[1]僞蜀升爲武興軍節度使，[2]唐長興三年，降

爲防禦州。[3]

[1]鳳州：州名。西魏廢帝三年（554），改南岐州爲鳳州，隋大業三年（607）改爲河池郡，唐武德元年（618）復爲鳳州，天寶元年（742）改爲河池郡，乾元元年（758）仍爲鳳州。治所在今陝西鳳縣東北。

[2]武興軍：方鎮名。前蜀永平五年（915）置，治鳳州。後唐長興三年（732）降爲鳳州防禦使，後蜀置鳳州節度使，後改稱威武軍節度使。後周得此地後，廢節度使爲防禦使。治所在今陝西鳳縣東北。

[3]“鳳州”至段末：《太平寰宇記》卷一三四《山南西道二》鳳州條。“唐長興三年”原誤作“唐三年”，據《輯本舊史》卷四三《明宗紀九》長興三年七月己亥條改。

商州[1]

[1]商州：州名。本爲洛州，北周宣政元年（578）改爲商州，隋大業三年（607）改爲上洛郡。唐武德元年（618）復爲商州，天寶元年（742）改爲上洛郡，乾元元年（758）復爲商州。治所在今陝西商洛市商州區。

乾元縣[1]漢乾祐二年六月，改爲乾祐縣，割隸京兆。[2]

[1]乾元縣：縣名。本唐安業縣，置於萬歲通天元年（696），屬商州。乾元元年（758），改爲乾元縣，屬京兆府，同年還屬商州。後晉乾祐二年（949）六月，改爲乾祐縣，改隸京兆府。治所在今陝西柞水縣。

[2]“乾元縣”至段末：《會要》卷二〇州縣分道改置條，亦

見《輯本舊史》卷一〇二《漢隱帝紀中》乾祐二年六月丙申條、《新五代史》卷六〇《職方考三》）。

隨州[1]

[1]隨州：州名。西魏置并州，廢帝三年（554）改爲隨州。隋大業三年（607）改爲漢東郡。唐武德二年（619）歸唐，改爲隨州，天寶元年（742）改爲漢東郡，乾元元年（758）復爲隨州。治所在今湖北隨州市。

唐城縣[1]梁改爲漢東縣，漢初復舊。[2]

[1]唐城：縣名。唐開元二十五年（737）析棗陽縣置，屬隨州。後晉天福元年（936）改爲漢東縣，後漢乾祐元年（948）復爲唐城縣。治所在今湖北隨州市西北。

[2]“唐城縣”至段末：《太平寰宇記》卷一四四《山南東道三》隨州條，《新五代史》卷六〇《職方考三》云：“隨州唐城，梁改曰漢東，唐復舊，晉又改漢東，漢復舊。”

雄勝軍[1]鳳州固鎮之地，周顯德六年升爲雄勝軍。[2]

[1]雄勝軍：軍名。本爲鳳州固鎮，後周顯德六年（959）十一月，升鳳州固鎮爲雄武軍。治所在今甘肅徽縣。

[2]“雄勝軍”至段末：《通鑑》卷二六九《後梁紀四》均王乾化四年（914）十二月癸未條胡注引《薛史·地理志》，亦見《會要》卷二四軍條、《輯本舊史》卷一二〇《周恭帝紀》顯德六年十一月壬戌條、《新五代史》卷六〇《職方考三》顯德六年

（959）十一月壬戌條。

郢州[1]晋天福五年，升爲防禦使額。[2]

    [1]郢州：州名，北周武帝時置，隋大業三年（607）改爲竟陵郡。唐武德二年（619），蕭梁改爲郢州，四年入唐。貞觀元年（627），州廢。十七年，復置郢州。天寶元年（742），改爲富水郡，乾元元年（758）復爲郢州。治所在今湖北京山市。

    [2]“郢州”至段末：《輯本舊史》卷七九《晋高祖紀五》天福五年八月辛丑條。

隴右道

秦州[1]

    天水縣、**隴城縣**[2]唐長興三年二月，秦州奏：“見管長道、成紀、清水三縣外，[3]有十一鎮，徵科並係鎮將。今請以歸化、恕水、五龍、黄土四鎮，就歸化鎮復置舊隴城縣。赤砂、染坊、夕陽、南台、鐵務五鎮，就赤砂鎮復置舊天水縣。其白石、大澤、良恭三鎮，割屬長道縣。”從之。[4]

    [1]秦州：州名。三國魏初置，西晋復置。隋大業間改天水郡，唐初復名，寶應後陷於吐蕃，大中三年（849）收復。治所在今甘肅秦安縣西北。

    [2]天水縣：縣名。唐初置，後廢，後唐長興三年（932）復置，治所在今甘肅天水市秦州區天水鎮。　隴城縣：縣名。北魏

置，西魏改略陽，隋開皇二年（582）改河陽，六年復爲隴城。唐末廢。後唐長興三年復置。治所在今甘肅天水市東三十五里。

[3]長道：縣名。西魏置，唐天寶末廢，咸通十三年（872）復置。治所在今甘肅西和縣長道鎮。　成紀：縣名。西漢置，北魏廢，北周復置。治所在今甘肅秦安縣西北三十里。　清水：縣名。西漢置，東漢廢，西晋復置。原治所在今甘肅清水縣西北。唐寶應元年（762）陷於吐蕃，建中四年在此有"清水會盟"，大中二年復歸唐，後唐長興年間移治上邽，治所在今甘肅天水市秦州區。

[4]"秦州"至段末：《會要》卷二〇州縣分道改置條。《新五代史》卷六〇《職方考三》載："秦州天水、隴城，唐末廢，後唐復置。"《太平寰宇記》卷一五〇《隴右道一》秦州條載：隴城縣，"唐末廢，後唐長興三年于歸化鎮復置"；天水縣，"唐末廢。後唐長興三年于南冶鎮置"。

成州[1]梁開平初改爲汶州，[2]唐同光初復舊，仍于栗亭鎮置栗亭縣。[3]

[1]成州：州名。唐武德元年（618）置，天寶元年（742）改同谷郡，乾元元年（758）復爲萬州。寶應元年（762）没入吐蕃，貞元五年（789）復置。五代後梁改爲文（汶）州，後唐復名成州。治所在今甘肅成縣。按，《輯本舊史》卷三載，（開平元年）甲午，詔天下管屬及州縣官名犯廟諱者各宜改換，城門郎改爲門局郎，茂州改爲汶州，桂州慕化縣改爲歸化縣，潘州茂名縣改爲越裳縣。其記茂州改爲汶州，與此條不同。又按，成州時爲李茂貞"岐"政權所控制，並不服從朱梁號令，此次改名應爲遥改。參見周慶彰《後梁遥改汶州考》，《歷史地理》第二六輯，上海人民出版社2012年版。

[2]汶州：州名，即文州。後梁開平初改成州爲文州，後唐同

光時復名成州。治所在今甘肅成縣。

　　[3]栗亭鎮：鎮名。在今甘肅徽縣伏家鎮一帶。　栗亭縣：縣名。北魏正始中置，後廢爲栗亭鎮，後唐復置。治所在今甘肅徽縣伏家鎮。　“成州”至段末：《太平寰宇記》卷一五〇《隴右道一》成州條。

　　同谷縣、栗亭縣[1]後唐清泰三年六月，秦州奏：“階州元管將利、福津兩縣，[2]並無巡鎮。成州元管同谷縣，餘并是鎮，便係徵科。今欲取成州西南近便鎮分，併入同谷縣。其東界四鎮，別創一縣者。州西南有府城、長豐、魏平三鎮，其地東至泥陽鎮界二十五里，北至黃竹路、金砂鎮界五十里，南至興州界三十里，[3]西至白石鎮界一百一十里，西南至舊階州界砂地嶺四十五里，其三嶺管界併入同谷縣，廢其鎮額。州東界有勝仙、泥陽、金砂、栗亭四鎮，東至鳳州姜贍鎮界一十五里，[4]南至果州界二十里，[5]北至高橋界三十五里，西至同谷界三十五里，北至秦州界六十七里。欲併其四鎮地于栗亭縣，其徵科委縣司，捕盜委鎮司。”從之。[6]

　　[1]同谷縣：縣名。西魏改白石縣置，唐安史之亂後没入吐蕃，咸通十三年（872）復置。治所在今甘肅成縣。

　　[2]階州：州名。唐景福間改武州置。治所初在皋蘭鎮（今甘肅康縣西），後唐長興三年（932）移治福津縣（今甘肅隴南市武都區）。　將利：縣名。北周改安育縣置，原治所在今甘肅隴南市武都區。後唐長興年間治所移至今甘肅成縣鐔河鄉將利村一帶。參見李永康《康縣境内的八處縣治》，《康縣文史》第4輯，2018年，第153頁。文中爲成縣黃陳鄉將利村，查今行政區劃實爲成縣鐔河

鄉。　福津：縣名。西魏間置覆津縣，唐景福間改爲福津。治所原在今甘肅隴南市武都區東南，後唐長興三年徙治今甘肅隴南市武都區。

[3]興州：州名。西魏改東益州置，隋大業間改順政郡，唐初復改興州。天寶間又改順政郡，乾元元年（758）復爲興州。治所在今陝西略陽縣。

[4]鳳州：州名。西魏改南岐州置，隋大業間改河池郡，唐初復名鳳州，天寶間雙改河池郡，乾元初復改鳳州。治所在今陝西鳳縣鳳州鎮。

[5]果州：州名。唐武德間置，天寶元年（742）改南充郡，乾元元年（758）復爲果州，大曆六年（771）改爲充州，十年復爲果州。治所在今四川南充市。按此處記南至果州界二十里，成州以南至果州尚有利州、閬州等相隔，與實際距離不符，自階州至果州距離遠大於此。疑誤。從地理方位來看，其南當爲利州。

[6]“同谷縣”至段末：《會要》卷二〇州縣分道改置條。《太平寰宇記》卷一五〇《隴右道一》成州條載：“栗亭縣，本栗亭鎮地，後唐清泰三年六月於秦州奏置栗亭縣。”

洮州[1]唐長興四年，升爲保順軍節度。[2]

[1]洮州：州名。北周置，隋大業間改臨洮郡，唐初復爲洮州。開元十七年（729）廢，二十七年復置。天寶元年（742）改臨洮郡，乾元元年（758）復爲洮州。治所在今甘肅臨潭縣。安史亂後没入吐蕃。

[2]保順軍：方鎮名。後唐長興四年（933）升洮州置。治所在洮州（今甘肅臨潭縣）。按：此保順軍疑爲遥領，非實際設置。《宋史》卷八七《地理志四》：“洮州，唐末陷于吐蕃，號臨洮城。熙寧五年，詔以熙河洮岷通遠軍爲一路，時未得洮州。元符二年得

之，尋棄不守。大觀二年收復，改臨洮城仍舊爲洮州。"據此，則五代時洮州均没於吐蕃，後唐置保順軍節度，疑爲遥置羈縻。另有相關史料可證，《職官分紀》卷三九："凡化外諸鎮節度使並兼觀察、處置等使……洮州保順軍，後唐長興四年升爲保順軍節度，國朝因其名。"《輯本舊史》卷七八："（天福四年九月）己卯，遥領洮州保順軍節度使鮑君福加檢校太師兼侍中，判湖州諸軍事。"《讀史方輿紀要》卷六〇："乾元初復曰洮州，後没於吐蕃，號臨洮城。後唐長興四年内附，置保順軍，置軍于洮州，兼領鄯州。尋復爲西番所據。"（《太平寰宇記》卷一五四《隴右道五》："乾元元年復爲洮州，後唐長興四年，升爲保順軍節度。"）　"洮州"至段末：《會要》卷二四諸道節度使軍額條，亦見《輯本舊史》卷四四《唐明宗紀一〇》。

嶺南道

邕州[1]晋天福七年七月，改爲誠州，[2]避廟諱。[3]

[1]邕州：州名。唐貞觀六年（632）改南晋州置，天寶元年（742）改朗寧郡，乾元元年（758）復爲邕州。後晋天福七年（942）改誠州，南漢復邕州。治所在今廣西南寧市江南區亭子街一帶。

[2]誠州：州名。後晋天福七年改邕州置，南漢復爲邕州。治所在今廣西南寧市江南區亭子街一帶。晋高祖名紹雍，"雍""邕"同音而避諱。按邕州時爲南漢轄地，或爲虚改（參見劉茂真《南漢時邕州未改誠州》，《广西地方志》1997 年第 1 期）。亦可見《十國春秋》卷五九：（光天元年秋七月）"是月改邕州爲誠州，未幾復爲邕州。"《十國春秋》卷一一二："邕州，舊爲邕州，領縣七。光天元年即晋天福七年也，改爲誠州，避廟諱。未幾復故。"

[3]"邕州"至段末:《會要》卷二〇州縣分道改置條。《太平寰宇記》卷一六六《嶺南道十》邕州條載:"晋天福七年改爲誠州,以避廟諱。漢初復舊。"

恩州[1]唐清泰元年昇爲防禦州。[2]

[1]恩州:州名。唐貞觀二十三年(649)置,天寶元年(742)改恩平郡,乾元元年(758)復爲恩州。治所在今廣東陽江市。

[2]"恩州"至段末:《太平寰宇記》卷一五八《嶺南道二》恩州條。

溥州[1]晋開運三年三月,升桂州全義縣爲州,[2]仍改全義縣爲德昌縣。[3]并割桂州臨川、廣明、義寧等三縣隸之。[4]從湖南馬希範奏也。[5]

[1]溥州:州名。後晋開運三年(946)升全義縣置,全義縣改爲德昌縣,爲溥州附郭。治所在今廣西興安縣。

[2]全義縣:縣名。唐大曆三年(768)以臨源縣改置,後晋開運三年,升全義縣爲溥州,改全義縣爲德昌縣。南漢復爲全義縣,北宋太平興國二年(977)改爲興安縣。治所在今廣西興安縣。

[3]德昌縣:縣名。後晋開運三年改全義縣置,南漢復爲全義縣。治所在今廣西興安縣。

[4]桂州:州名。南朝梁置,隋大業改始安郡。唐武德四年(621)復爲桂州,天寶元年(742)改始安郡,至德二載(584)改建陵郡,乾元元年(758)復爲桂州。治所在今廣西桂林市。臨川:縣名。按桂林附近無臨川縣,疑爲靈川之誤。按《中國歷史地名大辭典》,歷史上臨川縣有三,分別在江西、海南、四川,廣

西無臨川。　廣明：縣名。唐末置，北宋初廢。治所在今廣西桂林市西北五通鎮東北。　義寧：縣名。後晉天福八年（943）置，治所在今廣西桂林市西北五通鎮。按：《十國春秋》卷六八："開運三年春三月，升桂州全義縣爲溥州，仍改全義縣爲德昌縣，並割桂州之靈川、廣明、義寧等三縣隸之，從王奏也。"卷一一二："溥州，晋開運三年，文昭王（馬希範）奏立溥州於全義縣，改縣名曰德昌，并割桂州廣明、義寧二縣隸之。"二者記載屬縣數量不一，未詳孰是。

　　[5]湖南：方鎮名。唐廣德二年（764）置湖南觀察使，中和三年（883）升欽化軍節度使，光啓元年（885）改武安軍節度使，通稱湖南。治所在潭州（今湖南長沙市）。　馬希範：人名。許州鄢陵（河南鄢陵縣）人，楚王馬殷子，繼其兄馬希聲爲楚文昭王。傳見本書卷一三三、《新五代史》卷六六。　"溥州"至段末：《會要》卷二〇州縣分道改置條，見《輯本舊史》卷八四《晋少帝紀四》開運三年二月丙子條，但較《會要》早一月。

潘州[1]

茂名縣[2]梁開平元年五月，改爲越裳縣。[3]至唐同光元年十月，復爲茂名縣。[4]

　　[1]潘州：州名。唐貞觀八年（634）改南宕州置，十七年廢，永徽元年（650）復置。天寶元年（742）改南潘郡，乾元元年（758）復爲潘州。治所在今廣東高州市。

　　[2]茂名縣：縣名。隋置，後梁開平元年（907）改爲越裳縣。治所在今廣東高州市。

　　[3]越裳縣：縣名。後梁開平元年改茂名爲越裳，後唐同光元年（南漢乾亨七年，923）復爲茂名。治所在今廣東高州市。

　　[4]"潘州"至段末：《會要》卷二〇州縣分道改置條。但《會要》"茂名"誤"茂明"，"越裳"誤"越常"，據《宋本册府》卷一八九《閏位部八·奉先門》改。《舊唐書》卷四一《地理志四》同《册府》。

桂州[1]

　　純化縣[2]梁開平元年五月，改爲歸化縣。[3]唐同光元年十月，復爲純化縣。[4]

　　[1]桂州：州名。南朝梁置，隋大業改始安郡。唐武德四年（621）復爲桂州，天寶元年改始安郡，至德二年（584）改建陵郡，乾元元年復爲桂州。治所在今廣西桂林市。

　　[2]純化縣：縣名。隋開皇十八年（598）以梁化縣改名，大業二年（606）廢。唐武德四年復置，永貞元年（805）避諱改爲慕化縣。後梁開平元年（907）改爲歸化縣，後唐同光元年（923）復爲慕化縣。北宋嘉祐六年（1061）廢。按：此處純化、慕化二名各處記載不一致。《輯本舊史》卷三《梁太祖紀三》："（開平元年）甲午，詔天下管屬及州縣官名犯廟諱者各宜改換，城門郎改爲門局郎，茂州改爲汶州，桂州慕化縣改爲歸化縣，潘州茂名縣改爲越裳縣。"《太平寰宇記》卷一六二"慕化縣"："梁開平元年復爲歸化縣，後唐同光初復爲慕化縣。"《宋史》卷九〇《地理志六》："臨桂，緊，嘉祐六年廢慕化縣入焉。"據此，後唐時所復當爲慕化縣。治所在今廣西柳州市鹿寨縣中渡鎮一帶。

　　[3]歸化：縣名。後梁開平元年改慕化縣爲純化縣，後唐改復。治所在今廣西柳州市鹿寨縣中渡鎮一帶。

　　[4]"桂州"至段末：《會要》卷二〇州縣分道改置條。《太平寰宇記》卷一六二《嶺南道六》桂州條載："唐武德四年復置純化

縣。永貞元年十二月改爲慕化縣，以避憲宗廟諱。梁開平元年復爲歸化縣。後唐同光初復爲慕化縣。"

義寧縣[1]晋天福八年析靈川縣歸義鄉爲場,[2]復昇爲義寧縣。[3]

[1]義寧縣：縣名。後晋天福八年（943）置，治所在今廣西桂林市西北五通鎮。

[2]靈川縣：縣名。唐龍朔二年（662）置，治所在今廣西桂林市靈川縣東北。 歸義鄉：鄉名。即義寧縣所在。

[3]"義寧縣"至段末：《太平寰宇記》卷一六二《嶺南道六》桂州條。